云南省教育厅科学研究基金项目资助（2023J0995）

体能训练的基本理论与方法

任鹏 著

人民体育出版社

图书在版编目（CIP）数据

体能训练的基本理论与方法 / 任鹏著. -- 北京：人民体育出版社，2023
ISBN 978-7-5009-6355-4

Ⅰ.①体… Ⅱ.①任… Ⅲ.①体能—身体训练 Ⅳ.①G808.14

中国国家版本馆CIP数据核字(2023)第164086号

*

人民体育出版社出版发行
北京盛通印刷股份有限公司印刷
新 华 书 店 经 销

*

710×1000 16开本 16.75印张 300千字
2023年12月第1版 2023年12月第1次印刷

*

ISBN 978-7-5009-6355-4
定价：69.00元

社址：北京市东城区体育馆路8号（天坛公园东门）
电话：67151482（发行部） 邮编：100061
传真：67151483 邮购：67118491
网址：www.psphpress.com
（购买本社图书，如遇有缺损页可与邮购部联系）

前　言

健康体能是人体健康的重要基石，也是竞技体能的重要基础。随着"健康中国"理念的进一步推广，人们对健康的需求也发生了巨大的变化，从身体健康逐渐变为拥有更好的身体素质，由此，体能训练的重要性越来越受到人们的关注。

在竞技体育方面，体育运动专业人员对各种训练方式进行了深入探索以后，也逐渐加大了对体能训练的关注。特别是近十年，体能训练已经成为各项运动的重要训练内容。毫无疑问，提升运动员的体能，才能稳定地提高运动员的比赛成绩。同时，随着素质教育的不断推行，各高校已逐渐意识到体育教学的突出作用，加大了对体能训练的重视程度。通过体能训练，能够帮助大学生塑造良好的形体，培养大学生坚定的意志品质，塑造大学生独特的人格魅力。体能训练，是培养身心素质与专业技能都过硬的新时代大学生的重要手段。

在体教结合、体教融合的发展方向指引下，体能训练在体育教学实践中扮演了重要角色。在这种大背景下，笔者通过对体能训练进行深入的研究，撰写了这本《体能训练的基本理论与方法》。

本书共包含八章内容。第一章是体能训练概述，包括体能与体能训练的概念、体能训练的主要内容与分类、体能训练的基本原则与方法、体能训练的具体价值及其作用、体能训练的发展趋势等；第二章详细阐述了体能训练的学科基础，包括体能训练的生理学基础、心理学基础、营养学基础、生物力学基础、生物能学基础等；第三章重点阐述了体能训练的主要理论与影响因素，包括体能训练的基本原理、主要理论和主要影响因素等；第四章主要写了体能训练新理念，包括数字化体能训练的理念、功能性体能训练的理念、康复性体能训练的理念等；第五章主要分析了体能训练的训练理论与训练方法，包括力量素质、速度素质、耐力素质、柔韧素质、灵敏素质、协调素质、平衡素质的训练理论和方法等；第六章主要是对体能训练的设计研究，包括体能训练设计概述、运动负荷的概念和选择依据、体能训练的具体计划与设计等；第七章主要写了体能测试与评价，包括体能测试与评价概述、基础体能的测试与评价、运动体能的测试等；第八章主要是体能训练的控制研究，包括体能训练的运动处方、运动损伤及其预防、体能训练的心理调节等。

在写作过程中参考了许多相关的研究成果，在此要向这些专家表达诚挚的谢意！由于本人的水平和精力有限，尽管在写作过程中力求完美，但是不足之处在所难免，恳请各位专家、读者不吝赐教。

著者

2022年12月

目　录

第一章　体能训练概述 …………………………………………（1）

 第一节　体能与体能训练的概念………………………………（1）

 第二节　体能训练的主要内容与分类…………………………（6）

 第三节　体能训练的基本原则与方法…………………………（8）

 第四节　体能训练的具体价值及其作用………………………（17）

 第五节　体能训练的发展趋势…………………………………（20）

第二章　体能训练的学科基础 …………………………………（23）

 第一节　体能训练的生理学基础………………………………（23）

 第二节　体能训练的心理学基础………………………………（29）

 第三节　体能训练的营养学基础………………………………（36）

 第四节　体能训练的生物力学基础……………………………（48）

 第五节　体能训练的生物能学基础……………………………（51）

第三章　体能训练的主要理论与影响因素 ……………………（66）

 第一节　体能训练的基本原理…………………………………（66）

 第二节　体能训练的主要理论…………………………………（72）

 第三节　体能训练的主要影响因素……………………………（84）

第四章 体能训练新理念 …………………………………（95）

第一节 数字化体能训练的理念………………………（95）
第二节 功能性体能训练的理念………………………（103）
第三节 康复性体能训练的理念………………………（112）

第五章 体能训练的训练理论与训练方法 ……………（120）

第一节 力量素质训练理论与训练方法………………（120）
第二节 速度素质训练理论与训练方法………………（129）
第三节 耐力素质训练理论与训练方法………………（133）
第四节 柔韧素质训练理论与训练方法………………（144）
第五节 灵敏素质训练理论与训练方法………………（151）
第六节 协调素质训练理论与训练方法………………（157）
第七节 平衡素质训练理论与训练方法………………（165）

第六章 体能训练的设计研究 ……………………………（172）

第一节 体能训练设计概述……………………………（172）
第二节 运动负荷的概念和选择依据…………………（178）
第三节 体能训练的具体计划与设计…………………（190）

第七章 体能测试与评价 …………………………………（207）

第一节 体能测试与评价概述…………………………（207）
第二节 基础体能的测试与评价………………………（210）
第三节 运动体能的测试………………………………（219）

第八章 体能训练的控制研究 ……………………………………（232）

第一节 体能训练的运动处方 ………………………………（232）

第二节 运动损伤及其预防 …………………………………（241）

第三节 体能训练的心理调节 ………………………………（255）

第一章 体能训练概述

第一节 体能与体能训练的概念

一、体能概念的界定

"体能"是20世纪80年代中后期在我国各类体育报刊和文献上出现率较多的一个词语，也是当前各项运动中使用频率很高的一个概念性词汇。国际运动医学委员会在1964年东京奥运会期间就成立了"国际体能测试标准化委员会"，并制订了标准体能测试的六大内容（身体资源调查、运动经历调查、医学检查与测验、生理学测验、体格和身体组织测验、运动能力测验）。对此，拉森（Larson）提出了构成体能的十大因素：防卫能力、肌力能力、肌爆发力、柔韧性、速度、敏捷性、协调性、平衡性、技巧性和心肺耐力。

自20世纪80年代中期以来，我国在各竞技运动项目的训练中陆续开始强调"体能"训练，由此"体能"一词频繁出现在运动训练及运动训练学、运动生理学和各种体质研究的文献资料里，但它们所界定的含义并不完全一致。例如，在训练学中，体能是构成运动员竞技能力的一个组成部分，体能训练和技战术训练、心理训练与智力训练一起构成运动训练的整体。它能够提高运动员有机体的竞技能力，增进健康，改善身体形态，发展一般和专项运动素质，预防和治疗伤病等。由此看来，体能的含义包括身体能力、人体机能、身体素质和身体适应能力等。在运动生理学研究中，体能较多的是指身体功能、生理机能和运动能力，有氧和无氧能力都属于体能的范围；而在体质研究中，体能更多的是指身体素质和身体适应能力。由此看来，有关体能的概念和定义所描述的事物本质属性和外延的准确性问题，一直以来都受各方面的专家学者和训练学科理论界所关注。

体能是指人体各器官系统的机能在体育活动中表现出来的能力，包括力量、速度、耐力、灵敏和柔韧等基本的身体素质与人体的基本活动能力（如走、跑、跳、投掷、攀登、爬越和支撑等）两部分。我国现行的《运动训练学》教材中，专家把体能视为运动员先天具有的遗传素质和后天训练形成的运动员在专项中表现出来的机体持续运动的能力。运动员体能是指运动员机体的基本运动能力，是运动员竞技能力的重要组成部分[1]。在广义上，体能包括形态、机能和素质三个方面的状况；而在狭义上，运动员的体能水平主要通过运动素质表现出来。运动员体能发展水平是由其身体形态、生理机能和运动素质的发展状况所决定的。其中，身体形态是指反映人体生长发育状况的各环节高度、围度、长度、宽度和充实度等外部形态特征与心脏大小、肌肉的横截面等内部形态特征；身体机能是指人体各内脏器官的机能状态；运动素质是指在运动过程中，有机体在中枢神经系统的控制支配下，通过肌肉活动表现出来的各种基本运动能力。

尽管"体能"一词内涵多样，有多种不同的理解和表达，但综合以上诸多对"体能"的定义，它至少阐明了以下要点：通过先天遗传和后天身体训练获得，包含各项运动素质，受外界环境影响。它是我国在体育科学实践中融合了古今中外的诸多概念与思想而形成的。根据我国的体育科学实践来界定体能的定义：体能是指有机体在先天遗传的基础上，通过后天训练而获得的在形态结构、功能与调节方面和在物质能量的贮存与转移方面所具有的潜在能力以及与外界环境相结合所表现出来的综合运动能力。其大小是由机体形态结构、系统器官的机能水平、能量物质的贮备与基础代谢水平和外界环境等条件决定的。运动素质是体能的主要外在表现形式，在运动时表现为力量、速度、耐力、柔韧和灵敏等各种运动能力。发展和提高体能的最主要手段是运动训练。

二、体能训练的概念

体能训练是一门正在形成中的新学科，关于体能训练的概念，国内外的专家有不同的看法和观点。

国外一些专家认为，体能训练具体包括三方面内容，提高运动员的专项体能训练水平也应从这三方面入手：一是在运动生理、运动生化和医学等有关原理的指导下所进行的提高机体对训练负荷和比赛负荷适应能力的训练；二是运用生物力学和专项理论知识所进行的技术、战术训练；三是应用心理学、营养

---

[1] 徐海波.大学生体能训练理论与方法解析[M].长春：吉林人民出版社，2020.

学和管理学等原理使运动员处于最佳竞技状态。

我国部分学者认为，体能训练是指"采用各种特定的方法和手段，全面提高运动员的各生理系统的机能和代谢水平，改善运动员的身体形态以及发展其运动素质和健康素质，从而使运动员的机体适应训练负荷和比赛负荷的专门身体训练"。

综合上述两种关于体能训练的不同解释，可以看出，体能训练的根本任务是运用各种专业性的方法和多样化的手段使运动员各器官系统机能水平和身体形态获得全面提高，从而整体提升他们的运动素质，掌握先进的运动技术和技能，为发展专项运动素质和技能创造有利条件。通过上述对运动训练任务的阐述后，基本可以认定体能训练的含义为：结合专项需要并通过合理负荷的动作练习，以改善运动员身体形态，提高有机体各器官系统机能的活动能力，充分发展运动素质，促进运动成绩提高的训练过程。

现代运动训练的类型非常丰富，而不仅仅是专项技战术那样简单。现今的运动训练主要包括体能训练、技术训练、战术训练、心理训练和智能训练等内容。其中，体能训练是所有训练的基础，对运动员掌握专项技术、战术并承担更大负荷的训练和参加激烈的比赛具有重要意义，同时还能防止伤病、延长运动员的运动寿命。

（一）体能训练与身体训练的区别

传统的身体训练主要偏重于对某一运动素质（速度、力量、耐力、柔韧）的追求，忽略了整体机能潜力和机能能力的提高以及拼搏向上的心理素质的培养。

1）身体训练注重某项运动素质的提高，对运动员的整体运动能力、对抗能力、适应大负荷与高强度的抗疲劳能力，以及顽强拼搏的心理品质没有给予应有的重视。这导致我国球类运动员的体能长期处于较低的水平。

2）运动素质是机能能力在某一基本运动能力方面的具体表现，如力量、速度能力等，既是体能的构成因素，也是运动实践中评价和检查体能水平的常用指标。换句话说，运动素质是体能水平的外在表现形式，体能是运动素质的内在决定因素。运动素质水平取决于人体器官和系统的机能能力水平。因此，体能与运动素质有密切的联系，体能训练与身体训练有密切的联系。

3）体能训练要求把运动素质训练纳入提高运动员整体运动能力的高度去综合考虑和认识，它把运动素质训练作为人体生物学机能发展和机能适应训练的一部分。通常，身体训练以单一的运动素质提高为目标任务，而体能训练则从人体整体工作能力、人体机能潜力提升的角度研究和提高运动能力。也就是说，体能训练是人体器官和机能系统在结构和机能能力上的适应性再塑造工作，是运动员心理意志品质的再塑造工作。

（二）体能训练的构成要素

1. 训练时间

体能训练的训练时间应依据体能训练的具体内容和形式而定，一般来说，一次体能训练应至少保证20~30分钟一定强度的练习，这样才有助于改善和提高练习者的心肺功能。以肌肉耐力与力量训练为例，训练时间与训练中的重复次数成正比。对于一般练习者来说，在有足够阻力的情况下，使肌肉全力以赴地练习8~12次的重复量，能够同时发展肌肉耐力与力量。当练习者有了进步后，每种抗阻力的训练应重复2~3组，以便使练习者获得更大的力量。

再以柔韧素质训练为例，在准备活动中，如在跑步之前，每个伸展动作应保持10~15秒。为了提高练习者的韧性，最好在整理活动中做伸展练习，每个伸展动作保持30~60秒。

2. 训练形式

体能的训练形式即我们平常所说的练习形式。在体能训练实践中，选择练习形式时，应遵循科学训练的专门性原则。例如，为了增强练习者的心肺功能，应让其做提高心肺功能的练习。

3. 训练强度

合理安排训练强度是体能训练中必须要考虑的重要问题，不同的体能训练内容，训练强度的具体指向是不同的。一般情况下，训练强度会根据体能训练形式的变化而发生改变。例如，在以提高心肺功能为目的的训练中，将训练心率提高到心率储备的60%~90%的水平。体能较差的练习者则应该以心率储备的60%这样较低的训练心率为训练的起点。

4. 训练负荷

体能训练中的训练负荷由两个因素构成，即负荷量和负荷强度。负荷量是指负荷作用的持续时间和单个训练练习或系列练习时间内完成的工作总数（这里的"工作"既包括物理力学的又包括生理学的）；负荷强度是指每个练习时刻的用力值、功能紧张度和作用力度或者训练工作量在某一时间里的集中程度，简单来说就是单位时间内的负荷量。

运动负荷以身体练习为基本手段对练习者有机体施加的训练刺激，是练习者在承受一定的外部刺激时在生理和心理方面所表现出来的应答反应程度。通常情况下，训练负荷对练习者体能训练的训练效果有着决定性的意义，通过对训练负荷诸因素的控制，可以构建起不同特征的训练方法，从而有针对性地提高练习者的体能素质水平。

（三）体能训练的基本要求

1. 全面发展，突出重点

全面发展、突出重点是体能训练的基本要求之一，它主要表现在以下两个方面：一方面，运动员的体能素质内容各方面是相互联系的，因此，运动员应全面发展自身的运动能力，从而为进行专项训练打下良好的体能基础，为专项体能训练的进一步发展创造有利条件。专项训练和比赛要求运动员具有良好的身体素质和运动能力，这就要求运动员要具备全面发展的体能素质。另一方面，运动员从事的运动项目决定了其必须具备该项目所要求的体能专项素质和个人特长。因此，在进行体能训练时，运动员不仅要全面发展身体运动能力，还要根据个人的具体情况和专项比赛的需要，做到因人、因项、因时而异，突出体能训练重点。

2. 紧密结合技战术训练

运动员进行体能训练的根本目的是发展运动技能、提高技战术的运用水平，因此在进行体能训练时，运动员应紧密结合技术和战术合理安排体能训练的内容、强度、时间，科学选择体能训练的方法，使体能训练获得的训练效果与专项技术和战术有机地联系在一起，从而使其能够在比赛中通过技术和战术的形式充分地发挥出来。

在体能训练中，训练手段的选择和运用是使体能训练与技术、战术训练紧密结合的关键，体能训练的内容和手段要突出专项特征，在表现形式上尽量与专项技战术动作相一致，并充分考虑身体练习的生物力学等特征，通过体能训练使运动员的技术、战术顺利转化到比赛当中去。

3. 合理安排训练内容比例

合理安排训练内容比例是体能训练的基本要求之一，具体是在体能训中合理安排一般身体训练和专项身体训练的比例。体能训练要求的科学依据在于，一般身体训练所发展的机能潜力是专项训练发展的基础，它可以促进专项运动素质的发展，为提高运动员技战术水平打下良好的机能基础。每名运动员的身体状况不同，因此，不能单一地使用同一种内容比例面对所有运动员，而随着训练内容的不同，两种训练的比例又需要适当调整。而当运动员处在高水平训练阶段中时，只有更多地进行强化专项身体训练，才能最有效地发展专项运动能力。

4. 重视训练效果的科学评价

重视对体能训练效果的科学评价有助于练习者及时了解自己的训练情况，明确自己与预期目标之间的差距。因此，在体能训练过程中，教练员应系统地对运动员的身体运动能力进行定期或不定期的测量与评价。测量与评价的方式要做到科学、客观运用量化分析和定性分析评定体能训练是否达到了预期目标，及时了解运动员的运动素质和机能水平是否已经达到全部或阶段训练预期的目标，从中还可以为下一阶段的训练收集数据，从而找出体能训练的薄弱环节和改进方法，为制订训练计划提供重要依据，真正做到科学控制运动员的体能训练进度和进程，提高体能训练的科学性和针对性。

第二节　体能训练的主要内容与分类

一、体能训练的内容

体能训练涉及身体形态、身体机能、运动素质、健康等诸因素。身体形态指人体的内外部形状。身体机能是指机体各器官系统的功能，是身体活动能力的基础。运动素质是机体在中枢神经系统的控制下，在运动时所表现出来的各种基本运动能力，通常包括力量、速度、耐力、柔韧、灵敏素质等。此外，健康（指人在身体、心理及社会适应方面的良好状态）的身体是运动员参加训练活动的必要条件[1]。

---

[1] 刘阳，王鑫刚，薛铭.体能训练理论分析与专项体能训练实践［M］.北京：九州出版社，2021.

构成体能的身体形态、机能、素质三个因素都有相对独立的作用，又有密切联系，彼此制约，相互影响，其中每一个因素的水平都会影响到体能的整体水平。三个构成因素都是运动素质的外在表现，所以运动训练中多以发展各种运动素质作为体能训练的基本内容。

体能训练的基本内容是充分发展与运动员专项运动成绩密切相关的力量、速度、耐力、柔韧、灵敏等运动素质，从而深刻影响和促进运动员身体形态和机能的改善，提高运动员的健康水平，为提高专项运动成绩和技术水平奠定良好的基础。

二、体能训练的分类

根据体能训练与专项的关系，可以分为一般体能训练和专项体能训练。

（一）一般体能训练

一般体能训练是指为增进运动员的身体健康，提高各器官系统机能，全面发展运动素质，改善身体形态，采用多种非专项的体能练习手段掌握非专项的运动技术、技能和知识，为专项成绩提高打好基础的训练。

（二）专项体能训练

专项体能训练是指采用直接提高专项素质的练习及专门性体能练习，最大限度地发展对专项成绩有直接关系的专项运动素质，以保证掌握专项技术和战术并在比赛中顺利有效地运用，从而创造优异成绩的训练。

（三）一般体能训练与专项体能训练的关系

一般体能训练和专项体能训练之间既有区别，又有联系。两者的主要区别在于训练的目的、手段与方法及负荷形式，如表1-1所示。两者的主要联系在于一般体能训练是专项体能训练的基础，一般体能训练为专项体能的提高创造了必要的条件。专项体能的水平越高，对一般体能水平的要求也越高。所以，随着专项运动水平的不断提高，一般体能训练的要求和专项体能训练的要求也要随之改变，应该相互协调、相互促进，以满足专项运动发展的需要。

表1-1　一般体能训练与专项体能训练的区别

类别	一般体能训练	专项体能训练
目的	提高人体各器官系统机能，增进身体健康。全面发展身体素质为专项体能训练和专项成绩的提高打好基础	提高与专项有关的器官系统机能，发展与专项相适应的体能素质，保证运动员掌握专项技术、战术
手段与方法	多种多样对全面发展身体素质有益的体能训练	动作特点与专项动作结构相似的或有紧密联系的专门性体能训练
负荷形式	全面负荷，负荷量一般为中等	局部负荷，负荷量一般为大

在运动技能水平的发展过程中，对一般体能训练和专项体能训练的要求是不同的。根据体能水平与运动水平应协调发展原理，在运动初级水平阶段，运动员重点掌握的是专项运动的基本技术与战术，这就需要全面提高运动员各器官的机能与一般身体素质。但到运动高级水平阶段，运动员不仅要掌握复杂、先进的技术与战术，而且要在比赛中取得优异成绩，这就需要最大限度地发展专项身体素质。所以，一般体能训练和专项体能训练的训练量应根据运动水平的变化而变化。一般来说，随着运动员运动水平的不断发展，一般体能的训练量应逐步减少，而专项体能的训练量应逐步增加。在训练的不同时期、不同阶段，根据训练任务的不同，将一般体能的训练和专项体能的训练按比例协调发展，能使体能训练获得最佳效果，并为运动成绩的提高奠定良好的物质基础。

第三节　体能训练的基本原则与方法

一、体能训练的原则

训练原则是训练客观规律的反映，是依据运动训练活动的客观规律而确定的组织运动训练所必须遵循的基本准则。在体能训练过程中应遵循的基本原则包括全面性与优先发展相结合原则、系统不间断性原则、科学安排运动负荷原则、结合专项原则和区别对待原则。

（一）全面性与优先发展相结合原则

全面性与优先发展相结合原则是指在体能训练的过程中，应全面地安排和发展运动员各项身体能力，特别是在儿童和青少年时期，应全面发展运动素质，提高一般身体机能水平，以促进专项运动成绩的全面提高，在全面发展的同时应关注青少年身体形态、机能和身体素质发展的敏感期，对处于敏感期的机能和素质应有所侧重，优先发展[1]。

全面性与优先发展相结合原则的主要依据是：第一，身体是一个由各器官系统组成的相互依赖、相互制约的整体，与此相对应，体能的三个组成部分也是相互影响、相互制约的，体能训练所追求的各种适应性变化也自然是相互依存的。因此在体能训练中必须正确、全面地训练各个方面，使发展技术与战术所要求的所有身体形态、机能与心理能力得到全面发展。第二，作为体能集中表现的力量、速度、耐力、柔韧、灵敏等各项运动素质也是相互影响、相互制约的，而广泛的、全面发展的运动素质是运动员达到高水平专项运动水平的基本前提和基础，因此在早期训练阶段，必须全面提高运动素质。第三，人的生长发育在不同年龄阶段具有不均衡性，青少年身体素质的发展具有敏感期。在此阶段应抓住有利时机，采取相应内容的体能训练，对处于敏感期的素质优先发展，充分挖掘其潜力，为高水平阶段打下基础。

一般来说，开始训练时间越短，基础训练水平越低，全面训练的比重就应该越大。只有训练水平提高了以后才可逐步增加专项训练的比重而减少全面训练。当然，不能将全面身体训练与发展专项素质对立起来，全面身体训练、专项身体训练以及专项技术、战术、心理训练应有机地结合起来，根据不同对象的训练水平来合理安排训练。

（二）系统不间断性原则

系统不间断性原则是指从开始训练到创造优异成绩，直至运动寿命终结的长期过程中，都应依据体能发展的内在规律，做出相应的合理规划，持续不断地进行训练。系统不间断性原则是依据训练适应的产生、发展与消退规律以及体能发展的连续性和阶段性等属性提出来的，在训练实践中贯彻这一原则应做到，对整个训练过程的体能训练不仅要系统规划，对多年训练不同发展阶段的

---

[1]刘阳，王鑫刚，薛铭.体能训练理论分析与专项体能训练实践［M］.北京：九州出版社，2021.

体能训练，从内容、比重、手段、负荷等方面也应做出系统安排，尤其是在青少年时期以及运动能力达到高水平以后，更应该周密考虑。

当运动能力达到高水平以后，运动员的身体形态和机能改造已达到相当的水平，各项身体能力处于一个相对稳定的状态，但这并不一定是一个完全理想的状态，这时候的体能训练应该在准确体能诊断的基础上，有计划、有针对性地系统安排训练负荷，探索进一步发展的可能性。

（三）科学安排运动负荷原则

科学安排运动负荷原则是指在体能训练过程中根据训练的目的与任务，科学地组合运动负荷的量、强度与休息时间等因素，以保证训练的针对性和有效性。科学安排运动负荷原则是根据机体对运动负荷适应的专门性、有效性和劣变性，以及人体在运动时物质、能量的消耗与恢复等规律提出来的。人体器官组织对负荷应激所产生的适应具有明显的专门性特点。例如，做负荷深蹲的力量练习时，只会影响腿部伸肌肌群的力量，而对于腿部屈肌肌群及其他肌群的影响却很小。

同样，不同的负荷组合对人体供能系统的影响也存在专门性特点。时间短、强度大的运动主要对无氧供能系统产生效应，而对有氧供能的影响则很小。

因此，发展专项素质首先必须提高专项所需要的特殊生理机能。为达到专项训练目的，练习中应考虑到训练方式的专门性特征，所选用、设计的练习从动作结构、参与运动的肌群以及能量供给特征等方面，必须尽可能与专项素质相吻合才能达到训练效果；人体对负荷的适应还有一个有效的范围，过小的负荷刺激达不到良好的训练适应，过大的负荷会导致机体适应的劣变，所以在体能训练中必须根据训练任务和对象水平，科学地规划训练负荷，做到逐步并且有节奏地按照人体机能适应规律加大运动负荷，直至最大限度地适应；按照"加大—适应—再加大—再适应"的增量方式，合理地逐步加大训练量和训练强度，有效地促进机体形态发展和机能改善，提高运动水平。

在训练过程中，既要遵循超负荷原则，又要注意防止过度训练引起机体的劣变反应。要根据训练对象的实际水平，有节奏地增加运动负荷。逐步提高，妥善处理负荷量与负荷强度、负荷与恢复的关系，使每次训练在机能得到"超量恢复"的提高阶段进行。同时，还要按照各项素质的特点来合理安排负荷，如速度、力量性训练的特点是强度大、数量少；耐力性训练的特点是数量多、强度小等。

（四）结合专项原则

结合专项原则是指在一般发展的基础上，体能训练必须根据各运动项目的技术、战术和专项能力特点充分发展专项所需要的运动素质，以促进运动员直接创造优异运动成绩，其主要依据有以下两点：首先，体能训练的作用最终要体现在创造优异运动成绩这一终极目标上，因此，体能训练不能偏离运动专项；其次，技术、战术练习是专项训练的重要内容之一。

体能训练只有与专项技术、战术训练有机地结合，才能真正达到体能训练的目的，加快体能训练的进程，实现在体能训练中完善和检验技术、战术，在技术与战术训练中巩固体能。结合专项进行体能训练有助于运动员在身体形态以及机能方面对该项目的特殊要求产生适应。

为此，在训练中要根据运动项目的特点和运动员的实际情况，科学地确定体能训练与专项训练的比重，体能训练的内容与手段也必须突出重点，紧密结合运动专项需要；要确定和充分发展与专项关系密切的最重要的运动素质和机能，做到有针对性地练习。

（五）区别对待原则

训练效应主要通过机体的变化实现。由于练习者客观上存在着个体差异，要想使训练达到理想的效果，必须充分考虑到个体特征加以区别对待，有针对性地安排各种不同的训练。训练对象的个体特征除了年龄、性别、形态、机能等生物学特征外，还应包括气质、个性和参加训练动机等心理学特征和训练水平、训练年龄、承受负荷能力等训练学特征。训练中做到全面了解、掌握和分析训练对象的具体情况，制订出符合个人特点的训练计划，根据不同专项所需要的身体素质和不同训练阶段的任务、要求，有区别地安排训练全过程。

二、体能训练的方法

（一）完整训练法

完整训练法是指在进行体能训练的过程中，不管是技术动作还是战术配合，从训练开始直到结束，完整地结合在一起进行练习的一种训练形式。

在体能训练的过程中，运用完整训练法的作用在于，它能够使运动员更加完整地掌握技术动作与战术配合，从而保持技术动作与战术配合的完整结构以及各个部分之间的内在联系。完整训练法不仅可以用于单一动作的训练，还可以用来进行多元动作的训练；既可以在个人成套动作的训练中运用，也可以在集体配合动作的训练中运用[①]。

（二）间歇训练法

间歇训练法是指在练习者机体没有恢复到工作前起始水平时即进行训练，是一种严格控制间歇时间的训练方法，也是提高体能的主要方法。人们通常认为体质增强是在运动过程中实现的，其实体质内部增强主要是在运动间歇中实现的，是在练习者休息时所获得的超量恢复。如果抛开在休息中取得的超量恢复，那么运动就成了对增强体质毫无意义的事，甚至不起任何作用。间歇对增强体质的作用与运动本身同样重要。间歇训练法分为三种：高强性间歇训练法、强化性间歇训练法、发展性间歇训练法。

在进行体能训练时，采用间歇训练法不仅有利于促进运动员肌肉力量的增加，而且对锻炼运动员的内脏器官也十分有效。这主要是由于在间歇中肌肉能够获得休息，但呼吸系统与循环系统依然处于紧张的工作状态中，在这时进行下一次的练习会对运动员的循环系统和呼吸系统提出较高的要求，因此这些系统就会相应地得到锻炼。

在具体运用间歇训练法的过程中，应该根据不同的任务，选择相应的间歇训练方案。通常情况下，如果用间歇训练法来锻炼耐久力，每次练习的距离应该长些，重复次数要多一些，练习的强度应该偏小些。如果运用间歇训练法来发展力量耐力，则负荷重量应该相对较轻，强度应该偏中小，练习的次数以及组数则应该较多些。如果想通过间歇法来发展自身的绝对速度，那么安排的练习距离应该短些，重复的次数应该少些，练习的强度应该大些。

另外，在使用间歇训练法时要注意以下几点：

第一，在间歇过程中，运动员切忌完全静止不动，间歇中的休息应该是积极的，如通过呼吸运动、慢走、慢跑来使肢体得到放松。做一些缓慢的、幅度小的活动有利于使血管受到肌肉的按摩，这对补充血液与排除体内的废物是十分有利的。

第二，休息和运动要交替进行，要严格安排休息的时间，在机体还没有完全恢复（心率为120～140次/分钟）时就不要进行下一次（组）练习。

[①] 徐海波.大学生体能训练理论与方法解析[M].长春：吉林人民出版社，2020.

第三，每次练习的时间不应该过长，要以训练的具体要求来对强度作出选择，强度可小可大，甚至可以大于比赛所需的强度。

（三）分解训练法

分解训练法是指对完整的技术动作或者战术配合过程进行合理划分，划分后的技术动作与战术配合主要由若干环节或部分组成，然后按照划分好的环节或者部分分别进行训练的方法。

在球类运动的技战术训练过程中，运动员很难一次掌握整个技术动作或战术过程，这就需要教练员对完整的技战术进行合理划分，运动员先掌握划分好的单个技战术，然后在此基础上学习整体的技战术，这样运动员就相对容易掌握了。例如，在边路进攻战术的训练过程中，把边路进攻战术分解成边路传球训练、边路传中前锋抢点训练、边路配合后传中前锋抢点射门训练等。

同样的，在体能训练中，也可以把运动员的体能分解成各个部分，如分解成有氧耐力训练、无氧训练，或分成力量训练、速度训练、灵敏训练等，然后对每个组成部分进行有针对性的训练。

（四）连续训练法

在相对较长的时间里，以比较稳定的强度没有间歇地连续进行训练的方法就是所谓的连续训练法。通过使用连续训练法有利于运动员一般耐力素质水平的提高，一些没有很大的负荷强度，然而动作过程又十分细腻的技术也能够通过这一训练方法得到完善。

在具体实施连续训练方法时，对连续训练时间长短的确定要充分考虑以下因素：一是运动员所参与的运动项目的特点；二是运动员的实际状态；三是负荷价值的有效范围。

采用连续训练法进行练习时，平均心率在130~170次/分钟，其作用主要体现在以下几个方面：

第一，能够使机体运动机能在一段时期的负荷刺激下产生稳定的适应，内脏器官产生良性适应变化。

第二，能够促进有氧代谢系统供能能力的有效提高。

第三，可以使机体的无氧代谢能力得到进一步提高。

在运用连续训练法时，一定要对负荷强度进行合理把控。在练习中，如果负荷强度太大，就要缩短训练持续的时间。而如果要进行长时间的练习，负荷强度就不能加得太大。在实践中，要想使运动员体能训练的效果得到不断的提高，就应该调整好这对矛盾，一方面逐渐加大训练强度，另一方面不断增加训练时间。

（五）循环训练法

循环训练法要求根据体能训练的具体任务，把预先设计的多项活动内容设计成若干个站，在训练过程中使运动员按照一定的顺序进行练习，运用循环练习的方式循环往复地进行练习。一般的，开始时先练一个循环，过2~3周再增加一个循环，逐渐增加到3~4个循环，但最多不得超过5个循环。一次循环中应包括6~14个不同的练习，每个练习间歇45~60秒钟，每个循环间歇2~3分钟。该方法对刚刚参与体能训练的运动员较为适用。概况来讲，循环训练法的作用主要表现在以下三个方面：

1）循环训练法有利于增强运动员的肌力、增强心肺机能、提高身体素质。

2）循环训练法可消除枯燥感，机体肌肉的局部负担不重，不易疲劳，能调动运动员的积极性。

3）循环训练法可因人而异地区别对待和解决负荷量问题，避免运动员过度紧张状况的出现。

（六）重复训练法

重复训练法是指在不对运动负荷与动作结构做出改变的情况下，以事先制定好的要求为依据反复进行练习，每一次练习之间合理安排一定的间歇时间，使机体能够基本得到恢复的练习方法。构成重复训练法的因素主要包括以下三个方面：一是单次（组）练习的负荷量；二是负荷强度；三是每两次（组）练习之间的休息时间[1]。

值得注意的是，不同重复次数对于身体的作用也有所不同。通常来看，训练中重复的动作次数越多，越能增加身体对运动反应的负荷量。如果继续增加重复次数，那么身体承受的负荷可能会达到最高点，此时机体长期保持的平衡状态就有可能被打破，这段时间的训练可能会增大运动员受伤的概率。

因此，重复训练法每次的训练一般是以极限强度或者极限下强度来进行的。只有这样，才能对机体机能能力的提升起到积极的促进作用。它不仅适用于身体训练，同时适用于技术与战术训练。在大强度训练的情况下，重复练习

---

[1] 邱雨. 高校体能训练理论与方法的应用实践 [M]. 北京：中国经济出版社，2020.

有助于技术动作的不断强化,对动作技术的建立与巩固很有帮助。

关于重复训练法,根据不同的分类标准可以将其分为以下两大类:

1)按练习时间长短,重复训练方法可分为短时间(不足30秒)重复训练方法(主要用于训练各种基本技术、高难技术的组合练习,以及有关速度素质和力量素质的发展)、中时间(0.5~2分钟)重复训练方法(主要用于整套技术动作的练习)和长时间(2~5分钟)重复训练方法。

2)按训练间歇方式,重复训练法可以分为连续重复训练法和间歇训练法。重复次数不同,对身体的作用不同,对巩固机能的作用也不同。

(七)变换训练法

变换训练法是指在训练过程中,对运动负荷、动作组合进行有意识、有目的地改变,或对练习环境与练习条件做出改变,在这样的情况下进行训练的方法。以训练因素的变换为依据,变换训练法具有以下三种。

1. 内容变换训练法

内容变换训练法主要针对运动员的运动专项,在球类运动的体能训练过程中,练习内容的动作结构包括两种,即变异组合和固定组合。训练过程中的负荷性质和训练的用力程度要与专项特点和相关要求相符合,变换练习内容的顺序时要以比赛的规律为具体依据。

2. 负荷变换训练法

负荷变换训练法有着独特的训练功能,在实践中,训练负荷的变换主要体现在负荷强度或负荷量的变换上,这一方法有利于运动素质的改善与发展,同时有利于能量代谢系统功能的充分发挥。

3. 形式变换训练法

形式变换训练法是通过变换训练的形式、时间、气氛、路径以及环境来进行体能训练。

变换训练法的作用在于以下几个方面:

1)能避免练习的单调,因为训练中在不断改变训练条件,运动员的大脑皮质会从外界受到不同的刺激,这有利于其参与训练的积极性的提高,有利于促进运动感觉的丰富,从而促进其承受负荷能力的有效提高,同时还能够提高人体对运动训练和比赛的适应能力。

2）在实践训练中，训练的时间、内容、动作速率等不时地会发生变化，在这样多变的条件下，不断会有新的刺激作用于运动员的大脑，这有利于对运动员的生理负荷进行调节，使其训练情绪饱满高涨，兴奋性得到提高，训练积极性得到强化，而且不易出现疲劳感，使机体不断产生适应性变化，进而促使神经系统处于良好的准备状态，产生强烈的表现欲望，使球类运动体能训练的质量得到有效提高。运动员刚开始使用这一方法进行训练时，要多增加一些辅助性和诱导性的练习，在其自身的训练水平有所提高后，再加大练习难度。

（八）负重训练法

负重训练法是指通过对重物的使用而达到加强身体素质、提高运动能力的目的地训练方法。通常这一方法中使用的重物有沙袋、哑铃和杠铃等。负重训练法有着十分广泛的使用范围，不仅在运动员进行体能训练的过程中可以使用，而且普通人要达到增强体质的目的也可以使用这一方法。此外，患有身体疾病的人也可以通过这一方法来促进身体的健康。

如果机体承受的负荷过大的话，就不利于心血管系统和呼吸系统功能的正常发挥，所以，在使用这一方法训练运动员的运动素质时，应该采用最大摄氧量和最大心排血量以下的负荷，在对训练的运动负荷范围进行选择过程中，可以连续多次选择，也可以重复选择，这样有利于提高负重训练法的使用效果。

（九）比赛训练法

比赛训练法是指组织竞争性的、有胜负结果的、以最大强度完成练习的训练方法。比赛训练法的提出是以不同的因素为依据的，主要依据的因素有运动员本能的竞争和好胜心理、运动能力形成的规律和原理、体育运动的竞赛规则等。以比赛的不同性质为依据，比赛训练法可以分为四种，即教学比赛、模拟比赛、检查比赛及适应性比赛。

在体能训练中，通过比赛训练法进行训练的作用主要包括以下四个方面：一是有助于激发运动员的运动训练积极性；二是有助于提高运动负荷的强度；三是有助于提高运动员的心理承受力；四是实现体能训练与实战紧密相结合，有助于运动员更好地掌握和改进运动技术，提高运动员的运动实战能力。

第四节 体能训练的具体价值及其作用

一、体能训练是当代竞技体育之根本

体能训练是所有竞技项目的根基，起着不可替代的支撑作用。在现代的竞技体育项目中，激烈的身体对抗、长时间的耐久能力、技术运用的快节奏变化、技战术的稳定发挥以及对比赛的控制能力等无不渗透着体能训练的影子。

当代竞技体育比赛项目中，要想克敌制胜，单单靠先进的技战术是远远不够的。在日趋激烈的比赛条件下，除了要有良好的技战术素养，还要具备充沛的体能储备。在现代的竞技比赛中，决定比赛胜负的往往不是技术和战术，而是体能，而且必须是体能。尤其是在高水平的运动员之间，棋逢对手，这时候谁能坚持到最后，谁就能赢得比赛。并且，这是其他生理指标，如最大摄氧量、血红蛋白、无氧阈、血清睾酮、皮质醇等所不能准确反映的，必须要看运动员的实战能力，而具备这些指标只是一个参考，因为这些指标和实战是有很大距离的[1]。

体能训练越来越被体育研究者们所重视，体能训练的重点是对比赛项目的认知和诊断，这是重点，也是难点，包括项目规则特征、技术特征、力学特征、战术特征、节奏特征、能量特征、体能特征、训练特征、心理特征和伤病特征等几大块。同时，体能训练是将一般体能和专项体能训练结合起来，把握个体特点，力争将个体特点发展成为制胜手段。每一个运动项目都具有多关节运动链特征，绝不能破坏运动链的流畅运动。体能训练要全面，要有利于力量与协调的协同配合，这是基础，也是关键。

对大学生进行体能训练，提高大学生的体能素质，既能够增强大学生体质，改善大学生由于不健康生活习惯而导致的亚健康状况，又能够帮助大学生塑造良好形体，提升大学生的气质，增强大学生的自信心，因此，高校应积极采取措施，提高大学生体能素质。当前，提高当代大学生的体能素质的道路还是任重而道远，需要高校从加强对大学生体能训练重要性的宣传、加强对大学

---

[1] 邱雨.高校体能训练理论与方法的应用实践［M］.北京：中国经济出版社，2020.

生体能训练理论知识的学习、开设更专业化的体能训练专项课程、加强学校体育教师队伍建设等方面进行。

二、体能训练的价值体现

在不同的运动项目中，体能对运动员竞技能力贡献的大小不同，但这并不影响体能训练在运动训练中的基础地位。在现代运动训练的几项内容中，体能训练是其他各项训练的基础。没有良好的体能，技能训练、战术训练不可能取得良好的效果；没有高效的、坚实的体能训练，运动员竞技能力很难提高。体能训练的意义主要体现在以下几个方面：

1. 增进健康，改善形态与机能

健康是运动员从事运动训练和比赛的必要条件，良好的健康状况是系统训练的根本保证。没有健康的身体，运动训练就无从谈起，在现实生活中，有很多优秀的运动员都是因为健康问题而终止了自己的运动生涯。众所周知，体育锻炼可以有效增进我们的健康水平，肥胖者也可以通过长期锻炼达到减肥、优化体形的目的。同样，系统的体能训练能够有效提高运动员内脏器官特别是心血管系统、呼吸系统的机能，增强骨骼、肌肉、肌腱和韧带等运动器官的功能，去除体内多余的脂肪，并使中枢神经系统的机能得到明显改善，同时对于克服人体生物惰性、促进新陈代谢具有极为重要的作用。事实证明，体能训练能够有效提高机体对外界环境的适应能力和对疾病的抵抗能力，从而有效地促进运动员的身体健康。

2. 不断提高身体素质

现代竞技体育的运动水平不断提高，各个运动项目的世界纪录不断被刷新，可以想象运动员如果没有良好的身体素质，就不可能打破这些纪录。要充分发挥人体运动能力的潜力，在赛场上创造优异的运动成绩，就必须最大程度地发展和提高力量、速度、耐力、柔韧、灵敏和协调能力等身体素质，体能训练正是实现这一目标的主要途径。系统的体能训练能够有效地发展运动员的力量水平，提高速度和耐力素质，并使运动专项所需的柔韧性得到良好发展，获得更好的灵敏素质和协调能力，使专项运动素质得到最大程度的提高，身体素质得到协调一致的发展，为最大程度地创造优异的运动成绩打下坚实的基础。

3. 确保机体适应大负荷训练和比赛的需要

现代竞技运动竞赛频繁，竞争激烈，运动员只有通过大负荷的运动训练，长期对有机体进行生物学改造，掌握娴熟的专项技术和战术，才能在重大国际比赛中创造优异成绩，夺取胜利。从第1届奥运会到现在，运动训练已经经过了自然发展阶段、新技术广泛运用阶段、大运动量阶段和多学科综合运用（即科学训练）阶段。科学训练的一个重要内容就是广泛运用现代科技成果与运动训练，科学系统地监测训练过程，并在此基础上保证大负荷训练。而大负荷训练要求运动员必须具有强健的体魄、良好的身体机能和心理适应能力。科学的体能训练能够为此打下坚实的基础，并使运动员在不断加大负荷的情况下，承担训练和比赛。

4. 有利于掌握复杂、先进的技术和战术

体能训练实际上是使运动员有机体各器官系统功能协调发展，具有完备的从事专项竞技运动能力的过程。不同的运动项目对有机体运动适应能力的要求是不同的。例如：短跑项目要求运动员必须具备突出的爆发力、良好的反应速度、快速移动的速度和专项柔韧性，以及高度的、对快速运动的协调能力；举重则要求最大程度地发展运动员的力量水平和专项动作速度，并对专项耐力、专项柔韧性和协调性有很高的要求；体操、武术、拳击和球类等运动则对各项身体运动能力都有很高的要求，并且有些技术动作本身就是运动素质的综合表现。只有在充分发展各项身体能力的基础上，才能很好地掌握复杂、先进的技术，而体能训练正是实现这一目的的基本保证。只有通过体能训练，才能为运动员提供掌握复杂、先进的技术和战术的基础。

5. 创造优异成绩，延长运动寿命

竞技能力是取得优异成绩的主导因素，是由身体形态、身体机能、运动素质、技术、战术、心理和智力因素所决定的。这七个因素可近似地概括为体能、技能和心理能力。而体能是由运动员的身体形态、身体机能和运动素质表现出来的，这一特点决定了它是竞技能力的物质基础。没有体能，技能就会成为无源之水、无本之木，竞技能力也就无从谈起。

竞技运动实践已经充分证明，出类拔萃的运动成绩，是建立在雄厚的运动素质发展水平和有机体形态的改变、机能水平的高度发展基础上的。体能训练

对身体形态改变越深刻，有机体机能发展水平越高，则其衰退速度也就越慢，保持时间也就越长。这样专项技术、战术发挥和保持的时间相应也会更长，运动水平衰退速度也就更慢，运动员就能更长久地保持高水平的竞技运动能力。

第五节 体能训练的发展趋势

一、体能训练发展概况

现代奥林匹克运动的发展，对运动员体能的要求越来越高，运动员体能的训练也是不断发展的。科技的发展，推动着体能训练的科学发展。人们对体能的认识逐步加深，对运动员训练日益系统科学化，竞技体育的激烈程度不断增加，使得体能训练成为教练员和运动员进行训练的核心部分。

"体能"一词在我国使用是在20世纪80年代，在1982年以前，以体能为研究内容的研究是没有的。1983年项群理论产生，"体能"一词逐渐进入人们的视野。1987年开始有人对与体能相关的问题进行研究。1994年，中国足协开始"足球运动员体能测试"，1996年后对体能相关的研究逐渐增多，因此有人认为"体能"一词的传播与足球有很大关系。20世纪90年代中期，体能训练开始在中国升温。20世纪90年代后期开始对体能训练进行专门的研究。2003年，中国足协引进YOYO测试对足球运动员进行体能测试。1983年项群理论提出后，技能与体能相对应而存在，体能这个概念日益被技能主导类对抗运动项目教练员、运动员所接受和使用，界定明确且方便。随着在对外学习交流时"体适能"的传入和中国特色化，体适能也日益融合到体能概念中，并逐渐流传开来，确定下来[①]。

体能训练的发展与中国足球的发展有着莫大的关系。随着比赛程度的日益激烈，对运动员体能的要求也不断提高，因此通过聘请外籍教练带来国外最新的训练方式对运动员的体能进行训练和提升，使体能教练应运而生。2000—2002年，聘请博拉·米卢蒂诺维奇为中国足球队主教练。米卢其实也是一位体能教练，2002年1月，他在准备国家足球队与斯洛伐克队的比赛前，采用科学理论指导国家队集训时的体能训练。2002年，国安聘请斯洛博丹·帕约维奇做

---

①邱雨.高校体能训练理论与方法的应用实践[M].北京：中国经济出版社，2020.

体能教练。2003年，中国国奥队聘请国内著名体能教练毛翼轩为体能教练。2004年3月，中国男篮聘请埃尔·阿维达斯为体能教练。2006年，国家足球队聘请塞黑人托马斯为体能教练。2007年，国家女子足球队聘请伊莲娜·安德森为体能教练。2007年，国家男子足球队聘请巴西的苏利万为体能教练。

2008年12月8日，在上海市体育职业学院举行了我国首家体能协会揭牌仪式，上海市体能协会正式成立。2009年9月20日，辽宁盼盼篮球队首次聘用体能教练。到目前为止，体能教练在运动员运动训练中已经是核心组成部分，在任何运动项目的训练中都很重视对运动员进行体能训练。体能训练的方式也随着科学技术的进步在不断更新，体能训练器材的研发如火如荼，体能训练一词也逐渐被人们接受。未来的体能训练将会趋向于系统科学化及生理生化指标精确化、个性化等。

二、体能训练的发展趋势

1. 体能训练国际化

现在体能训练的交流日益频繁和国际化。运动队聘请国内外知名体能教练指导体能训练，有实力的运动队还赴国外进行体能培训和交流。体能教练已成为一个国际性的职业，伴随着人们对运动员体能的重视和体能教练职业的飞速发展，体能训练进入国际化的行列。

2. 体能训练科学信息化

随着科学技术的进步，各种先进的训练设备、训练手段、信息交流等不断被引入体能训练中。运动员训练过程中，各项身体指标的测验和测验仪器越来越精确和精密。体能训练的手段和分类越来越科学化，训练日趋专项化，训练方法和手段的供能特点及对机体的负荷特征更加接近运动员的比赛状态。如：在训练过程的各阶段，训练任务均围绕比赛要求有目的地选择体能训练手段；训练多周期化和以赛带练，准备期训练时间缩短，时间也有所提前；比赛时间大大延长，一般训练的比例减小，专项训练的比例增加；以赛带练，赛练结合；等等。以科学理论为指导，制订科学的训练计划，广泛运用科技成果，采用先进的技术与科学的训练方法和手段，对体能训练的全过程实施最佳调控，传统和现代训练方法相结合，更加注重实效性和发挥个人特点，发展了许多新的训练方法。每年的体能教练培训和国际交流都带来大量的体能训练信息[1]。

3. 重视核心力量训练

核心力量存在于所有运动项目中，所有运动中的动作都是以中心肌群为核心的运动链，强有力的核心肌群对运动中的身体姿势、运动技能和专项技术动作起着稳定和支持作用。任何竞技项目的技术动作都不是依靠某单一肌群就能完成的，它必须动员许多肌肉群协调做功。核心肌群在此过程中担负着稳定重心、环节发力、传导力量等作用，同时也是整体发力的主要环节，对上下肢体的协同工作及整合用力起着承上启下的枢纽作用。现代对运动员的体能训练更加强调的是系统整体性，任何一个动作都不是孤立的，因此对核心力量训练的重视不断提高。

4. 训练、管理、恢复一体化

将男子体能训练的经验借鉴到女子体能训练中会获得明显的效果，这一方式目前受到各国的广泛重视，对女子运动员的体能选材、运动素质的训练，以及与体能密切相关的意志品质与有关心理能力方面等均有涉猎，被称为女子训练"男性化"。现代体能训练更加重视训练过程中的科学管理，重视每个阶段每位运动员的训练状况，注重个性化的体能训练，有针对性地进行科学有效的管理，进而提高体能训练的效率。对运动员的训练恢复也是高度重视，采用多种科学手段，加速运动员从训练中恢复到最佳状态。

5. 体能训练愈发实战化

通过体能训练获得比赛所需的运动水平是高水平运动员体能训练的根本目的，训练的专项化程度越来越高。以力量素质为例，为了更加有效地继续提高和发展运动员专项所需要的肌肉力量，现代体能训练的力量训练方法愈来愈多，针对性越来越强，并日益具体化，如除了要对人体运动能力起到最大影响的大肌肉群进行训练外，对一些运动专项所需的小肌肉群的训练也逐渐得到业内的广泛关注。而且各种体能训练方法、训练手段、训练负荷等的选择和安排更加符合运动员的比赛状态，结合比赛需要进行体能训练的训练目标更加明确。

---

[1] 邱雨. 高校体能训练理论与方法的应用实践 [M]. 北京：中国经济出版社，2020.

第二章 体能训练的学科基础

第一节 体能训练的生理学基础

一、现代体能训练的生理本质

一切生物机体都具有"刺激—反应—适应"的基本特征，生物机体都是在"刺激—反应—适应"的反复作用的基础上获得发展的。这同样适用于体能训练，人体机能也在这样的不断往复中获得了一定程度的提升，从而促使体能进一步发展。

（一）运动负荷的本质

运动负荷是以身体练习为基本手段对有机体施加的训练刺激。对于这种训练刺激的反应，机体主要表现为生理和心理两个方面。而通常所说的运动负荷是生理负荷，即机体在生理方面所承受的训练刺激。这些刺激对与运动相关的各器官系统的机能状态产生不同程度的影响。因此，生理负荷量的大小可以通过某些生理或生化指标来进行衡量[①]。

运动负荷通常会通过外部和内部两种形式表现出来。其外部表现为力量和强度，内部表现为心率、血压、血乳酸等生理机能指标的变化。因此可以看出，刺激强度与运动负荷的大小成正相关，即运动负荷越大，刺激强度则越大，所引起的机体反应也会相对越大，各项生理指标的变化也就会更为明显，反之亦然。

---

① 赵琦.体能训练理论与方法［M］.南京：东南大学出版社，2017.

人体受到运动负荷的刺激，通常会出现耐受、疲劳、恢复、超量恢复和消退等机能变化方面的反应特征。一次体能训练往往会引起身体机能变化和反应特征，如图2-1所示。

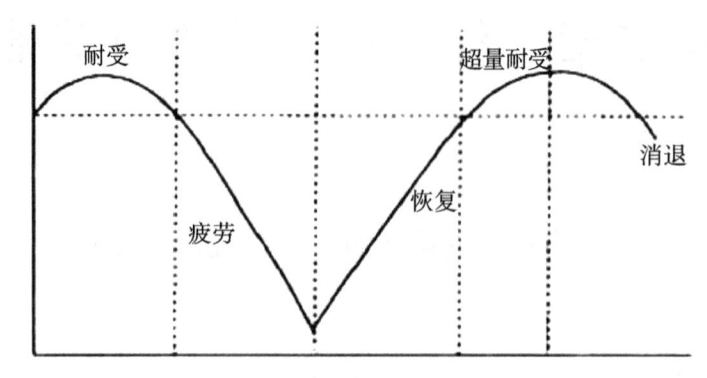

图2-1 体能训练引起的身体机能变化

（二）机体对体能训练负荷的适应与训练效果

1. 对训练负荷的适应性

应激性和适应性是机体的基本特征。机体对刺激具有反应能力和一定的适应能力，人体对运动负荷刺激的适应也同样具有这一特性。运动员通过长期系统的体能训练可促使机体各器官系统的形态、结构、生理机能以及生物化学等方面发生一系列的适应性改变。其中，较为常见的系统力量训练引起的肌肉肥大、肌纤维增粗和肌肉力量增长以及耐力训练引起的"运动性心脏增大"等，这些均反映了机体对长期运动负荷刺激的良好适应，也充分说明了运动负荷适应性的重要作用。

2. 训练效果

体能训练的本质就是通过反复的身体训练给予机体各器官系统一系列的生理负荷刺激，从而促进机体在形态结构、生理功能和生物化学等方面产生一系列积极的适应性变化，进一步提高运动员的运动能力，这一良好的适应性变化就称为训练效果。换句话说，这就是"刺激—反应—适应"的最终结果和充分体现。

体能训练后的恢复阶段，人体所消耗的能源以及酶等物质不仅得以恢复，而且会发生超量补偿；训练过程中所损伤的肌纤维不仅能够获得修复而且修复后的肌纤维有所增粗，并能产生更大的收缩力量。因此，恢复阶段有助于机体结构的改善和机能的提高。前者通常称为"结构重建",后者通常称为"机能重建"。不断重复进行的"刺激—反应—适应"的过程,不仅是身体结构与机能不断破坏与重建的循环过程,同时也是机体对训练负荷刺激的不适应到适应的过程。运动员应重视这一过程的科学性和合理性,以获得更好的体能训练效果[1]。

二、体能训练效果的生理评定

长期系统的体能训练对运动员的各器官系统的形态、结构与机能都会产生显著的影响,从而形成运动员独特的身体形态和机能特征,这是机体对运动负荷刺激的良性适应结果,即训练效果。通过适宜的方法对运动训练效果进行分析与评定,可为体能训练的科学化提供参考和依据。

关于系统训练的生理学适应特征,可以从安静状态下的生理学适应特征、运动状态下的生理学适应特征和运动结束后恢复期的生理学适应特征三个方面进行评定。其具体内容介绍如下。

(一)运动员在安静状态下的生理学适应特征

经过长期系统的运动训练,在运动负荷刺激的作用和影响下,运动员的各器官系统如运动系统、氧运输系统、神经系统等所表现的良好适应性最为明显。

1. 运动系统的特征

(1)骨骼肌

体能训练对骨骼肌的影响主要表现为肌肉的体积增大、横断面增大、肌肉力量增加等方面。这是由于体能训练尤其是力量训练可以促进氨基酸向肌纤维内部转运,使肌肉组织中收缩蛋白质的合成增加,从而引起肌肉肥大和肌力的增长。

通过系统的体能训练可有效提高机体的抗氧化能力。研究发现,耐力训练可以提高肌组织超氧化物歧化酶(SOD)和谷胱甘肽过氧化物酶(GPX)的活性。肌肉抗氧化酶活性的提高也是骨骼肌运动性适应的重要生物学特征之一。

另外,运动负荷、训练状态及抗氧化剂的补充等也是影响肌组织抗氧化能力的主要运动性适应因素。根据相关实验研究证明,运动负荷大、训练状态良好以及抗氧化剂的外源性补充都对机体抗氧化能力具有重要的作用。因此,要想增强机体抗氧化能力,一定要注意做好这几方面的准备工作。

---

[1]刘阳,王鑫刚,薛铭.体能训练理论分析与专项体能训练实践[M].北京:九州出版社,2021.

（2）骨骼

体能训练对骨骼的影响主要表现在骨密度等方面的变化。由于每个运动员的实际情况不同，其训练水平、训练年限及运动项目存在一定的差异，因此，这样就会对骨密度造成不同的影响，使其产生不同的变化，并呈现出有差异性的特点。运动员所进行的运动是否科学、合理，也在很大程度上影响着骨骼的生长。适宜的运动可以有效地增加峰值骨量，减缓随年龄增长而发生的骨质疏松。研究表明，运动员骨矿物质含量依运动等级而有所不同，男子健将级运动员的单位面积骨矿物质含量（BMC/BW）高于二、三级运动员，女子健将级运动员单位面积骨矿物质含量（BMC/BW）高于一、二、三级运动员。由此可知，运动员的骨密度会随其训练水平的提高而不断增加。

因不同运动项目的特点各具差异，因而对骨骼也会产生不同的刺激作用。因此，就会导致骨密度的生长也不一样。根据实验研究结果显示，投掷、摔跤等力量性项目的运动员骨密度最高，而耐力性项目运动员的骨密度最低。之所以会有这样的结论，主要是由于不同的运动负荷刺激对骨骼产生影响的途径不同，骨矿物质合成效应则不同。负荷强度与BMC/BW之间有密切的关系，力量型运动项目的负荷强度高于其他项目，因此，BMC/BW处于较高水平。耐力运动还会对运动员的激素产生一定的影响，从而影响骨密度的变化。例如，过量的耐力运动可使女运动员血液中雌激素水平降低和男运动员血中雄激素水平降低，导致骨代谢过程中骨的吸收大于骨的形成，从而使骨密度降低。此外，运动员身体不同部位的骨密度具有训练部位的特异性，即在运动过程中，持续长时间处于运动或用力状态的部位，该部位的骨密度要高于其他非运动或用力状态的部位[1]。

2. 氧运输系统特征

（1）循环机能

体能训练对运动员的心脏形态结构和心血管机能都会产生十分显著的影响。其中，安静时心率缓慢和心脏功能性增大是主要的表现形式。优秀的耐力项目运动员，其安静时的心率只有40～50次/分，甚至更低，表现出明显的机能节省化现象。运动性心脏增大主要表现为心肌肥厚和心脏容积增大，并具有运动项目的专一性，耐力性和力量性项目运动员出现心脏增大的现象较为多见，耐力性运动员主要表现为心脏容积的增大，而力量性运动员主要表现为心肌的肥厚。

---

[1] 徐海波. 大学生体能训练理论与方法解析［M］. 长春：吉林人民出版社，2020.

（2）呼吸机能

在呼吸机能方面，经过长期体能训练的运动员和没经过体能训练的人存在十分明显的区别。通常情况下，经过长期体能训练的运动员主要表现为：呼吸肌力量较强，肺活量大，呼吸深度和肺泡通气量大，气体交换的效率高；呼吸肌耐力较好，连续5次肺活量测定值（每次间隔30秒）逐渐增大或者平稳保持在较高水平。而没有经过体能训练的人则达不到如此良好的状态。此外，对于人体对呼吸运动的控制能力，通常是用闭气时间来衡量的，闭气时间的长短与运动员训练水平密切相关，运动员训练水平越高，闭气时间就越长，相反，训练水平较低，则闭气时间相对就会较短。体能训练可以提高人体对呼吸运动的控制能力。

（3）血液

与没有经过系统的体能训练者相比，经过长期系统训练的运动员的血液成分并没有很明显的差别，只表现在某些项目运动员的血液指标有所改变，如耐力性项目的运动员红细胞和血红蛋白数量增多，血液中某些酶的活性升高等。

3. 神经系统的特征

长期系统的体能训练对中枢神经系统机能会产生十分积极的影响。优秀的短跑运动员神经过程的灵活性高、反应时间短，而长跑运动员在神经过程的稳定性方面则相对较高。此外，运动员各种感觉器官的机能也有所提高。由此可以看出，安静状态下，优秀运动员在身体形态结构和生理机能等方面都表现出良好的适应性变化，能够为训练效果的评定提供参考和依据。

不仅在安静状态下，经过系统体能训练的运动员能够显示出良好的机能特征，在从事运动时也能够表现出机体机能的动员、生理反应程度以及运动结束后的恢复过程方面明显的优势与特征。由此可以看出，神经系统对于氧的运输具有非常重要的作用和意义。所以，在评定体能训练效果时，通常将运动员在完成定量负荷和极限负荷运动时的生理指标作为评定的主要依据和标准。

（二）运动员在运动与恢复期的生理学特征

1. 运动员对定量负荷的反应特征

一种限定了运动强度（一般低于亚极限强度）和运动时间的运动实验条件

下的负荷，即为定量负荷。

（1）心肺机能变化较小

在心肺机能变化方面，经过系统训练的运动员和没有经过系统训练者是有较为显著的差别的。其中，没有系统训练者主要是靠加快心率和呼吸频率来增大每分钟心排血量和肺通气量。经过系统训练的运动员完成定量负荷时心肺机能的变化较小，心率和心输出量较没有系统训练者低，心率增加的幅度较小，而每搏输出量增加较多，呼吸深度大，呼吸频率较慢。

（2）肌肉活动高度协调

肌电图研究显示，在完成相同的定量负荷时，经过系统训练的运动员的肌肉活动程度较小，主动肌、对抗肌和协同肌之间高度协调，肌电振幅和积分值较低，且放电节律清晰，动作电位集中并发生在动作时，在相对安静时动作电位几乎完全消失，表明有关中枢的活动高度协调。

2. 运动员对极限负荷的反应特征

在完成极限负荷运动时，要求机体充分发掘自身最大潜力，使相关的各器官系统机能达到最高水平。与没有系统训练者相比，优秀运动员的生理功能水平高，机能潜力大，表现出非凡的运动能力和对极限负荷的适应能力。通常情况下，评定体能训练效果的指标主要是最大摄氧量（VO_2max）、氧脉搏、最大做功量、最大氧亏积累（MAOD）等的极限负荷运动时的生理指标，见表2-1。以下对这几项评定指标进行详细的介绍。

表2-1　各项生理指标对体能训练效果的评定值

测试组	最大摄氧量（毫升/分钟）	每搏输入量（毫升/搏）	心率（次/分钟）	动静脉氧差（毫升/升）	氧脉搏（毫升/搏）
没经过系统训练者	3276	120	195	140	16.8
长跑运动员	4473	156	185	155	24.2

（1）最大摄氧量

最大摄氧量是反映心肺功能的综合指标，最大负荷运动时没有系统训练者只有2~3升/分钟，而优秀运动员可高达5~6升/分钟。

（2）氧脉搏

氧脉搏是指能够有效反映心脏工作效率的有效指标。研究表明，耐力项目的优秀运动员在极限负荷运动心率达180～190次/分钟时，摄氧量可达最大摄氧量的90%～100%，氧脉搏平均达23毫升，相当于安静时的6倍。当心率进一步增加时，氧脉搏有下降的趋势。由此可以看出，尽管优秀运动员表现出较高的氧脉搏，但是，其心率水平却没有出现过高的现象，而是保持在相对比较适宜的状态。由此可知，体能训练具有增强机体氧运输系统功能的重要作用，进而使得心脏的工作效率也有一定程度的提高。

（3）最大做功量

最大做功量是指受试者在递增负荷达极量时所完成的功。有训练的运动员最大做功量和做功效率都明显高于没有系统训练者。

与没有经过系统体能训练者相比，优秀的运动员在完成极限负荷工作时表现出较高的机能水平和运动潜力，并且在运动开始时，机体机能动员得快，运动结束后机能恢复得也快。

（4）最大氧亏积累

最大氧亏积累是指人体从事极限强度运动时（一般持续时间2～3分钟），完成该项运动的理论需氧量与实际耗氧量之差。最大氧亏积累是衡量机体无氧工作能力的重要标志。根据相关实验研究证明，优秀的短跑运动员最大氧亏积累值明显高于耐力项目运动员。因此，运动员在进行不同的运动项目训练时，应注意最大氧亏积累的变化，从而有效避免对运动项目的训练效果产生消极的影响。

第二节　体能训练的心理学基础

一、体能训练的心理学基础

影响运动员参加体能训练的心理因素主要包括运动知觉、心理定向、时间判断、思维、想象、注意力、情绪、意志、精神活动特点与个性特征等。

（一）心理定向

心理定向指的是动作开始以前以及完成动作过程中心理的准备状态和注意的指向性。心理定向对于掌握和提高技术动作非常重要。心理定向能够造成诸多积极的综合反应，并且促进心理活动的调整。准确的心理定向能够帮助人的动作在内容、结构等方面调整得完全符合技术特点，这样进行体能训练时就能够及时地在头脑中设计完成动作的模式，并依据模式进行自身的全部行动[1]。

运动员在进行体能训练的过程中，练习方法和手段不同，会引导其形成不同的心理定向，而不同的预先心理定向对形成不同的技术特点和技术风格会产生重要的影响，这是由于不同的运动员注意力的集中点不同而造成的。

（二）运动知觉

运动知觉是人脑对外界事物和人体自身运动状态的反映。它是一种由许多感觉要素构成的复杂知觉，如重力感觉、速度感觉、肌肉感觉、用力感觉等。人脑对外界事物的运动状态的反映是客体运动知觉，人脑对自身运动状态的反映则被称作主体运动知觉。这两种运动知觉在体能训练中各有其独特作用。

运动员的体能训练是以运动操作为基础实现的，而准确、协调的运动操作，是以高度分化的运动知觉为基础的。因此，精确分化的运动知觉在体能训练中的作用非常重要，良好的运动知觉能够保证在体能训练中做出各种各样的动作。

（三）情绪

情感是人体对客观事物是否能够满足自己的需要而产生的体验。情绪是情感体验过程的具体形式。

心理学的相关研究表明，情绪对体能训练起着非常重要的作用。一般来说，良好的情绪可以起到"增力"作用，如明显地增强人的活动能力，使人体运动能力进一步提高等。而不良的情绪的"减力"作用则是显而易见的，具体表现为精神不振、无精打采、心灰意冷、注意力不集中等。

因此，情绪对运动员进行体能训练的影响很大。如果运动员带着不稳定的情绪去参加体能训练，又不能很好地控制自己，那么他很难掌握好动作技能。而倘若其情绪稳定、精神饱满、注意力集中、斗志昂扬，就一定能在体能训练中收获更多。

---

[1] 刘阳，王鑫刚，薛铭.体能训练理论分析与专项体能训练实践［M］.北京：九州出版社，2021.

(四)意志

意志是人为了实现既定目标而支配自己的行动,并且在行动时自觉克服困难的一个心理过程。需要指出的是,意志与行动是作为一个整体而存在的。

参与体能训练能使运动员拥有坚强的意志品质,运动员坚强的意志品质对于其掌握动作技能、增强身体素质等方面十分有益,具体表现在以下四个方面:

第一,运动员在体能训练中,肌肉有时会处于非常高的紧张状态,并且需要完成各种不同难度的动作,此时意志努力能够满足完成动作的需要。

第二,运动员在参加体能训练时需要高度集中注意力,在意志努力作用下,可以克服外部和内部刺激的不良影响。

第三,运动员在参加体能训练时,由于机体各系统全面运转,容易导致疲劳,甚至是运动损伤的产生,意志坚强者能够克服由于疲劳和运动损伤而产生的消极情绪,并坚持长期参与体能训练。

第四,体能训练中的某些动作强度大、危险性高,会使运动员产生畏惧心理,而坚定的意志则有助于运动员克服这种畏惧恐慌的心理。

(五)注意力

注意力是心理活动对一定对象的选择性指向和集中,是一种心理状态。在进行体能训练时,往往强调注意力的集中。

二、体能训练的动机

(一)动机概述

1. 动机的含义

动机是个体的内在过程,在体能训练中指推动个体从事体能训练活动的心理及内部动力。

2. 动机的分类

(1) 按动机来源分类

根据动机来源,动机可以分为内部动机和外部动机两种。

1) 内部动机:内部动机是以生物性需要为基础,通过积极参加体能训练来展示自己的能力，从而体验到强烈的满足感的动机。内部动机能够吸取内部力量，能够从内部驱动运动员的行为。内部动机能够对人起到激发作用，其行为的动力就是运动员内部的自我动员。

2）外部动机：外部动机的基础是社会需要。运动员希望通过参与体能训练来满足自身社会性需要的动机就是外部动机。外部动机能够吸取外部力量，能够从外部驱动人的行为，其行为的动力来自外部的动员力量。

3）内部动机与外部动机的关系：内部动机与外部动机从实际上来讲是相互影响、相互促进的。外部动机对内部动机的影响可能是积极的，也可能是消极的。外部动机既能加强内部动机，也能削弱内部动机。

（2）按兴趣分类

按兴趣可将动机分为直接动机和间接动机。

1）直接动机：是指以直接兴趣为基础，指向体能训练过程本身的动机。一些运动员对于参加体能训练非常感兴趣，认为在体能训练过程当中能够将其潜力显现得淋漓尽致，使自己获得极大满足，受到这种思想驱动的动机就是直接动机。

2）间接动机：是指以间接兴趣为基础，指向活动结果的动机。一些运动员对体能训练本身的兴趣并不是很大，仅认为这是为在训练过程中获得良好的效果所必须克服的困难，这种动机就是间接动机。

3. 动机的作用

动机通常能发挥以下三种作用：

（1）始发作用 动机可引起和发动个体的活动。

（2）强化作用 动机是维持、增加或制止、减弱某一活动的力量。

（3）指向或选择作用 动机可引起和发动个体活动的方向。

（二）动机的产生

动机的产生有两个必要条件：

1. 内部条件

个体因缺乏某种东西而引起内部的紧张状态就叫作内部条件。这种状态能够使人产生愿望，并推动行为，使人产生做事的动机。

2. 外部条件

个体之外的各种刺激统称为外部条件，各种生物性和社会性的因素都可称作外部条件。外部条件能够引发外部动机的产生，对运动员有着重要的影响作用。

（三）动机的培养与激发

1. 满足运动员的各种需求

（1）追求刺激和乐趣的需要

在体能训练过程中，如果进行得非常枯燥，就会导致运动员失去练习的乐趣，导致其运动动机下降。因此，在体能训练过程中，应当注意以下几点：

> 1）要使运动员的能力与练习难度相符。
> 2）要使练习在方法和手段上更加多样。
> 3）要让所有人都积极参与。
> 4）要允许运动员在练习过程中有更多的自主权。
> 5）练习中的任务分派要符合不同运动员的特点，使其完成任务不会感到吃力，并且享受其中的乐趣。

（2）获得集体归属感的需要

任何人都有归属的需要，甚至对于一些人来说，参与体能训练的目的就是要在集体当中找到归属感。其参与动机就是渴望能够归属于他人、为他人所接受，他们更需要集体带来的心理安慰，而不是有明确的目的。

因此，在体能训练过程中，要以集体成员的资格作为激励来激发这一类运动员的参与热情，运用集体的行为规范、目标以及集体的荣誉感来激发，使他们的运动动机更为强烈。

（3）展示自我的需要

体育运动中，展现自己的价值是很多人追求的目标。这种需要的特点往往取决于运动员的归因，因而从这一角度可以将运动员分为成功定向与失败定向两类。运动员非常重视自我价值感这一精神财产。在运动中充分展示自己的才能，能够让他人承认自己的价值，甚至他们只要自认为有价值、有能力，就能得到极大满足。

而失败定向的学生则需要教练员帮助其确立正确的目标,要通过一些积极有效的措施和手段对其需要进行满足,这样才能真正有效地激发和培养他们的内部动机。

2. 运用强化手段培养动机

强化是对于可接受的行为给予奖励或撤除消极刺激的过程。正确使用强化手段可以激发外部动机,同时对内部动机也是非常好的培养。但如果运用不得当,强化手段可能又会对内部动机和外部动机造成破坏。通常强化的效果要强于惩罚的方法,但适当的时候也要运用惩罚的手段。运用强化手段培养动机时,有几点需要注意:

1)对应获得奖励的行为和条件进行规定。奖励要有度,不能使运动员觉得自己被控制。

2)最好对达到标准的优异表现进行没有规律的强化。

3)运动员间的相互强化值得鼓励。

4)运动员必须明白奖励并不是目的,而是能力、努力和自我价值的标志。

3. 运用依从、认同和内化方法培养动机

(1)依从方法

依从方法就是利用外部奖励和惩罚来激发运动动机的方法。对一些尚未建立起良好的行为习惯、自我观念比较淡薄的运动员来说,依从方法是激发其动机的最佳手段。

(2)认同方法

利用教练员与运动员之间的关系来对运动员的运动动机进行激发,这种方法就是认同方法。认同方法是依从方法的一种隐蔽形式。要成功利用认同方法,教练必须维护好与运动员的关系,让运动员遵从要求成为一种自觉行为。

(3)内化方法

通过启发信念与价值观来激发内部动机的方法就是内化方法。

在运用依从方法、认同方法以及内化方法激发运动动机时,应注意以下几点:

第一，随着运动员年龄的增长和心智的成熟，内化方法是最适宜最有效的方法。

第二，在运动技能发展的初级阶段，依从方法是最为有效的。

第三，运动员不同的归因控制点使得激发其运动动机时也应运用不同的方法。

第四，对于以上方法均不适用的运动员，应根据其目标来选择激发其动机的方法。

4. 自我调整以引发动机

大量的实践表明，使别人适当控制自己的生活能够有效地加强动机，提高成就，使责任感和自我价值感得到非常大的发展。这对于运动动机的培养和激发是非常重要的。

通常，在体能训练中，教练员的练习过程安排往往是最适合于运动员发展的，但比教练员更了解自身情况的人还是运动员自己。他们如果能够学会自己设置训练计划，那么可能会使训练计划变得更加完善。

因此，教练应根据运动员的能力和水平，适当地下放权力，对运动员的责任心、自觉性和决策能力进行培养。这样除了能够培养和激发内部动机外，运动员在生活中获得的经验也会使其受益匪浅。

教练员下放自主权，以使运动员自我引发动机时要注意以下几点：

1）要有选择地下放自主权，其主要根据就是运动员的能力和水平。

2）教练员应具有移情心。移情心是指一种会站在运动员的角度来观察和思考问题的能力。

3）权力下放后仍应耐心地帮助运动员进行决策，但不要急于求成，过分指导。

5. 变换训练方法以引起动机

对体能训练的环境进行适当的改变是培养与激发体能训练动机的间接方法。环境的改变包括物质和心理两个方面。物质环境的改变可以从练习场地、练习设备条件等方面入手，而心理环境的改变则可以通过取消对运动员的消极评语、对运动员分组进行适当改变、改变传统的练习方法等来实现。

第三节 体能训练的营养学基础

一、体能训练中糖类的消耗与补充

糖类又称"碳水化合物",可以分为单糖(包括半乳糖和葡萄糖)、双糖(包括蔗糖、麦芽糖、乳糖)和多糖(包括纤维素、淀粉、糖原、果胶)三类。

(一)糖类的营养功能与来源

1. 糖类的营养功能

(1)供给能量 糖类在体内最主要的营养功能就是供给能量。糖是人体最经济的热能来源,它在体内可迅速氧化,及时提供能量。脂肪和蛋白质氧化供能受机体氧供条件的限制,但肌糖原在肌肉活动时能快速氧化供给能量,不受机体氧供条件的影响和制约,满足机体需要。

(2)构成神经和细胞的主要成分 糖是一种重要的机体构成物质,在所有的神经组织和细胞核中都含有糖的化合物。糖蛋白不仅是细胞的组成成分之一,而且还是结缔组织的重要组成成分,糖脂、核糖和脱氧核糖核酸参与构成神经组织。

(3)抗生酮作用 脂肪在体内氧化靠糖类供给能量。如果糖类供给不足,脂肪就氧化不全,即产生酮体,酮体在体内积存过多会引起酸中毒,所以糖类有抗生酮的作用。

(4)保肝解毒作用 糖与蛋白质结合成糖蛋白,通过保持蛋白质在肝中的储备量,摄取充足的糖量,能够使肝糖原的储备量有所增加,从而使肝对某些化学毒物等有毒物质的解毒作用进一步加强。糖原对各种细菌引起的毒血症也有解毒作用。由此可以看出,糖原不仅能够保护肝脏,使其不受有害因素的损害,而且还能使肝脏保持正常的解毒功能。

(5)促进蛋白质的吸收和利用 糖对于蛋白质在体内的代谢过程有着重要作用。当糖和蛋白质同时食用时,有利于氨基酸的活化以及蛋白质的合成,这种作用就是糖节约蛋白质的作用。

(6)维持心脏的正常生理活动 心脏的正常活动离不开磷酸葡萄糖和糖

原的热能供给。由于神经系统中只能储存很少的营养素，只能利用葡萄糖进行热量的供给，因此神经系统热能的唯一来源是血中的葡萄糖。当血糖降低，就会降低心脏和肌肉的工作能力，严重者还会出现昏迷、休克甚至死亡。

2. 糖类的主要来源及供给量

（1）糖类的主要来源　糖的主要来源是粮食（米、面、玉米等）、豆类和根茎类食物（甘薯、马铃薯等）中所含的淀粉，此外水果、瓜类也含糖。我国人民的膳食习惯是多糖膳食，糖在膳食中的比例较高，一般情况下没有必要在膳食之外再另补充糖。

（2）糖类的供给量　糖的供给量与消耗量应根据工作形式和劳动强度而定，劳动强度越大、时间越长，糖的需要量就越多。一般情况下，糖占每日总热量供给量的60%～70%。体内糖储备很少，因此，必须从每日膳食中摄取。但摄入蔗糖过多时，对身体有很多危害，如糖尿病、肥胖病、心血管病、近视、龋齿等疾病的发生都与摄入过多的糖有关。

（二）糖类的消耗

糖类是体能训练时热能的主要来源之一，它在实用体能训练中的利用程度决定了体能训练者是否能具备良好的耐久力，从而顺利完成规定的体能训练强度，达到一个很好的体能训练效果。糖类易消化、耗氧少，代谢的产物主要是水和二氧化碳，在体能训练时会随时被排出，补充不及时，就会形成供需脱节，在没有及时补充而又继续体能训练的情况下，对糖类的大量需要只能来自体内贮备的糖原，从而造成糖原枯竭，对于体能训练者来说会造成不良的影响[1]。

（三）糖类的科学补充

1. 补充糖类的意义

在体能训练过程中进行科学的糖类补充，具有非常重要的意义。具体来说，主要体现在以下几个方面：

1）高水平的糖原储备能够进一步提高运动者的抗疲劳能力。除此之外，运动前或赛前进行糖类补充，在优化肌肉和肝脏糖原储备、运动时血糖的稳定以及保障1小时内快速运动能力和长时间运动末期的冲刺力方面，都具有非常

---

[1] 刘阳，王鑫刚，薛铭.体能训练理论分析与专项体能训练实践［M］.北京：九州出版社，2021.

重要的作用和意义。

2）在进行体能训练过程中进行糖类的补充，不仅能够使糖代谢环境得到显著改善，保持运动中的血糖浓度，维持高的糖氧化速率，节省肝糖原，减少蛋白质的消耗，而且还能够进一步提高运动能力。因此，补充糖类具有非常重要的意义。

3）坚持长时间在体能训练过程中进行糖类补充，还可预防和延缓中枢性疲劳的发生。

4）糖类的及时补充，其意义还体现在维持血糖浓度、减少应激激素、稳定免疫功能等方面。

5）在进行体能训练后进行糖类的补充，在肝糖原和肌糖原的合成与储存的加强，疲劳消除和体能的恢复、促进等方面意义重大。

2. 补糖的方法

（1）运动前补糖

运动前补糖的方法有两种：一是在大运动负荷训练和比赛前数日，将膳食中碳水化合物的占总能量比重增加到60%～70%（或10克/千克体重）；二是在运动前1～4小时补糖1～5克/千克体重，固体糖和液体糖均可，但运动前1小时补糖最好使用液体糖。

（2）运动中补糖

一般采用液体糖，同时应遵循少量多次的原则，每隔30～60分钟补充一次，补糖量一般不低于60克/小时。

（3）运动后补糖

原则是补糖越早越好。最好在运动后即刻或头两个小时内以及每隔1～2小时连续补糖，补糖量为0.75～1克/（千克体重·小时），24小时内补糖总量达到9～12克/千克体重。

二、体能训练中蛋白质的消耗与补充

蛋白质是生命的物质基础，是由氨基酸组成的高分子化合物。蛋白质主要由氧、碳、氢、氮四种元素构成，氨基酸是身体用来组建蛋白质的基本单元。

（一）蛋白质的营养功能与来源

1. 蛋白质的营养功能

（1）构成机体组织与细胞的主要成分　血液、肌肉、骨、皮肤等都由蛋白质参与组成。另外，蛋白质还对机体生理功能起到调节作用，是体内缓冲体系的组成部分，能够使酸碱平衡得到有效保持。人体每天所需热量的10%~14%来自蛋白质。

（2）供给能量　蛋白质除了能够在糖和脂肪供给的热量不足的情况下氧化分解释放出热能，在正常代谢过程中，陈旧破损的组织和细胞中的蛋白质还会分解释放出能量。另外，体内蛋白质更新分解代谢中也能释放出能量。由此可以看出，蛋白质能为身体提供能量。

（3）构成酶和激素的成分　蛋白质是许多具有生理功能的物质的主要组成成分。酶本身就是蛋白质，酶在正常体温的情况下，广泛参与人体各种各样的生命活动，如肌肉收缩、血液循环、呼吸消化、神经传导、感觉功能、能量转化、信息加工、遗传素质、生长发育和繁殖以及各种思维活动。此外，对代谢过程具有调节作用的激素、承担氧运输的血红蛋白、进行肌肉收缩的肌动、肌球蛋白和构成机体支架的胶原蛋白等本身都是蛋白质。

（4）构成免疫作用的抗体　一类球蛋白是有免疫作用的抗体，在体内和病原体（即抗原）起免疫反应，从而能保护机体免受细菌和病毒的侵害，提高机体的抵抗力。

（5）维持酸碱平衡　在维持体内酸碱平衡和水分的正常分布方面，蛋白质也具有非常重要的作用。

2. 蛋白质的主要来源及供给量

（1）蛋白质的主要来源

蛋白质的最好来源是动物性食物和植物性豆类食物。动物性蛋白与植物性蛋白相比较，具有更大的优越性。它所含的氨基酸的组成方式和人类的蛋白质相类似，营养价值也高，故称"优质蛋白质"。含蛋白质较多的食物有很多，肉类、鱼类蛋白质含量一般为10%~30%，奶类为1.3%~3.8%，蛋类为11%~14%，豆类为20%~49.8%，谷类为6%~10%[1]。

---

[1]贺道远.体能训练理论与方法［M］.长春：吉林大学出版社，2021.

（2）蛋白质的供给量

蛋白质在体内的储存量甚微，营养充分时可储存约1%。蛋白质的需要量与机体的活动强度、肌肉数量的多少、年龄及不同的生理状况等条件有关。蛋白质的供给量一般成人应占热能供给总量的10%～12%，儿童少年为12%～14%。正常成年人蛋白质供应量为每千克体重1～1.5克。

（二）蛋白质的消耗

一般来说，蛋白质在运动中供能的比例最小。蛋白质在运动中供能的比例取决于运动的类型、强度、持续时间及体内肌糖原的状况。体内肌糖原储备充足时，蛋白质供能仅占总消耗的5%左右；肌糖原耗竭时可上升到10%～15%；在一般运动情况下，蛋白质提供6%～7%的能量。骨骼肌可选择性摄取支链氨基酸（亮氨酸、异亮氨酸和缬氨酸）在长时间耐力型运动中进行氧化供能。

高强度和大运动负荷的训练比赛可造成肌肉组织的损伤，而组织细胞的修复需要蛋白质的参与。运动后休息期，机体蛋白质和氨基酸的合成代谢增强，以利于组织细胞的修复和骨骼肌支链氨基酸的储备。剧烈运动或高温下运动机体排汗增加，汗氨和尿氮排出量增多。同时，运动可使与运动有关的组织器官如肌肉、骨骼增大增粗，这些都说明运动会引起蛋白质的消耗量和需要量增加。

（三）蛋白质的科学补充

1. 补充蛋白质和氨基酸的意义

体能训练时，蛋白质的功能主要有：帮助损伤的组织快速修复和再生；调节许多代谢过程如体液平衡、酸碱平衡、营养素的输送等；促进抗体、补体和白细胞的形成，提高免疫机能；促进肌肉蛋白质合成，增强力量；当糖原储存大量消耗时，氨基酸分解代谢可以直接参与供能；氨基酸还可以进行糖异生，维持体能训练中血糖水平，有助于提高体能训练持久力[1]。

由此可知，蛋白质、氨基酸缺乏都将削弱体能训练机能，所以补充优质蛋白质和某些特殊氨基酸，对提高体能训练中的人体代谢能力具有重要的作用。

---

[1]贺道远.体能训练理论与方法［M］.长春：吉林大学出版社，2021.

2. 补充蛋白质的方法及要求

进行耐力体能训练的人，当食糖和能量摄入充足时，每日蛋白质需要量是每千克体重1.0~1.8克。体能训练水平越高，需要量增加越多。连续数天大负荷耐力体能训练时，每日补充蛋白质每千克体重1.0克，身体仍然出现负氮平衡，这表明体内蛋白质分解多于补充，而以每千克体重1.5克摄入蛋白质时，身体处于正氮平衡。力量性项目体能训练者蛋白质供给量要比普通人多。力量体能训练者在轻量体能训练时每日需要蛋白质每千克体重1.0~1.6克。

三、体能训练中脂肪的消耗与补充

脂类是人体的重要组成成分，主要由碳、氢、氧三种元素组成。

（一）脂肪的营养功能与来源

1. 脂肪的营养功能

（1）促进脂溶性维生素的吸收和利用

鱼肝油和奶油富含维生素A、维生素D，许多植物油富含维生素E。维生素A、维生素D、维生素E和维生素K是脂溶性维生素，脂肪能促进这些脂溶性维生素的吸收。

（2）构成一些重要生理物质

细胞膜的类脂层主要由磷脂、糖脂和胆固醇构成，合成胆汁酸、维生素D和类同醇激素又需要胆固醇这一原料。

（3）供给能量

脂肪是产能量最高的一种热源质，脂肪在体内氧化所产生的能量是糖类和蛋白质的1.25倍。脂肪占用空间小，可以大量储存在腹腔空隙和皮下等处，是储存能量的"燃料库"。人在饥饿时首先动用体脂来避免体内蛋白质的消耗。骆驼及冬眠动物等都是靠体脂来维持不进食期间的生存的。

（4）保护内脏器官，形成皮下脂肪以维持体温

脂肪能够填充衬垫、支持和保护固定体内各种脏器和关节。另外，脂肪是

热的不良导体，皮下脂肪不仅能够防止体温过多向外散失，而且还能阻止外界热能传导到体内，因此有维持正常体温的作用。

（5）增加食物的美味和饱腹感

脂肪可使食物酥软、香脆，增进食欲；脂肪在胃肠道内停留时间长，所以有增加饱腹感的作用。

2. 脂肪的主要来源及供给量

（1）脂肪的主要来源

脂肪主要来自动物性食物，如猪油、羊油、牛油、奶油及蛋黄等，也来自植物性食物，如大豆、芝麻、花生等。

（2）脂肪的供给量

每日膳食中有50克脂肪就能基本满足人体的需要。一般认为脂肪应占每日热能供应量的17%~20%，不宜超过30%。

（二）脂肪的消耗

运动强度不同，脂肪的动员和供能也不同。当运动强度为25%最大摄氧量（VO_2max）时，脂肪组织动员利用的脂肪供能量多，随着运动强度的不断增大，呈现减少趋势。而骨骼肌脂肪在25%VO_2max强度时利用减少，当强度达到65%VO_2max时，动员利用最多，在85%VO_2max强度时出现减少。此时，机体主要利用碳水化合物供能。

（三）脂肪的科学补充

如果长时间进行体能训练，并且氧充足，那么这时候为其提供能量的就是脂肪。一般来说，在运动强度小于最大耗氧量55%时，脂肪酸才能氧化供能。由于体能训练的强度较大，如果长时间进行体能训练，就会导致体内三酰甘油和低密度脂蛋白胆固醇有一定程度的减少，但高密度脂蛋白胆固醇增多，这对于动脉硬化及冠心病等的预防和治疗非常有利。除此之外，长时间的体能训练，在脂肪组织中的脂肪酸游离出来参与供能，以及运动造成的机体热量负平衡等方面，都能起到非常积极的推动作用。另外，在运动者体内脂肪的减少方面，进行科学合理的脂肪补充也能起到积极的促进作用。

四、体能训练中维生素的消耗与补充

维生素又称"维他命",是维持身体健康所必需的一类有机化合物,是人类食物中不可缺少的物质。人体自身不能合成维生素,必须由外界的食物提供。维生素由碳、氢、氧等元素组成。

(一)体能训练与维生素A

维生素A是形成眼视网膜中视紫质的原料,具有保护角膜上皮防止角质化的作用。如果缺乏,往往会导致夜盲症、干眼病等疾病的发生。因此,视力要求较高的运动项目如射击、射箭、乒乓球、跳水等,对维生素A的需要量比较高。一般运动员维生素A的推荐摄入量为每日1500微克,视力活动紧张项目为每日1800微克。维生素A长期大量摄入可引起中毒,不可补充过多。动物肝脏、深黄色或深绿色蔬菜、红黄色水果、蛋黄等食物中富含维生素A。

(二)体能训练与维生素B

维生素B是糖代谢中丙酮酸等氧化脱羧所必需的辅酶的组成成分,其还与神经递质乙酰胆碱的合成与分解有关。维生素B缺乏时,运动后的丙酮酸及乳酸堆积,使机体容易疲劳,并可引起乳酸脱氢酶活力减低,影响骨骼肌与心脏的功能。

运动员很少出现严重的维生素B缺乏症,一般仅发生维生素B不足或边缘性缺乏。我国运动员维生素B的推荐摄入量为3~5毫克/天,高于我国普通成年男女的膳食参考摄入量(分别为1.4毫克/天和1.3毫克/天)。维生素B的主要来源为米、面、核桃、花生、芝麻和豆类等粗糙的粮食的胚芽和外皮部分,故加工越精细,损失越多。另外,瘦猪肉、动物肝脏等物质中也含有维生素B。

(三)体能训练与维生素B

维生素B是构成体内多种呼吸酶的辅酶的成分,与体内的氧化还原反应和细胞呼吸有关。维生素B缺乏的运动者,容易出现肌肉无力、耐久力受损害、疲劳等症状。我国推荐运动员维生素B的适宜摄入量为2.0~2.5毫克/天。维生素B主要来源于动物肝、肾脏、青菜等食物中。

（四）体能训练与维生素C

维生素C具有很强的还原性，参与氨基酸和蛋白质的代谢。运动使机体的维生素C代谢加强，短时间运动后血液维生素C的含量升高，但长时间运动后下降。不同的运动负荷后，不论血液中维生素含量是升高还是下降，组织维生素C均表现为减少。运动机体维生素C不足时，白细胞的吞噬功能下降。运动者在过度训练时，血液维生素C的水平和白细胞吞噬功能都下降。维生素C还有消除疲劳、提高耐力以及促进创伤愈合等作用。

维生素C分布很广，水果、叶菜类、谷类等食物中都含有丰富的维生素C。其易受储存和烹调破坏，所以蔬菜、水果应以新鲜、生食为好。我国推荐的运动员膳食维生素C的摄入量在训练期为140毫克/天，比赛期为200毫克/天。进行极限或次极限强度运动时，每消耗1000千卡能量，需供给22~25毫克的维生素C。在进行长时间中等强度的运动负荷时，运动时间超过2小时以上（如长跑、马拉松等），每消耗1000千卡能量，需供给30毫克的维生素C。

（五）体能训练与维生素E

维生素E具有抗氧化作用，具有促进蛋白质的合成和防止肌肉萎缩等生物学作用，可提高肌肉力量。有研究报告指出，运动员在高原或在低氧低压条件下训练，补充维生素E可以提高最大摄氧量，减少氧债和血乳酸。食物油、奶、蛋等食物中富含维生素E。我国推荐的运动员膳食维生素E摄入量为30毫克/天，如果在高原训练，则增加到30~50毫克/天。

五、体能训练中矿物质的消耗与补充

人体内所含矿物质元素的种类非常多，总量约占体重的5%，矿物质对人体有着重要的作用，人体内的许多生化过程都要依靠矿物质。

（一）体能训练与钙

钙营养的平衡对保持运动能力非常重要。钙缺乏可引起肌肉抽搐，长期钙摄入不足会导致骨密度降低。运动具有增加钙丢失的作用，同时又具有促进钙在骨内沉积、增加骨密度的作用。只有在钙摄入量充足的情况下，运动才有增加骨密度的作用。在青春期前加强体育锻炼，非常有利于骨密度的增加。

一般训练情况下，钙的需求量是每日1000毫克，运动量或运动强度大时，要增加到1000~1500毫克。奶及其制品、绿叶蔬菜、虾皮、豆类、海带等食物中含有丰富的钙。

（二）体能训练与钾

成人体内总含钾量为117克左右。大部分存在于细胞内液，只有约2%存在于细胞外液。当血钾浓度降低时，脑垂体生长素输出下降，造成肌肉生长减慢。口服钾可迅速恢复生长素水平和胰岛素样生长因子水平。

进行大强度运动，尤其在高温下进行时，汗液中会丢失大量的钾。缺钾可抑制糖的利用，ATP和蛋白质合成受阻，出现肌肉兴奋性降低、肌肉无力、心脏节律紊乱等。运动后不及时补钾，可影响糖原的合成和肌肉组织的修复，从而影响运动能力的恢复。运动大量出汗前后适量补充钾盐十分必要。

在运动情况下，人每日钾的需求量为3~5克，主要来源于植物性食物，比如豆及豆制品、海带、香菇、花椒、谷类以及蔬菜和水果等。

（三）体能训练与铁

铁营养与运动员的氧代谢和耐久力有关。运动员中发生缺铁性贫血的比率较高，可能与铁摄入不足有关。此外，运动引起铁代谢的加快，铁吸收受到影响，并且铁排出增多。调查研究显示，女运动员的铁储备状况差于男运动员，而且缺铁性贫血的发生率较高。

成人身体总铁量为3.5~4.0克。运动者由于铁的需要量高、丢失增加，再加上摄入不足，普遍存在铁营养状况不良的情况。因此，运动者膳食中应加强铁的摄入。含铁最多的是动物肝脏，其吸收率也最高，除此之外，瘦肉、豆类、蛋类、绿色蔬菜等食物中的含铁量也较高。

（四）体能训练与镁

骨骼和肌肉中含有一定量的镁。镁离子不仅参与维持神经肌肉的兴奋性，还是体内多种酶的激活剂。镁是常量元素中体内含量和需要量最少的，通常情况下是不会缺乏的，但如果在运动时出汗过多，就会有较多的镁流失。如果缺镁，情绪易激动，肌肉容易发生抽搐，应增加镁的供给量。富含镁的食物有植物性食物，比如全谷物、豆类、蔬菜及海产品等。

(五) 体能训练与锌

关于锌的含量，红细胞约为血浆的10倍，其主要以碳酸酐酶和其他含锌金属酶类的形式存在。锌的主要功能在于它是多种酶的组成成分和激活剂，调节体内各种代谢，并且锌可以影响睾酮的产生和运输。因此，锌与运动能力之间具有非常密切的关系。

锌与体内200多种酶的活性有关，与雄性激素的合成关系密切。运动员锌的推荐摄入量与铁相同，为每天20毫克，如果在大运动负荷训练或高温环境下训练，应每天摄入25毫克。锌来源于动物性蛋白质，其中海牡蛎含锌最丰富。

六、体能训练中水的消耗与补充

水占成人体重的50%~70%，是人体重要的组成部分和不可缺少的营养物质。

(一) 水的营养功能与来源

1. 水的营养功能

1) 参与人体正常的代谢过程。体内各种生理活动和生化反应离不开水这一重要介质，它参与机体内代谢过程，一切代谢活动都依赖于水，否则便无法进行，生命也就停止了。

2) 维持机体正常的新陈代谢。由于水有很强的溶解能力，许多物质可以溶解在水中通过循环系统转运，因此可以说，水是体内吸收、运输营养物质，排泄代谢废物的最重要的载体。

3) 调整并维持正常的体温。水的汽化热很大，1克水汽化要吸收580卡热量。因此，汗液的蒸发可散发大量热量，从而避免体温过高，维持正常的体温。

4) 水有润滑功能。泪液、唾液、关节液、胸腔腹腔的浆液起着润滑组织防止发生摩擦的作用。

5) 能够较好地维持血容量，使脏器的形态和机能得到有力保障。

2. 水的主要来源及供给量

体内水的来源主要是饮料水、食物水和代谢水。食物水主要是指蔬菜和水果，所以在日常生活中，除正常饮用水外，要多吃蔬菜和水果。水的供给量随年龄、体重、气候及劳动（或运动）强度而异，正常成人每日需水2000~2500

毫升，不同年龄的人每日需水量不同。一般情况下，水的出入量是平衡的，体内不能储存多余的水分，也不能缺水。若摄入水分不足，或因出汗、腹泻等排出水分过多，会使机体失水，影响人体的生理功能。

（二）水的消耗

在体能训练过程中，出汗是对水最大的消耗，出汗能够对机体的热量平衡起到积极的调节作用。运动时出汗量受运动项目、气压、温度、气温、热辐射强度、单位时间运动量及饮食中的含盐量等因素影响。由此可以看出，为避免影响体能训练，要在运动过程中适当地补充水，通常情况下，都要遵循少量多次的水分补充原则，以达到较为适宜的补水，满足运动中机体对水的需求[①]。

（三）水的科学补充

1. 补充水分的意义

脱水后补液的时间越迟，体能训练能力的降低越严重。体能训练时，当失水速度达到275毫升/小时的脱水阈时，就会引发机体发生脱水。研究已表明，间歇性体能训练项目体能训练者的相对出汗率，不仅不比耐力性体能训练项目体能训练者低，而且还可高于耐力性体能训练项目。间歇性体能训练项目，如篮球、足球、网球等在体能训练前和体能训练中合理补液，可以维持血浆容量，防止体能训练中心率和体温的过度升高，从而有助于提高体能训练能力。

2. 补液的方法

（1）补液的原则

补液应该遵循预防性补充的原则和少量多次的原则。预防性补充可以避免脱水的发生，防止运动能力的下降。少量多次可以避免一次性大量补液对胃肠道和心血管系统造成的负担。为保持最大的运动能力和最迅速地恢复体力，补液的总量一定要大于失水的总量，特别是补钠的量一定要大于丢失的量。

（2）补液的具体措施

运动前2小时可饮用400～600毫升含电解质和糖的运动饮料，也可在运动前15～20分钟补液400～700毫升。要少量多次摄入，每次100～200毫升，不能

---

①徐海波.大学生体能训练理论与方法解析［M］.长春：吉林人民出版社，2020.

短时间内大量饮液。

运动中补液的总量不超过800毫升/小时。运动中补液必须少量多次进行，可以每隔15~20分钟补液150~300毫升，不要饮液过多。

运动后补充含糖5%~10%和含钠30~40毫克的运动饮料，不要用盐片补钠，防止暴饮白水。

第四节 体能训练的生物力学基础

一、人体运动的时空特征

人体运动的时空特征主要表现在三个方面，即时间特征、空间特征和时空特征。

（一）时间特征

1. 时刻

时刻是指物体在空间某一位置的时间度量。时刻的主要作用是表示运动的始末以及标识关键技术的时相，如运动员关键的身体姿位、特定的关节角度等。

2. 时间

时间即两时刻间的间隔。在运动员的运动训练和比赛中，持续时间是运动的时间度量，单位用秒（s）表示。一般来说，评价运动员动作技术优劣的重要参数就是运动持续时间。

（二）空间特征

1. 位移、轨迹和路程

位移，是指从物体初始点指向终点的矢量，单位用米（m）表示。它是用来描述物体位置变化的。轨迹是质点运动的路径。路程则是物体运动轨迹的长度，路程为标量，单位也是米。

2. 角位移

人体的运动如果按照刚体运动的形式分,有平动、转动和复合运动三种。转动刚体上的各个质点在同一时间间隔内的线位移不同,但转过的角度是相同的。据此,在描述转动时,就可采用物体转过的角度来描述,称为刚体转动的角位移,以逆时针方向为正。角位移的单位通常用度(°)、弧度(rad)表示[①]。

(三)时空特征

1. 速度和加速度

(1)速度与速率

所谓速度,即描述物体运动快慢的时空物理量。人体在变速直线运动中的位移和通过这段位移所需的时间之比,就是人体在这段时间内(或这段位移)的平均速度。

所谓速率,即人体或物体运动经过的路程与其所用的时间之比。速率反映的是单位时间内物体路程改变的数量大小。

(2)加速度

加速度即描述物体速度变化快慢的物理量。平均加速度则是指人体运动的速度变化量与发生这种变化所用的时间之比。在体育运动中,加速度通常指瞬时加速度。

2. 角速度和角加速度

所谓角速度,即描述物体转动运动快慢的度量,单位为弧度/秒(rad/s)或度/秒(°/s)。所谓角加速度,即描述角速度变化快慢的物理量,单位为弧度/秒^2(rad/s^2)或度/秒^2(°/s^2)。

二、人体运动的平衡与稳定

人体的平衡状态就是指相对于惯性参照系静止或做匀速直线运动的状态。在体育运动中,运动员往往需要做各种平衡动作以辅助各项运动技能的完成,

---

[①] 贺道远. 体能训练理论与方法[M]. 长春:吉林大学出版社,2021.

如武术中的大鹏展翅、吊环的十字支撑等。对于这些项目来说，人体平衡能力非常重要。

人体在抵抗各种外界因素的干扰中保持平衡的能力，就是稳定性。人体的稳定性可分为两种，即静态稳定性和动态稳定性。静态稳定性即人体静止时抵抗各种干扰的能力；动态稳定性即人体重心偏移平衡位置后，去除干扰因素，人体仍能恢复到初始平衡范围。在运动员进行训练的过程中，这两种稳定性都起着重要的作用。

（一）人体平衡的类型

根据人体重心和支撑点的位置关系划分，人体平衡可分为上支撑平衡、下支撑平衡和混合支撑平衡三种。

1）上支撑平衡，即支撑点在重心上方，如单杠悬垂平衡。

2）下支撑平衡，即支撑点在重心的下方，如手倒立平衡。

3）混合支撑平衡，即人体重心位于上、下两支撑点之间的平衡，如肋木侧身平衡。

根据平衡的稳定程度划分，人体平衡可划分为以下四种类型：

1）稳定平衡，即人体的姿位不管有多大的偏离都能回复到原来姿位的平衡。在体育运动中，上支撑平衡往往是稳定平衡。

2）有限稳定平衡，即人体姿位的偏离仅在一定范围内，能够回复到原来姿位的平衡。下支撑中的面支撑平衡都是有限稳定平衡。

3）不稳定平衡，即人体只要有极小的偏离就一定倾倒的平衡。不稳定平衡仅见于下支撑中的点支撑或线支撑，如高空走钢丝、杂技中自行车定车等都属于不稳定平衡，它们的支撑面很窄，可近似看作线支撑。

4）随遇平衡，即人体姿位不管如何偏离，都能在新位置重新建立平衡。随遇平衡的特点是物体偏离原来位置时，重心高度不变。在体育运动中，球体的平衡就属于随遇平衡。

（二）人体稳定度的影响因素

在运动中，人体的平衡大多属于下支撑平衡。影响人体下支撑平衡稳定度的因素主要有以下几点：

（1）支撑面大小

支撑面大小通常影响着人体的稳定性。一般来说，支撑面小，稳定度就小；支撑面大，稳定度就大。

（2）重心的高度

如果支撑面大小不变，人体的重心位置越低，其稳定度就越大；重心位置越高，其稳定度就会越小。

（3）稳定角

稳定角就是指重力作用线和重心至支撑面边缘相应点的连线间的夹角。一般情况下，稳定角越大，人体或物体的稳定性就越好。

（4）稳定系数

稳定系数即稳定力矩与倾倒力矩之比值。它能够表明物体依靠重力抵抗平衡受破坏的能力。当稳定系数大于1时，物体能抵抗外来倾倒力矩，平衡不被破坏；当稳定系数小于1时，物体不能抵抗外来的倾倒力矩，平衡会遭到破坏，物体会翻倒。

需要注意的是，稳定性与平衡并不是同一个概念，需要加以区分。一般来说，稳定性是保持人体某种姿态或运动状态的能力，而人体平衡则是人体在外力作用下的身体姿态。

第五节　体能训练的生物能学基础

体能是人体系统机能、运动素质的综合体现。对运动员而言，体能是竞技能力的重要组成部分，是运动员为提高技战术水平和创造优异成绩所必需的各种身体运动能力的综合，是决定运动成绩好坏的重要前提，运动员的体能主要是竞技体能。对普通人而言，体能与身体健康关系密切，是决定学习、工作能力、适应环境的重要前提。因此，普通人的体能主要集中表现在健康体能。

近年来许多研究结果表明，影响体能的最主要、最基本的因素离不开能量的产生、利用及其调节。机体在活动时能量需求增加，尤其是骨骼肌消耗的能量达到安静时的几百倍。骨骼肌所需的能量来自于三磷酸腺苷（ATP）的分解，其他能源物质（如糖、脂肪、蛋白质等）不能被骨骼肌直接利用，而是通过相应的分解代谢，将储存在分子内的化学能逐渐释放出来，用于再合成ATP以供肌肉收缩和舒张所用。因此围绕ATP的利用与合成就构成体能的生物能学基础。在一定程度上，体能就是骨骼肌以三大供能系统的代谢活动为基础所表现出来的运动能力。能量的产生与利用增加以及调节能力的增强，是体能水平提高的重要基础[①]。

一、能量供应系统

（一）ATP

1. ATP的结构

ATP是高能磷酸化合物的典型代表。ATP由一分子腺嘌呤、一分子核糖和三个相连的磷酸基团构成，如图2-2所示。这三个磷酸基团从与分子中腺苷基团连接处算起，依次分别称为α、β、γ磷酸基团，其中连接β、γ磷酸基团的为高能键。

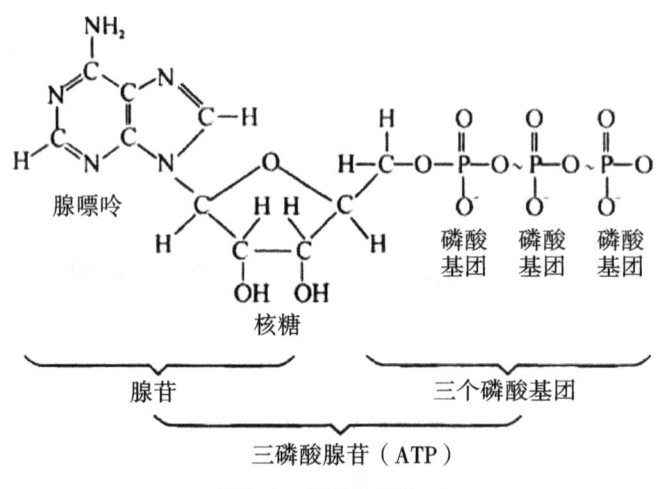

图2-2 ATP的结构式

2. ATP系统的动态平衡

能量供应是能源物质分解与合成的过程。ATP分解一般由ATP酶催化ATP末端的高能磷酸键水解释放能量，$ATP+H_2O \rightarrow ADP+Pi+$能量。特殊情况下，ADP末端的高能磷酸键也可水解释放能量，$ADP+H_2O \rightarrow AMP+Pi+$能

[①]王东亮，赵鸿博.现代大学生体能训练理论与方法指导［M］.北京：中国书籍出版社，2014.

量。AMP可以在腺苷酸激酶的作用下，由ATP提供一个磷酸基团而形成ADP，ADP又可以迅速地接受另外的磷酸基团而形成ATP，由此构成ATP-ADP循环。ATP-ADP循环是人体内能量转换的基本方式，维系着能量的释放、贮存与利用。借助于ATP与ADP在细胞内的相互转化，使ATP的含量维持在一个相对稳定、动态平衡的水平，如图2-3所示。在活细胞中，ATP末端磷酸基团的周转是极其迅速的，其消耗与再生的速度相对平衡，这对于构成细胞内稳定的供能环境具有十分重要的意义。

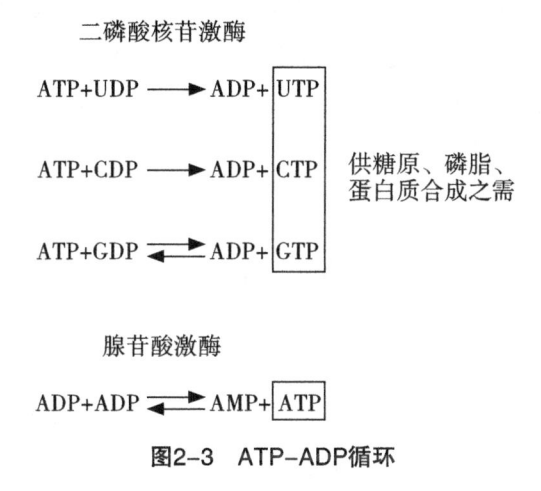

二磷酸核苷激酶

ATP+UDP ⟶ ADP+UTP

ATP+CDP ⟶ ADP+CTP   供糖原、磷脂、蛋白质合成之需

ATP+GDP ⇌ ADP+GTP

腺苷酸激酶

ADP+ADP ⇌ AMP+ATP

图2-3　ATP-ADP循环

3. ATP的再合成途径

作为一种特殊的能量载体，ATP在细胞内的含量很少，肌细胞中ATP的含量为每千克湿肌4.7~7.8毫摩尔，用于最大收缩不超过1秒钟的时间。因此，ATP在利用的同时需要不断地再合成，才能保证肌肉持续地收缩和舒张。骨骼肌有三条供能系统用于保证ATP的再合成，它们分别是磷酸原供能系统、糖酵解供能系统和有氧氧化供能系统。前两条途径是不需氧的代谢过程，故又合称为无氧代谢供能系统，第三条途径需氧，称为有氧代谢供能系统[1]。

（二）骨骼肌三大供能系统

1. 磷酸原供能系统

磷酸原供能系统指由ATP和磷酸肌酸（CP）分解反应组成的供能系统。

---

[1]王东亮，赵鸿博.现代大学生体能训练理论与方法指导［M］.北京：中国书籍出版社，2014.

ATP和CP分子内均含有高能磷酸键，在代谢反应中均能通过转移磷酸基团的过程释放能量，所以又将ATP和CP合称为磷酸原。

人体肌酸总量大约为120克，95%存在于肌肉。CP是肌酸的磷酸化形式，拥有高能磷酸键，该键储藏的能量为10300卡/摩尔。CP是肌肉内高能磷酸键的贮存库，是能量的一种储存形式，而不能直接被利用。CP在能量释放、转移和利用之间起着缓冲的作用，当细胞内的ATP含量减少时，在肌酸激酶的催化作用下，CP中的磷酸基团连同能量一起转移给ADP，从而生成ATP和肌酸（C）；当ATP含量比较多时，在有关酶的催化作用下，ATP可以将磷酸基团连同能量一起转移给肌酸，使肌酸转变成CP。通过C-CP能量穿梭系统使ATP水解与ATP再合成紧密耦联，使细胞内ATP含量相对稳定，ATP系统的动态平衡得以维持，如图2-4所示。

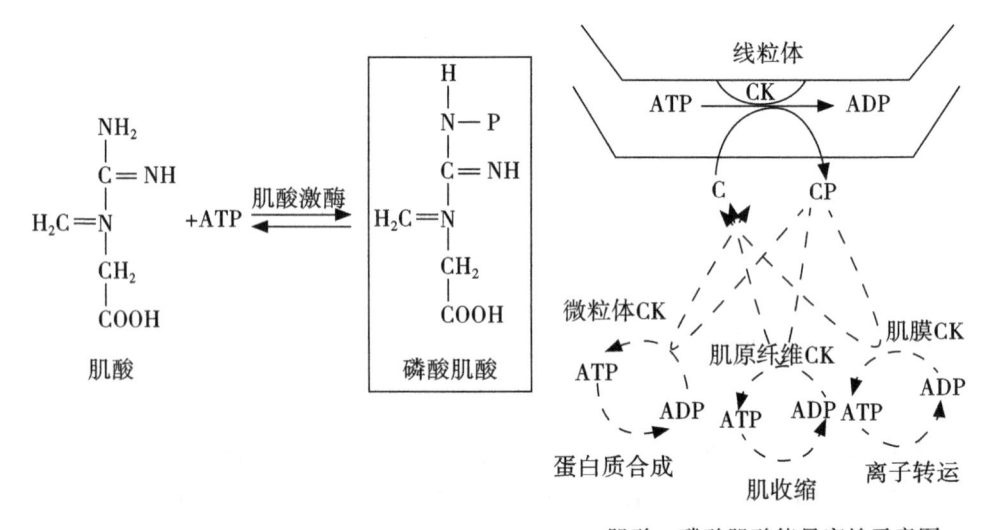

图2-4 磷酸肌酸生成及循环

运动特点不同对能量供应系统的影响有很大差异（表2-2），三大供能系统依据运动需要发挥不同的作用。磷酸原供能系统具有最早启动、最快利用和最大功率输出的特点，最大输出功率可达每千克干肌每秒1.6~3.0毫摩尔，由于磷酸原储量有限（ATP为每千克湿肌4.7~7.8毫摩尔，CP为每千克湿肌20~30毫摩尔），可维持最大强度运动时间6~8秒钟，在短时间最大强度或最大用力的运动中起主要供能作用。其对体能的影响主要是与速度、爆发力有关，可以立即提供短时间所需的能量。

表2-2 运动强度、时间对供能系统的影响

持续时间	运动强度	主要能量系统
0~6秒	极限强度	ATP-CP系统
6~30秒	高强度	ATP-CP和快速糖酵解
30秒~2分钟	大强度	快速糖酵解
2~3分钟	中等	快速糖酵解和有氧氧化
大于3分钟	低	有氧氧化

2. 糖酵解供能系统

糖酵解反应是指葡萄糖或肌糖原经过无氧代谢生成乳酸，并伴随生成ATP的过程。该反应在胞浆中进行，由12步连续的化学反应组成。每分子葡萄糖可以净生成2分子的ATP，每单位葡萄糖转化的肌糖原可净生成3分子的ATP，如图2-5所示。

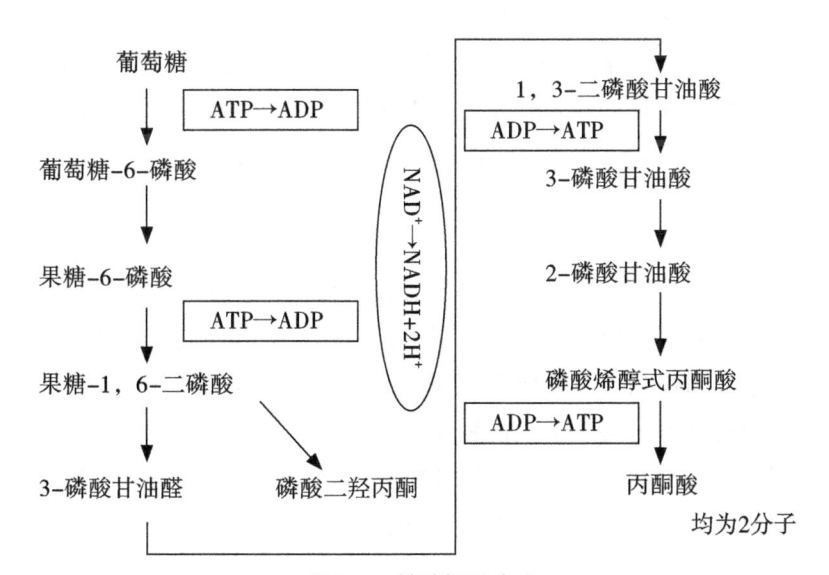

图2-5 糖酵解反应式

当机体以最大强度运动6~8秒时，糖酵解反应即可激活，全力运动30~60秒时达最大分解速率。糖酵解供能系统输出功率不如磷酸原，最大可达每千克干肌每秒1毫摩尔，但释放能量的量多于磷酸原，故可维持运动的时间较长，可维持最大功率的时间在2分钟以内，是30秒到2分钟以内最大强度的供能系统，是速度、速度耐力项目，如200~1500米跑，100~200米游泳，短距离速

滑以及非周期性高体能项目，如摔跤、柔道、拳击、武术等项目的主要供能系统。由于糖酵解反应的产物是乳酸，乳酸堆积可导致肌肉疲劳，故糖酵解系统不能无限制地持续为运动供能。糖酵解供能能力成为速度耐力能力强弱的重要体能基础，同时处于无氧供能和有氧供能系统之间，具有连接性作用。

3. 有氧氧化供能系统

有氧氧化供能是在氧的参与下，由糖、脂肪、蛋白质等完全氧化生成二氧化碳和水，并释放能量用于ATP的再合成。该系统供能需要氧参与，能量释放的速度慢，但释放量多，可提供长时间运动时的能量。

（1）糖有氧氧化

糖有氧氧化指在氧存在的条件下，糖原、葡萄糖和乳酸有氧氧化，终产物生成二氧化碳与水，同时释放能量的过程。该过程包括细胞质内糖酵解反应阶段和线粒体内反应阶段，最终每葡萄糖单位的肌糖原可生成37或39分子ATP，每分子葡萄糖可生成36或38分子ATP。

糖有氧氧化的最大输出功率为糖酵解的一半，肌糖原以每千克干肌350毫摩尔葡萄糖单位来计算，糖有氧氧化可供亚极量强度运动约90分钟，是数分钟以上耐力性项目的基本供能系统，在体能中主要与有氧耐力素质有关。

（2）脂肪有氧化

脂肪首先分解为甘油和脂肪酸，甘油和脂肪酸循着各自的途径进行代谢。甘油主要在肝、肾等少数组织被氧化利用，直接为肌肉供能的意义不大，主要是经糖异生生成葡萄糖为骨骼肌吸收和利用。脂肪有氧氧化分解速度慢，最大输出功率为糖有氧氧化的一半，但释放能量多，脂肪储量理论上可供运动的时间不受限制。脂肪供能随运动强度增加而降低，随运动时间延长而增高，为静息状态与低中强度运动时能量代谢的主要基质。

（3）蛋白质的有氧氧化

蛋白质的功能主要是构成细胞的基本物质，对细胞组织起着修复、代谢调节、免疫、信号传导等作用，虽然在长于30分钟的激烈运动中供能，但最多不超过总耗能的18%。蛋白质在运动中存在蛋白质的净降解和氨基酸的供能，包括支链氨基酸、谷氨酸、丙氨酸、门冬氨酸的氧化供能，同时葡萄糖—丙氨酸循环对维持血糖浓度有帮助。

二、影响体能的生物能学因素

影响体能的因素很多，从生物能学角度来看，机体能源物质的储备（表2-3）、各能量系统供能的效率（表2-4）、代谢产物的消除等对体能的影响较大，因此有必要对这些影响因素进行相应的探讨，以便采取有效的措施提高体能。

表2-3 骨骼肌的能量储备

供能物质	储量（毫摩尔/干肌）	可利用能量（毫摩尔/千克干肌）
ATP	24.6	9.8
CP	76.8	61.4
Gn	365	10609（无氧） 14200（有氧）
甘油三酯	48.6	24520

表2-4 不同供能系统的输出功率

供能系统	最大输出功率（mmd/kg干肌·s）	可持续时间
ADP+CP→ATP+P	1.6～3.0	6～8秒
Gn→HL	1.0	30～60秒达最大速率，维持2～3分钟
Gn→CO_2、H_2O	0.5	1.5～2小时
FFA→CO_2、H_2O	0.25	不限时间

（一）能源物质的储备

能源物质是人体运动的燃料，人体骨骼肌细胞的能源物质储备差异很大，燃料储备的多少对运动时体能的发挥起着重要作用。平时要注意通过有计划的训练刺激、营养措施和补充手段提高能源物质的储备水平。

1. ATP、CP

机体储备的能源物质主要有ATP、CP、肌糖原、脂肪，其中ATP储备量最少，仅有24.6毫摩尔/千克干肌。ATP在体内储备有限，它不是能量的储存形式，运动训练不能显著增加ATP的储量，但可提高ATP酶的活性。从能量观点来看，ATP的分解速度与消耗后的恢复速度是影响体能的最重要因素。

不同组织细胞内CP的浓度不同，骨骼肌细胞的CP浓度为76.8毫摩尔/千克干肌，是ATP浓度的3~5倍。Ⅱ型肌纤维的CP浓度高于Ⅰ型肌纤维，运动时CP的消耗与运动强度有关，在持续数秒钟的极量运动至力竭时，CP储量接近耗尽，可达安静时的3%以下。当以75%的最大摄氧量（VO_2max）强度运动时，CP储量下降到安静值的20%左右。当以低于60%的VO_2max强度运动时，CP储量几乎不下降，这时机体的能量基本上由有氧代谢来提供。运动训练可以提高CP的储备量，从而提高磷酸原的供能时间。同时根据运动项目的特点，适量补充肌酸对提高CP储量是有效的。

2. 糖的储备

（1）血糖

血糖指存在于血液中的葡萄糖，空腹时血糖正常范围是3.9~6.1毫摩尔/升。血糖是中枢神经系统的主要供能物质，是红细胞的唯一能源，同时是运动时骨骼肌的肌外燃料。短时间运动时血糖的变化不大，长时间运动时糖储备不足或消耗过大以及骨骼肌吸收血糖的过程加强等原因导致血糖下降，将首先影响中枢神经系统的机能，中枢疲劳使神经系统的支配能力下降，动作及判断失误增加；同时影响到红细胞的能量代谢，氧的运输能力下降；骨骼肌由于外源性糖供应不足导致外周疲劳，出现运动能力下降。因此，预防血糖下降的主要措施是增加机体糖储备，避免运动过程中由于糖储备过低造成血糖过早下降[1]。

（2）肌糖原

肌糖原是机体糖储备的主要形式，含量占肌肉重量的1%，普通人为10~15克/千克湿肌，耐力项目运动员肌糖原含量较高，为20~30克/千克湿肌，有的甚至达到40~50克/千克湿肌。不同肌肉部位、肌纤维类型、运动训练水平等对肌糖原储量均有影响。肌糖原的含量主要影响65%~85%VO_2max强度运动的能力，此时糖原消耗量最高。对于90%~95%的VO_2max强度运动，肌糖原消耗速率虽然最大，但肌乳酸的快速增多抑制糖原的酵解，使肌糖原的消耗不到原储量的一半。对于低强度运动，机体主要依靠脂肪供能，肌糖原消耗较少。当肌糖原储备过低时，会抑制乳酸的生成，降低无氧代谢能力。因此，

---

[1] 王东亮，赵鸿博.现代大学生体能训练理论与方法指导［M］.北京：中国书籍出版社，2014.

对于无氧代谢供能为主的运动项目，比赛前有足够的肌糖原是必要的。对于耐力项目运动员，赛前通过糖原负荷法提高肌糖原储备是必不可少的。

（3）肝糖原

肝糖原占肝重量的5%，总量约为100克。肝糖原储量受饮食糖的影响较大，空腹12~18小时肝糖原几乎耗尽。短时间大强度运动持续时间短肝糖原分解速率虽然提高，但消耗量较少；长时间大强度运动时，肝糖原消耗量接近排空时，肌糖原分解减少到最低程度，主要由糖异生途径来保证肝脏葡萄糖的输出。由于肝糖原的储备是影响血糖的重要因素，因此，对于长时间大强度运动项目，赛前保证充足的肝糖原对预防体能下降是必要的。

3. 蛋白质和氨基酸

蛋白质和糖、脂肪不同，在人体内无固定的储存量和储存部位，必须不断地从食物中摄取才能满足正常的生理需要量。当然在各组织中仍然存在着少量的数量可变化的蛋白质，约为300克，以肝脏中的含量相对较多些，骨骼肌干重的80%是蛋白质，其中65%由收缩纤维的蛋白质组成。

运动时机体可利用的氨基酸的来源有三条途径：
1）组织蛋白质分解所释放的氨基酸；
2）血浆和组织中游离的氨基酸；
3）体内其他物质转化而来，如糖的中间产物转变生成。

组织蛋白质分解所释放的氨基酸是运动时可利用的主要部分，游离氨基酸库在运动中的供能作用不大。支链氨基酸、谷氨酸、天冬氨酸是肌肉代谢释放能量的主要氨基酸，即使在休息状态下，骨骼肌总能量消耗中支链氨基酸氧化供能也占到14%左右。同时机体还通过葡萄糖—丙氨酸循环来供能。

4. 脂肪

脂肪是体内最大的储能库和能量的主要来源。运动时参与骨骼肌供能的脂肪酸来源主要有以下几条：

1）脂肪组织中储存的脂肪；
2）血浆脂蛋白中含有的脂肪；
3）骨骼肌中的脂肪。

机体脂肪的储量不是影响体能的限制因素，而是脂肪的动员、脂肪被肌肉吸收和氧化的能力。由于脂肪酸由脂库动员时受到脂肪酶活性的影响，在血液中运输时受到清蛋白结合能力的影响，由血液转入肌肉速度慢且数量有限，造成机体脂肪储存虽然很多，但动用不易。

（二）各能量系统的输出功率

运动中基本不存在一种能量物质单独供能的情况，肌肉可以利用所有能量物质，只是时间、顺序和相对比率随运动状况而异，不是同步利用。运动时代谢供能的输出功率取决于能源物质合成ATP的最大速率，输出功率对运动强度的大小起着关键作用。

能量输出功率可以反映在不同性质的运动中各系统供能的效率。各供能系统根据输出功率由大到小排序，依次是：磷酸原系统—糖酵解系统—糖有氧氧化—脂肪酸有氧氧化。不同供能系统的供能效率相差非常巨大，几乎以接近50%的速率逐级减少。

当人体以最高强度（最大输出功率）运动时，各系统所能够持续的时间也存在巨大的差异。磷酸原系统在极限强度运动时能持续供能6~8秒；糖酵解供能系统可以持续30~90秒，2分钟内的大强度运动主要靠糖酵解系统供能；3分钟以上的运动主要靠有氧系统代谢供能。在更长时间的运动中，脂肪酸成为最基本的能源物质，时间越长、强度越小，脂肪进行氧化供能的比例越大。

虽然有氧代谢供能的输出功率最低，但其在促进运动后机能恢复方面起到十分重要的作用。运动后ATP和CP的恢复、乳酸等代谢产物的消除，要依靠有氧代谢系统才能最终完成。

（三）酶的影响

能源物质的代谢主要指上述三大供能系统的代谢，系统中相应代谢酶活性的高低直接影响到代谢反应。其中ATP酶促进ATP的分解，肌酸激酶（CK）催化CP的分解与合成，糖酵解反应中的磷酸果糖激酶（PFK）、己糖激酶（HK）、丙酮酸激酶（PK）均为限速酶，直接影响到糖的无氧分解速率和效率；有氧代谢反应中线粒体酶的含量与活性、糖有氧代谢中的丙酮酸脱氢酶系、脂肪分解的限速酶脂肪酶活性的高低以及蛋白质的转氨基酶、支链酮酸脱氢酶等对于三大能源物质的代谢均有重要影响作用。因此，酶的催化能力是影响体能的重要内在因素，运动训练可以改善酶的适应性以提高体能。

酶是生物细胞所产生的具有催化功能的蛋白质，具有可调控性，对运动可产生适应性，表现在两个方面：一是酶的催化功能；二是酶的含量。不同的训练方式改善酶的适应性不同，无氧运动明显改善无氧代谢酶的活性，有氧运动对有氧代谢酶的活性改善有效。同时，运动训练还可使肌肉中的同工酶谱发生适应性的改变，如无氧训练可使骨骼肌型乳酸脱氢酶（M-LDH）活性增加，而有氧代谢训练使心肌型乳酸脱氢酶（H-LDH）活性增强。

停训后酶活性将下降，其中有氧代谢酶活性消退的速度比无氧代谢酶活性消退的速度要快，力量训练所获得的肌力和输出功率在停训后衰减的速度极慢，速度和灵敏性消退也较慢，但柔韧消退较快，耐力下降最为明显。衰退速度的影响因素使酶的合成量减少，同时原先增加的酶量也会因为停训而逐渐降解。不同素质衰退的快慢和酶的半衰期有关，如乳酸脱氢酶（LDH）的半衰期为16天，精氨酸酶的半衰期为4～5天，酪氨酸酶的半衰期为1.5个小时。因此，停训时间不可过长。

（四）代谢因素

大强度运动时由糖酵解反应生成的乳酸，如果不能及时转运和消除，在肌肉堆积，通过抑制磷酸果糖激酶的活性，延缓或阻断糖酵解供能；抑制脂肪分解，影响脂肪酸的供能；降低钙离子与肌钙蛋白的结合，影响肌力，使肌肉机能下降。同时血乳酸的增加会使血液pH值下降，降低神经肌肉传导和骨骼肌对乙酰胆碱的反应，同时影响到细胞内其他酶的活性，导致疲劳的出现。而由机体氨基酸代谢和嘌呤核苷酸循环加强导致的高血氨，是导致中枢疲劳的重要原因。

运动时机体由于大量出汗导致水和无机盐的丢失，也是影响体能的重要因素。丢失的体液可以是来自细胞外液和细胞内液，根据脱水的程度可以分为三类：轻度脱水、中度脱水和重度脱水。一般当失水量为体重的2%左右时为轻度脱水，以细胞外液丢失为主，症状为血容量减少、尿少，另外由于血容量减少，运动能力受到影响。失水量为体重的4%左右时为中度脱水，不仅有细胞外液丢失，也有细胞内液丢失，症状为严重的口渴感，心率加快，体温升高，血压下降，易疲劳，运动能力下降。失水量达到体重的6%以上时为重度脱水，细胞内液丢失量大于细胞外液丢失量，除了具有中度脱水的症状，还有呼吸频率加快，恶心厌食，肌肉抽搐，严重时出现昏迷、中暑等症状。因此，积极主动、充分地补液，维持良好的水平衡状态是预防脱水的关键。

汗液中的无机盐主要有钠、钾、镁、铁、锌、钙等。这些无机盐在神经传导、肌肉收缩、氧转运、参与酶的调节代谢等方面有重要作用，汗液中的丢失以及代谢反应中的大量消耗将导致机体出现运动能力下降。维生素尤其是B族维生素作为辅酶的重要成分，在机体代谢调节中起着重要作用。运动时机体对维生素的需求增加，汗液中易丢失的是水溶性维生素。因此，维生素的丢失或大量消耗也成为影响体能的重要因素之一。

三、体能训练的生物能学基础

体能训练的内容和方法多种多样，但核心是神经肌肉系统的支配能力和能量供应系统的供能能力。对神经肌肉系统的训练也与能量有关，因此，如何通过科学的训练提高以物质代谢为基础的供能能力，是体能训练的关键环节。三大能量系统既紧密联系，又各有特点，需要从生物能学的角度，树立系统、整体的思维，采取有针对性的措施。

（一）磷酸原代谢能力训练

1. 把握强度

磷酸原（ATP-CP）供能的输出功率最大，由磷酸原系统供能时，要求速度、力量接近最大。磷酸原系统的供能特点是维持运动时间短，常为6~8秒，但输出功率在所有供能系统中最大。因此，磷酸原系统的训练原则是无氧—低乳酸，常采用最大速度、力量的重复训练法，可采用专项或专门的最大强度6~8秒重复性练习。如短跑训练的30~60米段落跑，篮球训练中10秒内30米跑、运球跑、曲线变向跑、10米冲刺跑等。不管哪种训练方法或手段，要求做到下列几点：

1）最大速度或最大力量练习，时间控制在10秒内。
2）每次练习的休息间歇不低于30秒，根据运动员的训练水平，间歇可选30~90秒之间。
3）成组练习后，组间休息间歇不能短于2~3分钟，通常在4~5分钟。

2. 把握间歇

在大强度运动6~8秒的时间内，几乎全部依赖磷酸原系统进行能量供应，间歇恢复时血液中有少量乳酸生成。训练中要提高磷酸原系统的供能能力，对间歇时间的把握非常关键，主要是因为以下几点：

1）如果间歇时间过短，磷酸原的恢复量不足，在后继的运动训练中，在容易导致强度下降的同时，部分能量就会转由糖酵解系统提供，增加血乳酸的含量，极大地影响磷酸原供能能力的训练效果。

2）与上述相反，如果间歇时间偏长，消耗的磷酸原几乎全部恢复到原来水平，就造成训练密度小，不能对磷酸原系统带来足够的刺激。没有超量负荷就没有超量恢复，同样对发展磷酸原系统供能能力不利。

因此，30秒左右的间歇恢复时间对发展磷酸原系统供能能力较为合适。同时要注意运动员训练水平及恢复水平的差异，训练水平低或在增加训练量的初期，间歇时间应该有所增加，可以在60~90秒之间。训练水平不断提高后，间歇时间应该逐渐减少到30秒左右。

（二）糖酵解代谢能力训练

实践中要提高机体的某种能量供应能力，就必须在训练中反复地使用、刺激这种供能系统。让人体在无氧、高乳酸的状况下运动是提高糖酵解供能能力的有效方法。糖酵解供能是处于磷酸原系统和有氧氧化系统之间的一种能量供应方式，训练中要采用高强度运动，使糖酵解供能成为主要的能量供应方式，造成机体有足够的乳酸含量。目前在提高糖酵解供能能力的实际操作方法中，主要有最高乳酸训练和乳酸耐受力训练两种。

1. 最高乳酸训练

最高乳酸训练的目的是使糖酵解供能能力达到最高水平。乳酸是糖酵解的终产物，运动中人体内乳酸生成量大，则反映出糖酵解参与能量供应的比例大。快速冲跑1分钟左右接近力竭状态时，一般血乳酸含量在15毫摩尔/升左右，这与人体所能承受乳酸的上限还有较大差距，需要进一步加大强度以便进一步提高乳酸生成能力，促进刺激机体产生更强的抗酸能力，进而提高抗疲劳能力。通过长期最高乳酸训练，对以最大强度运动时间在1~2分钟的运动项目，如田径中400米跑和100米、200米游泳等非常有效。

在实施最高乳酸训练法时，采用不同的要求和方法在效果上会有较大的差异。如果用间歇训练法，通常做1~2分钟大强度运动，间歇3~5分钟。调整间歇时间和运动时间的比例，可以改变血液中乳酸的生成量。进行最大无氧代谢训练时，血乳酸含量在12~20毫摩尔/升之间是一个敏感范围，采用一次1分钟左右的超量负荷训练就可以达到这个目标。在一组间歇跑的过程中，第一次持续1分钟左右的高强度跑后，血乳酸升高到较高水平，在间歇恢复阶段，肌肉细胞中氢离子向细胞间隙弥散，39秒左右可以弥散约一半的量；同时乳酸根从肌肉中弥散出细胞的速度要慢得多，通常9分钟才能弥散一半。这样在4分钟左右的间歇内，肌肉中已经增加的氢离子浓度降到运动前水平，对糖酵解的抑制作用显著变弱，继续下一个段落跑时，还是以糖原分解供能为主，造成血乳酸大大高于一次力竭性运动的血乳酸浓度，从而达到发展人体最大乳酸耐受力的效果。研究显示，在间歇固定的4×400米重复跑中，最后2次跑血乳酸下降，但如果缩短间歇时间血乳酸会进一步升高。

2. 乳酸耐受力训练

乳酸耐受力训练的强度通常略小于最高乳酸训练。这种训练对田径中的中距离跑和游泳项目中的100米、200米运动员非常有帮助。一般采用1~1.5分钟持续运动，间歇4~5分钟的多次重复跑练习。

之所以这样要求，是由于1分钟的运动使血乳酸达到12毫摩尔/升左右，通过4~5分钟的间歇恢复，血乳酸有一定的转移，再练习时，血乳酸又回升至12毫摩尔/升左右。这样反复进行刺激，维持机体中血乳酸在较高的水平，使机体产生适应，引起体液和组织的碱储备增加，缓冲酸的能力加强，提高人体的乳酸耐受力。这种练习需要控制强度，因为强度过大、间歇过短，恢复不足，经过2~3次运动后血乳酸下降，后继的运动强度难以维持，就不能达到发展人体乳酸耐受力的目的。

（三）有氧代谢能力训练

有氧代谢是为需要长时间运动的项目提供能量供应的主要方式，运动过程中的氧气供应比较充分，能源物质通过氧化分解生成二氧化碳和水，并释放能量维持运动。长时间的间歇运动训练可有效提高有氧代谢供能能力，这种训练除要求运动时间长、运动强度较低以外，还需要有充足的氧气供应。在实践中通常有四种方法：

1. 有氧间歇训练法

通常选择运动强度在80%~85%之间的最大摄氧量强度，或者用接近无氧阈的强度，运动时间要比高强度的乳酸耐受力训练适当延长，间歇时间与运动时间基本一致。瑞典学者奥斯特朗认为，用80%最大摄氧量强度跑3~5分钟，再间歇恢复3~5分钟，对有氧耐力的提高非常有效。有研究认为，2分钟运动、2分钟间歇，或者4分钟运动、4分钟间歇的训练方式都有助于氧利用能力的提高，进而发展骨骼肌的有氧代谢能力[1]。

---

[1] 王东亮，赵鸿博. 现代大学生体能训练理论与方法指导[M]. 北京：中国书籍出版社，2014.

2. 乳酸阈强度训练法

一般把4毫摩尔/升血乳酸看成是普遍意义上的乳酸阈，但个体乳酸阈存在差异。通常运动员的最大无氧耐受乳酸浓度在12毫摩尔/升左右，以4毫摩尔/升血乳酸浓度的运动强度刺激，不属于高强度训练，可以进行长时间的练习，机体没有酸血症发生，能够有效提高有氧代谢能力。目前，用乳酸阈强度训练提高有氧氧化供能能力，是使用最多的训练模式。要注意随着运动能力的发展，个体乳酸阈也会提高，训练强度要适当增加以便和个体乳酸阈相适应。

3. 持续性耐力训练法

持续性耐力训练主要是指耐久跑，在较长的时间里，用中等、相对稳定的强度，不间断地连续练习。长跑项目包括马拉松，在运动过程中其能量供应主要靠有氧代谢，血液中的乳酸通常低于4毫摩尔/升的个体乳酸阈值，训练中采用这种方式可以有效提高有氧代谢供能能力。

4. 高原训练

高原训练是正常平原训练的有效补充，可以采用"高住低训""低住高训""高住高训"等多种方式，被多数运动队尤其是耐力性项目普遍采用。高原训练可以利用高原空气稀薄的自然条件，使机体产生一定的补偿机制，促进人体组织在氧气不足的情况下进行ATP再合成的能力，从而有效发展有氧和无氧耐力。其益处主要体现在下列两点：

1）高原氧气不足，加重了训练中机体的缺氧程度，缺氧程度的提高可以使糖的无氧酵解能力得到强化。

2）在高原缺氧的条件下进行训练，可以代偿性地刺激组织细胞获得和利用氧的能力提高，从而加强有氧代谢能力。

第三章 体能训练的主要理论与影响因素

第一节 体能训练的基本原理

通过体能训练，人体的机能和形态可以根据运动需要得到有效的提高和改善，这已是人所共知的事实。然而，训练何以提高机能？身体形态改善的机制何在？这些才是人们能够把握体能训练内在规律的关键问题。所谓训练的基本原理也就是指在训练过程中带有普遍意义的基本规律。

我们知道，一般情况下，有机体的生命活动处在一个相对稳定的状态，但当外部环境发生变化时，必然会影响到机体的稳定状态。此时机体对稳定状态被打乱的应激反应是生物调节和适应。体能训练过程就是依据这一原理，通过有意识地施加科学的运动负荷刺激，使有机体对负荷产生应答后，出现一系列生理适应。在一定范围内，训练中施加的负荷越大，对机体的刺激越深，引起的消耗过程越激烈，机体所产生的相应变化也就越明显，人体机能和形态的适应性变化也就越快。因此，从这一生物学发展规律来看，体能训练的机制关键在于负荷、恢复以及适应性，对这三个方面的全面认识也就构成体能训练的基本原理。

一、体能训练的适应原理

（一）体能训练与适应

人体具有稳定性和适应性两大生物特征。所谓稳定性（稳态）是指对气温、湿度等外部环境的变化，以及体温、体液等内环境能够保持在一定范围内波动的生理机能。例如，人体在高温环境中是通过发汗散热来维持体温的正常，遇寒冷时是通过皮肤血管的收缩来防止体热散失。

在运动训练中，由于代谢功能的增强，导致体内代谢产物增多，为维持体内环境的稳定，须排除代谢产物来保持内环境理化性质的平衡，运动后又将体内的一时性变化复原等。机体内这种自我调节的过程都可看成是稳态的功能作用。除稳定性外，对于长时间经受外部环境变化和运动刺激，人体的形态和功能同样具有适应变化的能力。如生长在高寒地区的人耐寒，热带地区的人耐暑等，这些特殊的机能应变都被称为适应性。适应性和稳定性都是人体为维持生命而必不可少的应激反应。

人体的适应可分为暂时性适应和长久性适应两大类。当外界环境发生变化时，人体内的相对平衡会被暂时打破，这时机体可通过一系列生理性调节，又会重新保持相对稳定，这种适应就是暂时性适应。如果暂时性适应长时间（几周、几月或多年）、周期性地反复进行，就会导致人体的形态和机能发生变化，这种变化即为长久性适应。高水平的体能是长期艰苦训练的结果，是机体对专项运动逐步建立运动适应的过程。这一过程是改造和建设训练者身体系统的过程，是使运动员各器官系统的形态和功能适应它所从事的训练项目的过程。训练者机体的这种适应能力越高，它的体能水平也越高[①]。

整个体能训练过程实质上就是追求人体训练适应的过程。所谓训练适应是反映训练者机体在长期训练和外界环境（指自然环境与训练、比赛环境等，如高原训练）刺激的作用下所产生的生物学方面的功能性"动态平衡"（能量补充与消耗的动态平衡）。体能训练的任务就是通过合理的训练负荷等手段，打破原有的生物适应与平衡，使机体在新的水平上产生新的生物适应与平衡。达到较高的适应水平所需要的时间取决于适应平衡建立的难度，难度越大，神经、肌肉和机能的适应所需要的时间也就越长，所以从这个角度来看，无论是运动员还是一般普通人的训练，都会以自身身体适应能力为基础。

（二）训练适应的发展阶段

训练适应主要是人体对运动刺激的一种生理适应过程。从运动生理学的角度看，训练适应的形成一般要经历几个阶段：

---

①谭成清，李艳翎.体能训练［M］.长沙：湖南师范大学出版社，2012.

第一阶段，对运动员或一般人群的个体机体施加刺激阶段。这种刺激包括练习中、比赛中和生活中（饮食、作息制度、时差等）所受的各种刺激，机体每时每刻都在接受来自各方面的各种刺激。

第二阶段，对刺激产生直接的应答性反应阶段。机体在外部刺激的作用下，其机体内外感受器产生兴奋，将兴奋传输到各内脏机能器官和运动器官，使之尽快进入工作状态，对外来刺激做出运动必需的应答性反应。

第三阶段，对刺激产生局部或整体的适应阶段（暂时性适应）。机体器官和系统在接受刺激后，机能状况由开始的急剧上升逐渐趋于平衡，此时，机体的某项应答指标虽不再上升，但也能承受住外部刺激时，则表示机体已对刺激产生了训练适应。

第四阶段，结构与机能改造阶段（长久适应形成阶段）。在全面增加和系统重复各种外部训练刺激的基础上，使各相应的机能系统和组织器官产生明显的结构和机能改造。在这个阶段中可以看到运动器官和有关的机能系统的结构出现相应的完善和协调。

第五阶段，训练适应的衰竭阶段。当训练安排不合理时，如承受过度训练负荷或过大的比赛负荷，则长期训练适应的某些机能会出现衰竭的情况。通常，只要采用"维持性运动负荷"就可以保持已达到的训练适应水平。完全停止训练或急剧地长时间地降低训练负荷都会引起训练适应的消退，各种已获得的运动机能能力和运动性适应结构就会慢慢消失。产生训练适应所用的时间越短，其消退的速度越快。例如，在两个月紧张的力量训练后完全停止练习，经过两周后，力量素质就会明显下降，经过2~3个月后就会降低到原来水平。因此，在体能训练过程中，一方面要避免适应的消退和在适应过程的重复出现，另一方面也要避免盲目地长时间、高强度地刺激来追求训练适应。

二、训练负荷原理

训练负荷是身体训练最重要的控制与影响因素。体能训练的全过程就是通过对受训者施加运动负荷，引起机体的形态结构与机能产生生物适应而实现的。训练活动中如果机体没有承受一定的负荷刺激，便不可能产生新的适应现象。因此，了解和掌握负荷与刺激的基本原理是进行科学体能训练的关键。

运动负荷可分为负荷量和负荷强度两个方面。负荷强度是反映负荷对有机体的刺激深度，一般是由密度、难度、质量以及重量等因素构成，这些因素分别适用于不同的运动专项和不同的练习。周期性运动项目的负荷强度多以练习中所完成的时间、高度、远度以及重量等来衡量，而非周期性运动项目中，动作难度和完成质量则是反映负荷强度的两个重要因素[①]。

负荷强度可根据完成练习的努力程度、机能的紧张度和练习密度等客观标准区分为不同的强度区域，一般有小、轻、中、大、最大五级负荷强度。负荷强度的掌握是因人而异的，应根据不同训练对象来合理安排。实际运用中往往以本人最快速度、最大远度或高度以及最高负荷量的百分比值作为衡量强度大小的指标。

负荷强度与量是构成运动负荷的两大要素，两者之间相互依存，不可分割。任何量都包含着强度的因素，而任何强度又都是通过量才可反映出来。刺激量大而刺激强度不够，或者是刺激强度大而刺激量太小都同样不能使机体承受刺激或产生应激，一定刺激强度的负荷只有达到相应的刺激量时，机体才会产生新的适应现象。整个训练过程，实际就是通过调节、变动负荷量和负荷强度的各组成因素来合理安排运动负荷。

三、物质与能量的消耗与恢复原理

在体能训练中，机体承受负荷需要消耗大量的能量，能量消耗以后必须得到迅速补充。没有消耗，机体得不到相应的刺激，也无从产生适应；没有很好的恢复，机体却无法再次承受更大的负荷。因此，训练与恢复是训练全过程中不可分割的两个过程。随着体育水平的不断提高，训练的量与强度日益加大，人们对恢复的重视已到了前所未有的高度。

（一）运动中主要能源物质的消耗与供能

肌肉活动的直接能量来源是三磷酸酰苷，即ATP。ATP分解后的再合成依赖于磷酸肌酸（CP）分解。肌肉中CP的再合成则要靠三大能源物质的分解。人体短时间的极量运动主要由ATP和CP分解供能。一般情况下，持续时间在10秒以上到3分钟以内的运动以糖酵解供能为主，持续时间在3分钟以上的运动，其能量主要来自于有氧氧化系统，如图3-1所示。

[①]谭成清，李艳翎.体能训练［M］.长沙：湖南师范大学出版社，2012.

最大输出功率（瓦）

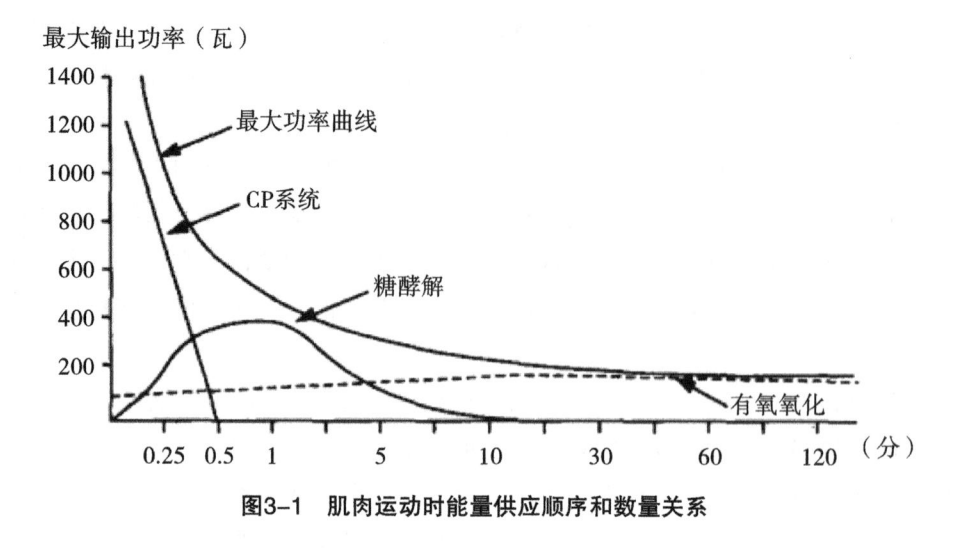

图3-1 肌肉运动时能量供应顺序和数量关系

就人体糖、脂肪和蛋白质三大能源物质来讲，糖的利用率最快。一般运动开始时首先分解肌糖原，如100米跑在运动开始3~5秒，肌肉便开始通过糖酵解方式参与供能；持续5~10分钟后，血糖开始参与供能；随着运动时间继续延长，由于骨骼肌、大脑等组织大量氧化分解利用血糖，致使血糖水平降低时，肝糖原分解补充血糖。

脂肪的分解对氧的供应有严格的要求，因而，在长时间运动中，当肌糖原大量消耗或接近耗竭且氧供应充足时才大量动用，通常在运动达30分钟左右时，其输出功率最大。蛋白质作为能源供能通常发生在持续30分钟以上的耐力项目。我国学者依据能源系统的供能特征与不同能源物质的供能比例将不同的运动项目分为磷酸原、磷酸原与糖酵解、糖酵解、糖酵解与糖氧化、糖氧化与脂肪氧化、脂肪氧化与糖氧化等6类项目，这6类项目在比赛中的能源消耗如表3-1所示。

表3-1 不同代谢类型运动项目能源的消耗

能源消耗	磷酸原	磷酸原与糖酵解	糖酵解	糖酵解与糖氧化	糖与脂肪氧化	脂肪与糖氧化
ATP减少	40	30~40	20~30	−30	变化不大	变化不大
CP减少	90%以上	80%~90%	75%~90%	65%	50%	0~20%
血乳酸增加	很少	10mmol	15mmol/L	12mmol/L	4mmol/L	4mmol/L以下
肌糖原消耗	很少	很少	少量	接近1/2	90%~95%	>80%

（二）运动中与运动后主要能源物质的恢复

机体的恢复过程可分为三个阶段，即运动中恢复阶段、运动后恢复到运动前水平阶段和运动后超量恢复阶段。运动时恢复是运动中随着能源物质的分解就开始再合成的过程。由于运动时的消耗大于同步恢复，能源物质的再合成往往跟不上实际的需要，所以人体机能还是呈下降趋势。运动停止后的消耗过程减弱，恢复大于消耗，因此能源物质和人体机能可逐步恢复到原有水平。

运动后的恢复过程中，人体内被运动时消耗的能源物质在一段时间内，不仅能恢复到原有水平，而且还能超过原有水平，即进入超量恢复阶段。超量恢复的形成与运动负荷密切相关，在适当的运动负荷刺激下，有机体的消耗过程越激烈，超量恢复过程也越明显，如不及时给予新的负荷，超量恢复在保持一段时间后又会回到原有的水平。超量恢复的客观存在为训练过程中如何提高机能、增进素质以及合理安排运动负荷提供了极为重要的生物学依据，这一规律和生物的应激、适应性原理同等重要，是支撑体能训练的重要理论依据。即磷酸原的恢复、糖原的恢复与补充、脂肪和蛋白质的恢复。

四、体能训练的其他原理

1. 体能训练的生理适应观

不同形式和方法的训练产生的生理适应性不同，训练研究者把机体对刺激的适应分为两种：全身性的和局部性的适应。通常，运动训练学把全身适应和局部适应定义为一般适应和特殊适应，而这些又被分为力量、耐力、速度的一般适应和特殊适应。

1）耐力训练的生理适应性，如长距离训练、间歇训练、重复训练、爆发训练；

2）力量训练的生理适应性，如骨骼肌适应性、神经适应性；

3）生物时间的应激及其适应性，如适应模式、适应差异性、训练作用不适应。

2. 体能训练的全面发展观

1）运动能量的综合补给；

2）距离与机体的供能综合协调；

3）姿势与机体的供能综合协调；

4）技术与机体的生理能力的综合协调。

3. 体能训练的阶段评价观

1）专项能力的评价；

2）生理机能的评价。

第二节　体能训练的主要理论

一、应激与适应理论

在神经系统和内分泌系统的支配和精准调节之下，人体的生命活动通常处于平衡的状态，身体内环境相对稳定。运动负荷特别是大强度负荷的刺激，破坏了身体内环境的稳定，身体各系统要进行应激反应，即通过调节机制对各种机能活动进行调整，如心血管循环，能量供应，肌肉力量募集，呼吸、心率变化等，使体内环境与外界变化维持相对平衡，这就是适应。

机体对负荷具有选择适应性。运动负荷的强度和形式不同，身体应激的方式就不同，重点发生适应的系统、部位就会存在很大的差异，主要有心血管系统、神经系统、肌肉与关节系统、物质与能量代谢系统、内分泌系统及酶的活性变化等。长期的运动训练，使运动员机体发生持续性的适应变化，从而使身体机能系统、器官、组织甚至细胞发生结构性、功能性改变，以更好地适应专项运动的需要。

值得注意的是，运动适应是以特异性刺激为基础的变化过程。依照功能性负荷原理，蛋白质循环是主动适应的基础，细胞要维持自身的结构和稳定性，细胞质通过蛋白质合成与分解过程达到动态平衡。负荷的刺激使蛋白质循环发生变化，表现为酶的活性改变，利用氨基酸的能力增加，蛋白质结构和机能适应运动的需要，能量利用效率的提高，免疫力改善，如图3-2所示。

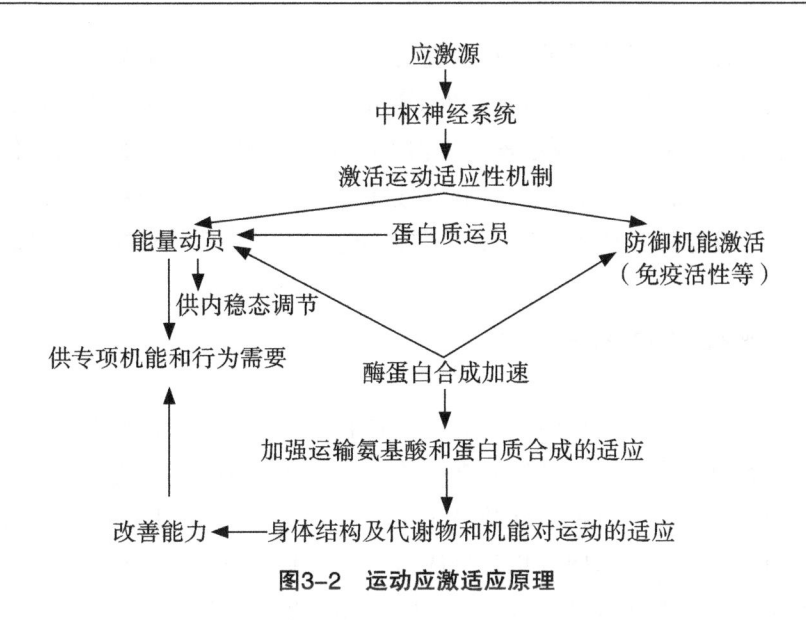

```
                    应激源
                     ↓
                  中枢神经系统
                     ↓
                激活运动适应性机制
       ↙           ↓            ↘
    能量动员 ← 蛋白质运员      防御机能激活
       ↓                       （免疫活性等）
    供内稳态调节
       ↓
    供专项机能和行为需要   酶蛋白合成加速
       ↓                      ↓
                    加强运输氨基酸和蛋白质合成的适应
       ↓                      ↓
    改善能力 ← 身体结构及代谢物和机能对运动的适应
```

图3-2　运动应激适应原理

负荷对机体适应性变化具有定向作用。在运动训练过程中，对负荷的长期适应使机体的结构和供能产生适应性的变化，而且这种变化具有定向适应性。长期的力量、速度训练使快肌纤维增粗，无氧酶的活性提高，骨密度增加，有氧能力的改善不明显；而长期的有氧练习使慢肌纤维增加，线粒体增多，有氧酶的活性改善，无氧能力的提高不明显，如表3-2所示。同样是心脏变大，长跑运动员是心腔大，而举重运动员是心腔壁增厚[1]。

表3-2　短、中、长跑运动员肌肉中酶活性的差异

项目	性别	例数	琥珀酸脱氢酶（SDH）	乳酸脱氢酶（LDH）	磷酸化酶（PHOSP）
短跑	男	2	12.9	1287	15.3
中跑	男	7	14.8	868	8.4
长跑	男	5	16.6	767	8.1
无训练者	男	11	7.4	822	7.6

[1] 赵琦.体能训练理论与方法［M］.南京：东南大学出版社，2017.

因此，运动训练的实质就是在适宜负荷的刺激下，各机能系统、器官、组织对刺激发生了应答性反应，人体发生了适应运动的生物性改造。在一定的范围内，负荷越大，对机体的刺激越深，生物改造的效果越明显。负荷过大不仅不能适应，而且容易造成过度疲劳甚至伤病。这提醒我们，根据项目和任务需要实施合理的负荷，进行科学的负荷组合，是取得理想的专项训练效果的基本保证。

二、神经肌肉募集理论

人体运动的实质是在神经系统的支配之下肌肉牵拉骨骼克服阻力的运动。肌肉控制的精细程度取决于神经元支配的运动单位（肌纤维）数量，需要精细动作（如眼）的肌肉，每根运动神经元支配一根肌纤维，大肌肉运动则可以支配数百条肌纤维。神经肌肉募集理论认为，肌纤维有慢肌（Ⅰ型）和快肌（Ⅱ型）两种类型，每类又可以分为亚类，具有不同的生理特性，如表3-3所示。

表3-3 不同类型肌纤维的主要特性

序号	特性	Ⅰ型	Ⅱa型	Ⅱx型
1	运动单位大小	小	大	大
2	神经传导速度	慢	快	快
3	收缩速度	慢	快	快
4	放松速度	慢	快	快
5	耐疲劳性	高	中/低	低
6	力量产生	低	中等	高
7	功率输出	低	中/高	高
8	耐力	高	中/低	低
9	有氧酶含量	高	中/低	低
10	无氧酶含量	低	高	高
11	毛细血管密度	高	中等	低
12	肌红蛋白数量	高	低	低
13	线粒体大小/密度	高	中等	低
14	纤维直径	小	中等	大
15	颜色	红色	白/红色	白

在神经系统的精细控制之下，遵循"大小原则"进行募集，根据负荷的大小有先后层次地动员慢肌和快肌参加。当负重较小、速度较慢时，兴奋阈值较低、力量较小的慢肌首先被募集进行运动，快肌几乎不参加；在逐渐增加负重、速度加快时，逐渐动员更多阈值高、力量大的白肌纤维参加收缩，在极限负重或极快爆发性动作中，几乎所有的肌纤维包括慢肌都参与工作[①]。

神经肌肉募集理论表明，力量抗阻训练的方式会使肌肉产生对应的肌肉生理性改变。新的理论把两类肌纤维分为Ⅰ、Ⅰc、Ⅱc、Ⅱac、Ⅱa、Ⅱax、Ⅱx，进行抗阻训练后，亚型肌纤维比例会发生变化，总体上表现为Ⅱx向相邻亚型的依次转变。同时，除了体积的改变外，细胞质、肌浆网、T管的密度、线粒体的数量、毛细血管密度及ATP酶的活性都会发生相应的改变。因此，不同的负荷需要募集不同的肌纤维参加，参与的程度与负荷有关（重量、速度），使得整个肌肉的快肌特性或慢肌特性增强。这就要求在进行力量训练时，要严格控制负荷，提出恰当的要求，促进肌肉特性向预计的方向改变，否则就会适得其反。

三、运动链理论

从人体解剖学的角度看，整个人体由各环节组成。"环节"是人身体上可以活动的每一段肢体、节段或者绕关节转动的骨，既可以是单一的骨环节，也可以是几个环节的组合。人的整体运动是由各环节在肌肉的牵拉下完成的环节运动组成。从各运动项目的表现看，运动员以髋、躯干、肩为轴，几个环节依次运动的链式动作非常明显，如投掷的"超越器械"动作，球类的挥臂，跑步时下肢以髋为轴的前后摆动等。

19世纪40年代，赫尔曼·卡巴特提出了把弱肌融入肌肉链，利用本体感觉神经肌肉促进法（PNF）进行康复、重建的观点。在此基础上，比利时物理治疗师斯特伊夫·丹尼斯首次提出"肌肉链"概念和肌肉链模型。继而捷克神经生理学家弗拉迪米尔·扬达提出"链反应"概念，认为关节链、神经链与肌肉链三个链结构通过功能依存、互补，共同构成紧密联系的链反应体系。基于这些理论，运动链的观点逐渐形成，到目前为止，已经形成了一个较为完整的运动链体系，如表3-4所示。

[①] 赵琦.体能训练理论与方法[M].南京：东南大学出版社，2017.

表3-4 人体的运动链体系

运动链	次级结构	功能
动力链	关节链	维持身体姿态，提供运动支点
	肌肉链	产生肌力并传递
	神经肌肉链	动作控制与协调
神经链	植物性神经链	内脏器官运作与机能协调
	运动性神经链	运动器官运作与机能协调
内分泌链	肾上腺轴	内分泌功能实现
	甲状腺轴	内分泌系统协调
	性腺轴	机体应激与适应调节
能量链	磷酸原供能链	高效供能
	糖酵解供能链	高效供能
	有氧氧化供能链	持续供能，储备能源物质

后期根据运动链理论，研究者又将人体运动方式大致分为两类：一是开链练习，指肢体的近端相对固定、远端相对运动的形式，肢体远端的活动范围与速度均大于身体近端；二是闭链练习，指肢体的远端相对固定、近端相对运动的形式。闭链练习是将开链练习的旋转运动转变成线性运动，对各个关节所产生的切力较小，较适合一些身体稳定性训练和功能性康复训练。这一理论的发展促使人们更好地将人体核心部位看作一个缸体，这一缸体为人体运动提供稳定与力量，由这一缸体所产生的稳定性作为基础，所产生的能量更好地向人体远端输送。

运动链理论认为，人体作为一个系统完整的生物体，其运动能力及表现与各运动链的完整性及功能密切相关，任何一个环节出现问题都会影响整体或局部。如某个肌肉受伤，该肌肉链上其他肌肉也难以用力；神经受损，相关的肌纤维力的传导、神经通路就会被阻断；身体核心部位薄弱，人的整体力量、能量就会在此大量内耗等，出现各种功能障碍、动作变形、效率低下。因此，在运动训练过程中要注意构建结构与功能完整的人体运动链[①]。

---

① 赵琦.体能训练理论与方法［M］.南京：东南大学出版社，2017.

四、核心力量与功能性训练理论

（一）核心力量与功能性训练的相关概念

1. 核心与核心区域的界定

核心是人体多环节的整合体，是肌肉发力、远端灵活和近端稳定的生理基础，是人体相互作用力产生的保证。核心以人体的中间区域为主，涵盖骨盆、腰椎、髋关节及其周围的相应肌肉，其骨骼肌系统的核心除骨盆、腰椎、髋关节外还包括腹部和下肢近端。

核心区域是一种解剖学的描述，上至膈肌下至盆底肌的区域，主要以骨盆—髋关节—腰椎为轴的中心部位，包含附属在周围的肌肉、韧带、骨骼、肌腱等组织的联合体。

从核心区域解剖学的角度来看，核心肌群是由11对大腿肌、9对背肌、8对骨盆肌、5对腹肌和1块膈肌共计67块肌肉组成。其中15块肌肉的起止点均在核心区，如表3-5所示。这些肌肉对核心区具有固定作用，而且在运动过程中起到稳定、传递力量、发力和减力等作用。不断加强这些肌肉力量，对机体在运动过程中保持稳定状态具有重要意义。

表3-5 核心区域肌肉起止点分布与数量

肌群	肌肉名称		
	起止点在核心区（7对+1块）	起点在核心区（25对）	止点在核心区（1对）
大腿肌（11对）		股直肌、缝匠肌、阔筋膜张肌、股二头肌、半腱肌、半膜肌、耻骨肌、长收肌、短收肌、大收肌、股薄肌	
背肌（9对）	回旋肌、多裂肌、棘间肌、横突间肌	背阔肌、下后锯肌、竖脊肌（棘肌、最长肌、髂肋肌）	
盆带肌（8对）		膈肌、腰大肌、梨状肌、臀大肌、臀中肌、臀小肌、闭孔内肌、闭孔外肌	

（续表）

肌群	肌肉名称		
	起止点在核心区 （7对＋1块）	起点在核心区 （25对）	止点在核心区 （1对）
腹肌 （5对）	腹横肌、腹内斜肌、腰方肌	腹直肌	腹外斜肌
膈肌 （1块）	膈肌		

2. 核心稳定性与核心力量的定义

核心稳定性在康复领域的定义是指在日常生活中，脊椎骨、脊柱的主动肌和神经控制单元共同结合起来，使脊椎间的运动维持在一个较为安全的范围之内。从运动训练领域认识核心稳定性，是指通过骨盆来控制躯干的姿势和运动，进而促使能量的产生、传递、控制以及身体终端的运动达到最优化的一种能力。核心力量在康复领域的定义是指腰椎周围的肌肉所需要维持功能性稳定的能力。在运动训练领域认为，核心力量是指由处于核心的某块肌肉或肌肉群所发挥的最大力量来产生特定速度的能力。

从上面的概念界定可以看出，核心力量与核心稳定性在内涵和应用领域上有所不同。核心稳定性注重对身体的控制和一般性活动，用于康复病人时，主要针对腰痛病人使其能正常完成日常所需的步行、上台阶等活动；用于竞技训练时，强调人体对身体稳定状态的控制，在稳定的基础上，对力量和能量的产生和传递提供最佳的支撑。核心力量注重肌肉的用力，用于康复时强调肌肉进行牵拉的能力；用于训练领域时则更加重视发展肌肉快速用力、产生更大爆发力的能力。因此，二者在训练时要有所区别。

3. 功能性训练分析

早期的功能性训练源于康复和物理治疗两个领域。康复医学上把"功能性训练"的对象定位于病患，目的是使因各种原因丧失基本动作功能的人通过训练逐步恢复日常行为能力。首次提出"功能性训练"理论的格雷·库克（Gray Cook）把"功能性训练"看成是一种"共性的训练"，认为各种运动项目的功能性训练"其实质就是寻求不同运动项目之间的共性特点"。美国国家运动医学会认为，"功能性训练"是具有特定目标的连接性动作训练，即指那些涉具体目标动作完成的人体运动链中的部分链及连接训练，包括多维运动轨迹、加速与减速及稳定性的训练。美国运动委员会（ACSM）的观点更具明确的操作性，把功能性训练定义为部分训练动作的综合体，包含特定目标的核心训练、稳定训练及平衡性训练等内容。沃恩·甘贝塔（Vern Gambetta）把功能性训练归纳为是一种多方位、多关节、强调本体感觉的训练方式。《动作—功能动作训练体系》一书则把功能性训练看作是一种新的训练方法与理论体系，即通过动作模式、动力链、恢复与再生、核心力量等环节的系统优化，来提高运动员的整体运动能力。

国内对功能性训练的表达也不统一。王卫星、董德龙等在研究中认为，功能性训练是从整体的角度来寻找运动员的薄弱环节，具有广泛的含义，包括功能性耐力、功能性力量、功能性速度等训练内容。李丹阳在《功能性训练：释义与应用》中认为，功能性训练是利用自身体重的训练，在实践中注重通过身体姿态的控制来提高维持平衡的能力，并与本体感觉的训练紧密融合。

通过上述的论述可以看出，功能性训练是在生理学、生物力学、解剖学等多学科的视角下，设计的全面性、多关节、系统性动作模式训练，注重本体感觉，通过专门的动作训练，完善运动过程中运动链的通畅、高效，注重从整体上来强化机体的运动能力，维持基本的运动素质。与传统意义上的大负荷力量、速度、耐力训练相对，在目的、要求、内容上都有较大的差异。

（二）核心力量与功能性训练的作用

1. 核心力量训练的作用

（1）增强核心部位的稳定性

核心力量的训练最主要的作用就是可以增强核心部位肌肉群发力的稳定性，在运动中控制骨盆和躯干部位肌肉的稳定姿势，为上下肢运动创造支点，并协调上下肢用力，使力量的产生、传递和控制达到最佳化。传统的力量训练是以某一块肌肉或是固定状态下进行训练，与实际运动轨迹不相符合。与此同时，核心力量训练强调深层次小肌肉群的训练，这对于稳定核心部位具有重要的实际意义。

（2）促进核心部位力量的有效传递

核心力量这一特点符合现在"运动链"的观点，即人体在运动过程中，身体的每个环节都是运动链中的一个环，每个环节都对力量的传递起到积极的作用。特别是人体核心部位由于拥有强大的肌肉群，在这条链上起到了核心环节的作用。例如：短跑运动是通过上下肢的协调用力来完成的；网球的击球动作需要全身包括下肢用力。核心部位对力量的传输起到了承上启下的作用，可以提高远端环节完成各种动作的效率。

（3）支撑运动技术的提高

在众多运动项目中，诸如赛艇、游泳、皮划艇等水上竞技运动项目以及标枪、跨栏等田径项目，除了对体能素质要求较高以外，专项技术动作的优劣及其效率是能否取得良好运动成绩的关键因素。良好的专项技术的形成与提高主要取决于核心力量的发展，只有两者协调发展、密切结合才能更好地促进专项技术能力的提高。

（4）弥补传统力量训练的不足

核心力量训练的本质不同于传统力量训练，能够弥补传统体能训练中协调、灵敏、平衡能力等方面的不足。核心力量训练通过对核心部位肌肉特别是深层肌肉的刺激，能够很好地提高肌肉间的协调性、灵敏性和平衡性，这就弥补了传统力量训练在发展速度力量、力量耐力等方面的不足，同时也建立了一种新的训练理念，创新了力量训练方法与手段，为传统力量训练提供新的发展思路与方法。

（5）有效预防运动中的损伤

在运动过程中，身体处于一种不稳定的状态，如果核心力量不足，进而出现能量补偿现象，四肢的部分肌肉将参与维持身体稳定性，使四肢部分肌肉超负荷做功，导致肌肉拉伤。核心力量训练中经常采用静力性的等长训练方式，可以使肌肉能够承受较大的负重，有效发展该部位的最大肌肉力量。

另外进行等长练习时，肌肉对血管造成很大的挤压，影响肌肉中血液的回流和氧气的运输，对肌肉无氧代谢能力的提高有积极的作用，如促进肌肉毛细血管增生、肌红蛋白含量增多。同时肌膜厚度增加，使肌膜、韧带的抗张程度增强。身体核心部位的肌肉分布多，肌纤维的走向复杂，一般训练对表面的大肌肉较为有效，对深层次的小肌肉效果受限。通过核心力量训练，可以加大对深层小肌肉群的刺激，弥补传统训练的不足，降低因小肌肉群力量不足可能带来的损伤。

2. 功能性训练的作用

（1）丰富了体能训练的理论与方法体系

功能性训练根据人体解剖结构、生理特点及专项动作的需要，结合康复和物理治疗的理论知识，设计完整的动作模式进行训练，改变了传统以力量、速度、耐力为主的大运动量、高强度、较为单一的身体训练方法和理念，形成了新的训练理论，丰富了体能训练的理论与方法体系。

（2）注重矫正性训练，有效预防运动损伤

功能性训练源于康复领域，注重通过矫正性训练克服肌肉、关节及其他身体能力的薄弱环节，使人体的系统机能、神经支配、运动素质处于更加平衡、和谐的状态，有效预防因某一能力和环节过度发达或不足，或者由于经常的代偿性动作而可能引发的运动伤病。

（3）提高力量、能量在运动链之间的传递效益

由于功能性训练注意对全身各部位身体姿态的整体控制，使运动员在复杂、多变的运动状态下，身体各环节处于合理的位置，主动肌、辅助肌、拮抗肌协同配合，使力量、能量在运动链之间的传递没有大的损耗，提高了人体完成动作的经济性和时效性。

（4）挖掘运动潜力，形成最佳状态

运动训练就是不断挖掘运动员身体潜力的过程，竞技状态的高低很大程度上与体能发展水平直接相关。功能性训练注重通过大量不同支撑条件下的动态平衡训练，提升运动员维持平衡的能力，加强人体本体感受的敏感性和核心稳定性，协调上下肢运动，可以有效挖掘身体潜力，使动作的完成处于最佳状态。

（5）提高运动表现

运动技术由动作环节组成，各个动作完成的效果直接影响整体运动技术的规格。功能性训练重视动作完成的合理性及效率，实质是注重神经对肌肉的精细控制，这不仅能加强动作完成的稳定性、精准性，促进关节的灵活性，还能提高运动员全身关节及周围肌肉、肌腱和韧带的稳定性，使人体在激烈的运动、比赛中呈现良好的运动表现。

（三）核心力量、功能性训练与传统体能训练之间的区别

与传统体能训练相比，核心力量与功能性训练是一种新的训练理论和方法体系，与当前世界竞技体育的发展特征是密切相连的，具有一定的先进性。核心力量训练与功能性训练虽有不同，但部位有重叠，核心力量可视为功能性训练的一部分。

1. 训练理念不同

传统力量练习多为躯干表浅肌群的动力性练习，动员的多为动力性肌肉，通常是单关节肌、表浅的、多个分段、以向心收缩形式的训练为主，能够产生爆发力和加速度；而核心力量、功能性训练所涉及的肌肉，多以多关节肌、深层、短肌、以等长收缩的形式训练为主，起到稳定作用。与传统的力量训练相比，其增加了人体运动中的不稳定因素，更加强调人体核心稳定性的基础性作用。

2. 针对的部位不同

核心训练重视人体核心部位在运动中所起到的作用和价值，认为核心部位是人体运动时的"缸体"，起到储存能量和输送能量的作用，强调核心部位所具有的强大肌群是完成任何运动的基础。传统力量训练多以大肌肉群训练为主，注重四肢肌肉力量的发展。

3. 支撑条件不同

传统的力量训练多在一种身体重心相对稳定的状态下练习，通过高强度、大负荷、器械等抗阻练习的方式来提高力量素质，容易导致在平时训练增加的力量在实际运动过程中出现丢失的现象，而核心力量和功能性训练多以一种不稳定、动态的形式进行，如采用瑞士球、平衡板及悬吊训练，更多是从运动训练的实际出发，注重平时训练所增加的力量在运动过程中得到充分的利用。

4. 训练重点不同

传统体能训练的内容、手段、方法与专项能力的诸多训练非常相似或接近，以较大负荷甚至极限强度的力量、速度、耐力训练为主，同时重视上肢、下肢大肌肉力量的提高，动作模式及维度相对单一，以单维、双维为主。与传统体能训练对核心部位重视不够，协调、平衡、稳定、灵敏训练不足相比，功能性与核心力量训练注重从人体各组织、器官、系统的特征及需要出发，以人

体解剖结构、生理特征、动作特点为基础，设计目的和功能不同的内容体系，以多关节、多维度的完整动作模式训练为主，注重身体各部位的均衡，强调在不稳定和动态环境中人体对神经肌肉、运动环节的精细支配。同时可以有效地预防运动损伤，在康复上也能够起到积极的作用[1]。

核心力量特别是功能性训练是在传统体能训练基础上的一种进步和优化，而不是可以完全否定和取代，但明确两者之间的差异十分必要，如表3-6所示。二者优势互补，注重核心部位力量与四肢力量的协同发展，力量与稳定性并重，动力性与静力性结合，才能更全面地发展体能。

表3-6 功能性训练与传统体能训练的区别

训练类别	特点
功能性训练	训练对象是动作 注重多维度、多关节整体动作模式训练 链式运动、强化弱链接 重视核心力量训练 符合生理、生物力学特征 重视神经肌肉的控制 服务于专项训练和比赛 多为克服自身体重的训练 强调动作质量
传统体能训练	训练对象是肌肉 注重单块肌肉、单关节训练 非链式运动、动作代偿 重视四肢力量发展 与生理、生物力学特征有距离 忽视神经肌肉的控制 与专项训练脱节 以负重抗阻训练为主 强调大运动量

---

[1] 赵琦. 体能训练理论与方法 [M]. 南京：东南大学出版社，2017.

五、预康复与再生训练理论

运动伤病给运动员特别是高水平运动员带来很大的困扰，密集的比赛加上大强度的训练常常使运动员的伤病雪上加霜。我国著名运动员姚明、刘翔都因为伤病结束了运动生涯。有研究认为，运动员70%的伤病是由不合理的训练造成而不是比赛。因此，有效地预防伤病，延长运动寿命是运动员训练的重要组成部分。

预康复理论是指在体能评估的基础上，结合项目特点，对运动员可能的伤病进行判断，并进行有效的运动干预。如网球运动员、标枪运动员的网球肘、标枪肘出现的可能性极大，要提前进行关节力量加固；大部分运动员腰部、膝关节由于使用过多，多数有受伤的风险，也要在平时的训练中进行功能性训练，及时采取各种方式放松，降低受伤的可能性。

再生训练是指在运动之前或之后，利用滚轴、按摩棒、触点球，有计划地对肌肉、筋膜进行唤醒激活，梳理放松，修复肌纤维的超微结构，促进血液、淋巴回流，并通过其他有效的放松、牵拉手段促进人的神经肌肉系统及时恢复的练习。

目前，预康复和再生训练已经成为运动员每堂体能训练课的重要组成部分。预康复和再生训练要纳入完整的训练计划之中，防患于未然。

第三节 体能训练的主要影响因素

一、先天遗传性与后天可训练性的辩证关系对体能的影响

人们通过大量的实验研究发现：由于遗传素质的不同在运动实践中限制了某些机能水平的提高，并且指标的遗传度越高，其限制运动成绩再提高的程度就越明显，但是，遗传度高的指标与运动项目的要求越接近，运动能力提高的可能性就会越显著，最终在运动实践中创优异成绩的概率就越大。德国的乌尔默教授认为："培养当代世界冠军，必须具有三个条件：高水平的科学训练、优化的训练环境和运动员个人优越的天赋条件。"因此，选拔出具有天赋的"天才"型运动员，对竞技运动项目的发展将会起到巨大的推动作用。

由于人体生理机能的许多指标受遗传的影响较大，故其在生长发育和训练过程中具有较强的稳定性，这为运动选材提供了科学依据。遗传度越小的指标在运动训练中改变的可能性就越大。而通过训练难以改变的指标，是我们在选材中要慎重考虑的，每一运动项目对先天遗传能力都有其特殊的专项要求，优越的先天遗传素质为人体从事特定的专项运动提供了更大的可能性，这可为运动员竞技能力提供有利条件。有遗传优势的运动员容易出成绩，构成体能的形态、机能和运动素质是决定成绩的重要因素，这三者的发展在从事运动之前主要是受遗传的制约。因此，从这一角度出发，运动员选材应努力选拔出具有先天遗传优势即"天赋"条件的少年儿童[1]。

例如，在短距离速滑项目的运动员选材中，主要的选材指标有肌纤维类型、无氧代谢系统供能能力和身体形态特征等。其中，与骨骼肌纤维类型的组成关系最为密切。优秀耐力类项目运动员骨骼肌中慢肌纤维百分比高，而优秀速度类项目运动员中快肌纤维占优势，所以肌纤维类型是决定运动成绩好坏的一个关键因素。有关研究资料显示，运动训练引起肌纤维的后天改变并不明显，只会在肌纤维的体积、肌肉酶活性等方面产生一些适应性变化。由此我们可以看出，在短距离速滑项目的运动选材中，挑选快肌纤维占优势的少年儿童进行训练并予以科学指导，在运动训练实践中创造优异成绩的可能性会更大。

选择从遗传角度具有某种天赋的运动员从事该项运动，是运动选材的最理想要求，这是竞技运动项目的共性。然而在现实的运动训练实践中，往往发现某些运动员从遗传的角度并不适合从事此项运动，但也达到了较高的运动水平。从形态的角度，在短距离速滑史上身高163~192厘米的运动员都有创造过优异成绩的记录，在篮球项目上这一现象也不罕见。这就不得不使我们来辩证地看待遗传问题，正如前文所述，运动员的体能作为一个系统是由多个要素构成，其整体功能态是多个要素整合的结果。"木桶模型"表达的是一种对平衡的追求。

但刘大庆教授在研究中发现，运动员竞技能力结构中各个子能力之间的不均衡状态是普遍存在的，呈现着非衡结构。从哲学意义上说，这种现象的存在又是绝对的。但其构成因素中某种素质或能力的缺陷，在一定程度上可以为其他高度发展的素质或能力所弥补或代偿，从而使得总体的竞技能力保持在一个特定水平上。与"木桶模型"相对应，刘大庆为运动员竞技能力非衡结构及其补偿效应设计了新的模型，称之为"积木模型"。此模型提示我们运动员竞技

---

[1] 刘阳，王鑫刚，薛铭.体能训练理论分析与专项体能训练实践[M].北京：九州出版社，2021.

能力某方面的不足，可以为另一方面高度发展的能力予以补偿，从而使运动员的总体竞技能力保持不变[①]。

"木桶模型"与"积木模型"分别从不同的视角观察竞技能力的结构特征，用不同的图像展示竞技能力结构中各子能力之间的不同联系。两个模型各适用于不同的运动员，或同一个运动员不同的训练阶段，或同一个运动员不同的竞技能力。所以说"木桶模型"与"积木模型"是相辅相成、互为补充的，二者共同反映和表述了运动员竞技能力的构成状态，人们将其称为竞技能力结构的"双子模型"。在速滑运动中，运动员体能的非衡现象也是普遍存在的。

正如刘大庆教授在研究中所指出："运动员一般竞技能力模型反映着事物的共性，呈现着均衡性特征；运动员竞技能力的个体模型反映着事物的特性，呈现着非衡性特征。"每一名运动员都是一个独立的个体，不同运动员在体能方面的表现是有差异的。有的形态好，有的机能好，有的素质好，等等。即使是同一名运动员，在训练的不同阶段，体能训练的重点也表现出差异：或以有氧为主，或以无氧为主，或以速度为主，或以力量为主，或以耐力为主，等等。所以我们应当辩证地看待遗传问题，在共性的基础上也要看到个性，从而避免解决问题时的片面性和机械性。

二、竞赛次数大幅度增加对体能的影响

运动训练与运动竞赛是密不可分的，是构成竞技体育的两大支柱，是两个相互联系、相互作用的系统。只有通过科学训练，最大限度地挖掘人体各方面的潜力，运动员才能在竞赛中表现出优异的运动成绩。而运动竞赛，不但为运动员提供了展示竞技能力的机会，同时也是检验运动训练水平的一个重要途径。通过竞赛的检验，反过来又可以促进运动训练的进一步深入。两者相辅相成，有效地促进现代竞技运动的发展。

现代竞技运动的一个显著特点就是运动员参赛次数的大幅度增加，这是竞技体育商业化、职业化，以及把比赛作为强化训练手段（以赛代练）的结果。例如，20世纪七八十年代，速滑运动员一般每年参加3～5场比赛；进入20世纪90年代以来，一般选手一个赛季要参加10场左右的国内比赛（冬季运动管理中心每年至少组织7次比赛，5次分站赛、1次冠军赛和1次单项锦标赛，另外还有国家和地方省、市举办的全运会、省运会、冬运会等），优秀选手加上代表国

[①] 刘阳，王鑫刚，薛铭. 体能训练理论分析与专项体能训练实践［M］. 北京：九州出版社，2021.

家参加的世界杯、世界锦标赛和冬奥会等，每年的比赛次数可达到20次左右，这对运动员的体能是个严峻的考验。通过多次参加比赛，可以培养运动员的参赛能力，检验训练水平，积累大赛经验这是无可争议的。

冬季运动管理中心安排多次分站赛的目的也在于此。当今的竞技比赛是在向人类极限的挑战，是人类综合竞技能力的竞争。比赛场上所体现的是一场包括体能、技术、战术、心理素质和意志品质的整体对抗。运动员只有不断地在比赛实践中积累与磨炼，特别是在与强手的激烈对抗中，才能得到全面的锻炼与提高。运动员艰苦训练的成果也只有通过比赛表现出来才具有社会意义。运动训练必须围绕运动竞赛来组织安排自己的活动，并最大限度地挖掘与提高运动员的竞技潜力，以达到在比赛中获胜的目的。

赛制的改变必然对运动员的体能训练带来深刻的影响，竞赛次数的大幅度增加是一把"双刃剑"。它在推动竞技体育发展的同时也隐含着一定的弊端。它所导致的年度参赛次数增加的背后不仅存在对竞技体育有利的一面，也有不利的一面。如比赛次数的增加，为运动员提供了更多的锻炼和展示自己的机会，但同时，过多的比赛使运动员无法从容地进行准备，机体体能得不到有效恢复，虽然在一段时间内可以保持一定的竞技水平，但这不利于运动员创造最佳运动成绩，运动员疲于应付，系统训练时间相对减少，造成机体长时间处于身心疲劳状态。

目前各个竞技运动项目都在强调"以赛代练"，运动员多次参加各种比赛的目的就是"以赛代练"，确实，多参加比赛可以及时发现训练中的问题。运动员的训练热情高，比赛带动训练，用训练促进比赛，两者互补性强、针对性强、目的性强，可增加大赛经验，培养运动员的竞赛适应能力，提高训练质量等。但我们也应该从正反两个方面来看待"以赛代练"问题，因为无论什么性质和规模的比赛，都离不开竞争的本质。既然是竞争，就存在着胜负，而在竞争中获胜是人的本性。

当一个人站在赛场上的时候，他的兴奋性就会被调动起来，他所思考的就不仅仅是在进行一次日常训练，而思考更多的是如何发挥自己的最大能力超越对手或者超越自我。这种意识一般来说不是当站在赛场上的时候才产生的，而是在参加每一次比赛之前的很长一段时间之内就客观存在了。这无论是对运动员的生理还是心理都会造成一定的压力。比赛不是越多越好，因为比赛次数过多，运动员体能消耗加大，不仅不利于竞技状态保持与体能的恢复，而且还容易引发运动损伤，运动员的竞技状态也不稳定，且不易在最重大的比赛中获得优胜。

我们经常可以看到这一现象，近年来由于比赛次数逐渐增多，影响了运动员训练过程的正常进行。这是现代竞技体育发展的必然结果，并不是竞技体育本身所能左右的问题。陈小平指出："比赛数量的增加主要受两个因素的驱使——项目的推广和竞技运动的商业化，前者是各个国际单项协会为各自项目的发展所采取的政治手段，后者则是依附在各个运动项目上的利益集团为获取经济利益所采取的商业运作。这些都不是竞技体育自身发展的必然结果，更不是提高训练效果理应遵循的规律。"[1]

因此可以说，赛事的增加与训练质量的提高之间并不一定存在直接和必然的联系，这是由于社会的发展和人们日益增长的文化需求，对观赏高水平竞技比赛需求增加的结果，是竞技体育商业化的结果。从这个角度来看，这是一件好事，有利于竞技体育事业的发展与繁荣，有利于人类社会的发展与进步。但也应考虑到人的适应能力是有限的，机体不可能在很长一段时间内，在多次的激烈比赛中持续表现出最佳竞技状态，就像大多数生物体在兴奋之后有一个绝对不应期一样，运动员年度参加比赛的次数和频率存在着一个极限及最佳次数和频率（赛间间隔，两峰之间谷底之间间隔时间）。因此，一定要将比赛作为训练的一部分去整体考虑，应将运动员年度参加的比赛按重要程度及其性质的不同纳入训练计划之中综合考虑、妥善安排。

所以，我们在考虑"以赛代练"时应当非常慎重，选择什么样规模的比赛来"代练"（不同规模的比赛对机体的刺激程度不同，引起的应激反应不同），在训练的什么时机参加比赛，要取得一个什么效果，如何正确对待这种比赛的胜负、得失。要仔细权衡"以赛代练"的正负效应，不可盲目地认为参加的比赛越多越好。短距离速滑是体能类项目，比赛的胜负体现在能否把运动员的体能在重大比赛时调整到最佳状态，这是教练员和运动员所追求的一个最终目标。重大比赛的日程每年都是固定的，在这之前也会有一系列的比赛，如何对待这些比赛，以什么样的准备对待这些比赛，是要深思的。

运动员的竞技状态是具有周期性变化特点的，在某种程度上可以通过人为的训练安排进行调整。要想在比赛中获得好成绩，就需根据竞技状态变化规律，在赛前进行调整，如减量加强度、减量保持强度，等等，以取得竞技能力的超量恢复，否则难以在比赛中取得优异成绩。但这种安排是需要时间的，如果针对每一次比赛都进行这样的安排，势必会影响年度训练的系统性，这样一来导致的结果是：在一些不是很重要的比赛中可能会获得一些不错的战绩，但在年度最重要的比赛中就不一定能取得理想的成绩了。这与一些集体和个人对

---

[1] 刘阳，王鑫刚，薛铭. 体能训练理论分析与专项体能训练实践［M］. 北京：九州出版社，2021.

抗类项目还是有一些不同的，如美国职业篮球联赛、职业网球赛等，因为他们所面对的对手与他们处于同一种境地。

运动员多参加比赛，多与高水平运动员过招，这无疑具有正确性。但是，运动员的参赛次数要有一个度，这个度的把握按照项目及运动员个人特点不同而有所差异，但是，有一点是肯定的，即必须保证运动员专项体能处于最佳水平，才能确保运动员在比赛中特别是重大比赛中创造出最优异的运动成绩。因此，为了使运动员在年度重大比赛中获胜，将年度比赛分级，根据比赛的重要程度及比赛目标，合理安排参赛次数及次序，是保证运动员在年度重大比赛中获胜的首选方案。

三、训练与竞赛体制对体能的影响

我国要迅速提高运动水平，就必须有一个合理完善的培养体制，这是主要的外部影响因素之一。优秀运动员的培养过程是一个多年的系统工程，必须抓好后备力量的培养，根据运动员各年龄段的特点，提出不同的任务和要求，有目的地进行系统训练。运动员多年系统的训练活动，必须以健全合理的训练体制作为保证，我们要根据现代竞技运动发展的特点，重视科学选材，从小抓好运动员体能的系统训练，改变运动员体能某些方面不足、技术欠合理的局面。运动员的各级输送途径中要防止"拔苗助长"的情况和虚报年龄"以大打小"的现象。这涉及我国当前竞赛制度及奖励制度的进一步改革。

同时，应选拔年轻和优秀的运动员集中训练，增加集训时间。让他们有更多锻炼的机会。调整训练大周期计划，改变目前我国优秀运动员训练、比赛以全运会而非奥运会为周期来安排的做法，这一点也是妨碍我国运动员完全与国际接轨和在国际大赛中取得更优异成绩的重要原因之一。

改进与完善运动员选拔制度，以冬奥会为例，国外参赛运动员的选拔一般是在赛前一年进行，而我国选拔运动员一般是在赛季之初进行（10~11月），即冬季运动管理中心组织的前两站分站赛，这固然有其道理。但这种选拔制度带来的弊端也是显而易见的，运动员必须提前出成绩，否则将会失去被选中的机会。这种选拔制度带来的直接结果是：为了能够入选国家队，代表国家参加世界大赛，运动员必须在选拔赛之前对其训练进行调整，即在陆训结束前就大幅度地减量来调整竞技状态[1]。例如，上冰初期，应是以量为主的适应性训

---

[1] 刘阳，王鑫刚，薛铭.体能训练理论分析与专项体能训练实践［M］.北京：九州出版社，2021.

练，强度应有所控制，但为了应付即将来临的选拔赛，运动员不得不加大训练强度，以适应比赛的需要，这就造成运动训练的系统性遭到破坏。我国许多优秀运动员上冰初期的比赛成绩较好而在后期的一系列大赛中表现一般，与此不无关系，这应引起有关决策部门的高度重视。

四、营养与恢复因素对体能的影响

合理的营养作为一种外界促力手段受到广大教练员的普遍重视，运动员体能的好坏除与先天遗传和后天训练有关外，还在很大程度上取决于后天营养的质和量。例如，现代速滑竞技运动对运动员体能要求越来越高，为了在竞赛中取胜，要求运动员在接近或超生理极限的负荷下训练，这就难免出现一些代谢的失衡。通过合理的饮食、特殊营养保健品及对症的中药补剂的使用可以矫正这些失衡，从而保持运动员良好的体能状态。因此，合理的饮食和营养学强化手段已经成为科学体能训练的强大后盾。

由运动引起疲劳进而导致机能水平的提高，是在运动后恢复过程中实现的。因此，积极性的恢复和训练活动一样是运动训练的重要内容，两者共同组成了完整的训练过程。科学地掌握好训练和恢复之间的关系是获得良好的体能训练效果的系统工程。近年来的研究和实践使人们的观念逐渐从"没有疲劳就没有训练"发展到现在的"没有恢复就没有提高"，运动员比赛与训练之后，能否迅速地将体能恢复至可以承受新负荷的状态，对于持续地进行高负荷的训练，更快地提高其竞技水平具有重要意义。例如，现代短距离速滑训练在不断探索加大训练负荷途径的同时，也都在认真地寻求加快负荷后恢复过程的途径。负荷后的恢复已成为专门的训练内容，并采用专门的方法组织实施。

恢复是指人体机能和能源物质由负荷后的暂时下降和减少状态回到并超过负荷前的过程。例如，现代短距离速滑竞技运动对运动员连续承受大负荷比赛和训练提出了越来越高的要求，从而导致运动员机体的疲劳程度加强，使得教练员与运动员对于负荷后恢复问题的重要性的认识也日益加强，并认为恢复是训练的延续，从而把训练与恢复放在同等重要的位置。目前运动员所承受的负荷，仅靠机体自然恢复已远远不能适应训练的需要。因此，现代短距离速滑竞技运动中十分重视有计划地采用多种手段和措施，加快运动员体能的恢复过程。

普拉托诺夫的研究表明，运动员在从事不同性质的训练中，三个供能系统都不同程度地参与工作，并出现不同程度的疲劳。例如，运动员在完成速度性负荷时，机体的磷酸盐供能系统消耗最大，恢复最慢，无氧能力次之，有氧能力消耗最小，恢复也最快。同样在完成其他两种负荷时，也是如此。这表明运动员的三种供能系统所对应的三种运动能力，在负荷后恢复过程的非同步性，如表3-7所示。因此，在安排运动负荷时，可以在一次负荷的次日，接着安排另一种性质的负荷，而2~3天之后，当运动员与前一次主要负荷相应的运动能力处于超量恢复阶段时，则可以再次安排同一性质的负荷。

表3-7 不同性质大负荷训练后各种能力超量恢复所需时间（单位：小时）

负荷性质	磷酸盐供能	乳酸供能	有氧氧化供能
磷酸原供能负荷	48	24	6~12
无氧乳酸负荷	24	48~72	6~12
有氧氧化负荷	6	24~48	72

重视训练后的身体恢复，将恢复作为训练的一个不可分割的有机组成部分。尽快地恢复体能已成为当今世界高水平运动员赢得比赛的资本。从目前体能项目训练的发展趋势来看，主动的恢复已经逐步取代了被动的恢复，优秀运动员在赛次之间采用积极的恢复措施收到了良好效果。除了加强传统意义上的恢复措施和手段之外，一些有氧训练也被作为提高恢复能力的重要手段。

由此可见，当前对运动员机体疲劳的恢复，已经由传统上的被动恢复，变为以提高运动员基础代谢水平为主要内容的主动恢复，人们已经不仅从机体疲劳恢复的专门手段和措施方面注重恢复，而且从训练的负荷方面加强恢复能力的培养，从基础上提高运动员的恢复能力。这种看似简单地改变，其实是在实质上改变了传统的恢复理念。许多世界优秀运动员之所以拥有较长的运动寿命，并能够一直保持高水平的运动能力，与这种新的训练恢复理念有着直接关系[①]。

五、训练器材与设备的改进对体能的影响

通过器材的改进提高运动成绩并充分发挥运动员的体能潜力，是现代竞技体育科学化的又一个明显特征。例如，克莱普新式冰刀的产生就是一个鲜明的例证。克莱普冰刀首先在荷兰国内悄悄兴起，通过使用其作用被充分证实。从1998年起得到世界各国速滑运动员的广泛青睐，在运用过程中都纷纷取得了优异的运动成绩。在第18届冬季奥运会上，速滑成绩取得了史上空前的飞跃。

---

①刘阳，王鑫刚，薛铭.体能训练理论分析与专项体能训练实践［M］.北京：九州出版社，2021.

男、女速滑共10个项目有8项世界纪录被刷新。

然而在我国，开始对新式冰刀认识程度不够，经历了不以为然、迟疑、认同和跟随的过程。通过比赛验证，在1998年度全国速滑锦标赛上，男、女各项全国纪录几乎全被刷新。女运动员仅仅使用新式冰刀一年，就滑出了通常为男运动员的成绩。

从冰刀性能和技术分析来看，新式冰刀与传统性冰刀无论在结构上还是在功能上都存在着很多区别。使用传统冰刀在比赛后程，由于体能下降，身体重心容易偏前，形成后蹬冰膝关节伸展到160°时刀跟与冰面脱离，冰刀已无法用全刃蹬冰，刀尖切入冰面，刀尖划破冰面减速，滑行阻力增加，导致运动成绩下降。新式冰刀的刀跟与冰鞋能够自动脱离，身体重移至冰刀前半部时可使踝关节跖屈，充分展直蹬冰腿，使冰刀在咬住冰面不滑脱的前提下继续侧蹬冰，打开踝关节，充分发挥前脚掌作用，蹬冰的作用力加大，从而发掘出比传统性冰刀更大的推进速度。这一技术是使用传统冰刀根本做不到的，运动成绩更无法相比，是运动成绩提高的主要原因之一。传统冰刀蹬冰技术主要是发挥髋、膝关节的力量，而不能像赛跑运动员那样充分利用踝关节肌群的力量。跑时踝关节肌群力量的发挥程度要比速度滑冰大2～3倍，荷兰人正是据此研制出新式冰刀的。新式冰刀主要是根据腿部肌肉伸展的生物力学原理来设计的，新冰刀较传统冰刀蹬冰距离延长17%，这可充分发挥机体的潜能。

速滑技术原理涉及的一个重要因素，就是如何加大每一滑步的蹬冰力，即在保持基本动作结构的前提下，充分挖掘人体的体能潜能和技术潜能，革新后的冰刀及其新技术正符合这一原理和要求。这也可从两种冰刀所产生的不同蹬冰效果得以证明。在使用传统冰刀完成蹬冰过程中，膝关节有效的蹬冰幅度只能达到160°～170°。如果从形式上完全展直蹬冰腿（膝关节展到180°），就要求运动员在蹬冰最后阶段有意识地做冰刀外转用刀尖拨冰完成蹬冰动作，但这一动作对加大蹬冰力、提高滑步速度是无济于事的，只能是白白做功并产生副作用。然而，使用新式冰刀就解决了上述技术弊端，这是因为运用新冰刀从蹬冰动作开始直至蹬冰动作结束，冰刀刀刃始终保持与冰面接触（即使用冰刀前半部结束蹬冰动作），这就可使运动员在结束蹬冰动作时充分展直膝关节，使冰刀保持与滑行方向一致。这一动作可最大限度地降低冰刀与冰面间的摩擦力，将有利于运动员在蹬冰结束阶段充分利用腿部肌肉力量，对冰面施加更大的蹬动力量，达到最佳蹬冰效果。在第18届冬奥会上，运动员使用新式冰刀滑跑中，长距离速度提高5%，平均每圈400米要快1～1.25秒。使用新冰刀可使运动员能量的释放提高10%，并且踝关节伸展在最后0.05秒达到最高速度。

目前，器材与服装的改进已成为进一步挖掘运动潜力提高运动成绩的一个突破口。例如，在2006年，都灵冬奥会上荷兰人在器材的研发上又有新的突破，他们把新型碳素材料运用到冰刀的制作上，使冰刀的重量大大减轻，根据运动员的脚型采用高强塑料凝固制成的冰鞋穿着更加舒适，犹如运动员身体的一部分。这也成为本届冬奥会荷兰选手取得优异成绩的一个秘密武器。各国运动员所穿着的服装也得到了大大的改进，其选用面料弹性强、表面光滑、薄而轻、可紧贴身体，不但大大减少空气阻力，而且便于动作的完成。这些措施都有效地促进了速滑运动员体能的充分发挥与运动成绩的进一步提高。

六、教练员与运动员对现代训练理念的理解与把握能力对体能的影响

从现代竞技体育发展趋势看，无论是运动员还是教练员，都在从体力型向体力与脑力相结合的方向发展。从战略发展的眼光看，当今体育发展已进入科学训练的时代。科学训练是当今运动训练的一大主题。当今体坛，人们已不再满足于仅仅按照师徒相传的经验进行训练，而是纷纷从新理论、新技术、新器材、新方法和新手段去探索竞技水平提高的途径。这就是在世界范围内方兴未艾的运动训练科学化的总体趋势。例如，世界速滑运动和训练水平的不断提高是随着现代训练理论不断地进步更新和训练实践不断改进完善的结果。现代速滑体能训练已较大程度地利用了现代科技手段。如在训练过程中利用各种仪器测试机能状况和运动素质水平；利用专门设计的器械发展专项能力等。这些都使训练的针对性大大加强，有效促进了速滑运动训练向科学化方向迈进，从而迅速提高体能训练的效果[1]。

由于教练员因素对运动员的成绩具有重大的相关价值，所以，世界各国争相投资财力、物力和人力广泛对教练员问题进行深入研究。教练员是训练过程的主要设计者，是训练活动的主要组织者，也是训练管理的重要决策者。教练员的专业知识与理论水平、教育管理水平以及处理训练活动的思维方式都将对体能训练结构的合理性、组织与实施效果产生巨大影响。因此，世界各国都十分重视对教练员的培训。实践也证明，抓好对教练员的培训是推动运动训练科学化的必由之路。

---

[1] 刘阳，王鑫刚，薛铭.体能训练理论分析与专项体能训练实践[M].北京：九州出版社，2021.

罗超毅在运动训练的科学化动力系统的研究中指出：运动员是实施科学化训练的核心要素之一，运动员具有实施者和实施对象的双重属性。当运动员处于运动初级水平时，他在运动训练过程中的自主意识比较弱，主要是听从教练员的安排，按计划进行训练。而随着年龄的增长、训练年限的增加和运动水平的提高，他们对运动训练活动的感性认识不断丰富，对训练客观规律的理性认识不断增强，其主观能动性和自主意识不断提高，在训练活动过程中由被动训练逐渐变为主动参与。运动员对所从事的项目特征和教练员训练意图、方法手段的理解能力将直接影响训练的效果。所以，提高运动员的科学文化水平是提高体能训练质量和水平的一个重要方面。同时，高水平教练员是培养高水平运动员的必要条件，我们需要培养一批学历高、能力强、有理论又有实践、善于思考、勇于开拓、年富力强的教练员充实到教练员队伍中来。

第四章 体能训练新理念

第一节 数字化体能训练的理念

一、数字化体能训练理念

体能训练可以深度挖掘人类运动的潜能，随着数字化科技技术的发展，数字化体能训练已成为可能。数字化体能训练是传统体能训练的延伸，是一种训练的新理念和具体表现方式，它并不能取代传统体能训练的体系、理论和方法。数字化体能训练是应用现代科技方法在运动员进行体能训练的过程中通过实时测量的数据来监控训练质量，并根据数据对体能训练过程实施调整的一种训练方式。数字化体能训练是一个双向调控的过程，对于提高单位时间内的训练效率，实现精英运动员的精确个性化体能训练，具有非常重要的意义。

体能训练的数字化呈现并不是新鲜事物，运动科学一部分功能就是将训练的过程通过数据进行量化，并归纳总结为规律。在竞技体育中，人体运动数据的采集与分析是所有运动项目分析中不可或缺的核心。运动生理学和生物化学是对运动员的内在负荷进行量化，以实现对运动员机能状态、疲劳程度的把控；运动训练学和运动生物力学是对训练过程中运动员的外在表现进行量化，实现对运动员竞技表现的管理。由于仪器设备的限制和科技水平的局限，以前很难在训练过程中进行实时监测，并即刻根据反馈信息对运动员的训练内容进行调整[1]。相对而言，周期性运动的规律性更强，较容易实现训练过程中的监控，如中长跑运动员利用心率表就可以准确监控运动员的训练负荷，自行车运动员可以利用心率表和功率计来监控运动员的训练负荷。但体能训练涉及不同的运动形式和复杂的技术动作，因此，实现数字化监控较为困难。

---

[1] 刘阳，王鑫刚，薛铭.体能训练理论分析与专项体能训练实践[M].北京：九州出版社，2021.

随着科技水平的飞速发展，测量设备越来越小型化和精密化，也为在体能训练过程中实现数字化监控提供了硬件条件。全球卫星定位系统、压力传感器、加速度计、陀螺仪、无线传输、云计算等技术已经从军事和工业转化成运动测量设备，可以便捷、精确地对运动员的各种运动形式、运动数据进行捕捉和采集，并通过高度集成的软件系统对海量的数据进行快速处理和分析，实现实时反馈，这种数字化体能训练的理念，可以对教练员和运动员双方都产生增强反馈机制。一方面，教练员可以利用实时监控的数据来更精确地指导运动员，甚至更合理地调整训练计划，提高训练效果；另一方面，运动员也可以通过这些直观的数据进一步激发自身的潜能，提高运动表现，这种增强反馈的形式有可能会提高运动员的内在动机和产生更佳的神经肌肉适应性。有研究表明，采用实时反馈的数字化训练方法，在训练负重深蹲跳的过程中提供即时反馈，可以显著地增强运动员跳跃和冲刺的运动表现。

二、数字化体能训练发展状况

（一）我国当前数字化体能训练发展现状

国内的一些科研机构和学者也已经关注数字化体能训练的进展和实践。目前，国家体育总局体育科学研究所、上海体育大学、国家体育总局训练局、国家体育总局国家奥林匹克体育中心等众多体育机构都在关注和筹划"数字化体能训练中心"或"数字化体能训练实验室"的建设。北京市体育科学研究所2016年6月建立了国内第一个"数字化体能训练实验室"，应用世界先进的运动科学与体能训练理念，通过自主研发的体能训练管理平台可以实现运动员在体能训练中的状态评估、训练质量实时监控、关键数据采集、训练信息分析等功能。数字化体能实验室应用Omegawave竞技状态综合评价系统、EliteForm速度力量反馈系统、Gymaware力量功率测试系统、Firstbeat心率变异性监控系统等多种先进的数字化体能训练设备，实现了对体能训练质量的精确量化分析和评价，这些仪器设备都是国际新近应用的主流数字化体能训练设备，目前国际上发表的很多相关论文均是应用这些设备进行的研究[1]。

在备战2016年里约奥运会和2017年全运会期间，多名精英运动员在数字化体能训练实验室进行了体能训练。通过数字化设备的应用与数字化体能训练方

---

[1] 刘阳，王鑫刚，薛铭. 体能训练理论分析与专项体能训练实践[M]. 北京：九州出版社，2021.

法的实践，提高了体能训练的效率，大多数运动员均取得不错的训练效果，在奥运会和全运会上取得优异成绩。与此同时，实验室工作团队发表了多篇数字化体能训练的相关论文。樊云彩和国琪利用心率变异性分析和疲劳监测系统对花样游泳运动员体能训练负荷进行了监控研究；李晓彤和闫琪对Firstbeat心率变异性监控系统在优秀摔跤运动员赛前训练及恢复中的应用进行了研究；樊云彩和王晓坤对花样游泳运动员间歇性无氧耐力专项体能训练负荷进行了实时监控研究。

2018年5月，北京体育科学学会北京市体育科学研究所联合举办的第八届北京体能大会的主题是"数字化体能训练"，邀请国内外多名专家围绕数字化体能训练进行研讨，参会学者达到400人，在国内推动了数字化体能训练的发展，这充分说明数字化体能训练已成为众多体能从业人员重点关注的一个发展方向。

（二）国际数字化体能训练发展现状及主要技术应用

近年来，国际上许多学者都致力于数字化体能训练的研究，认为使用数字化的技术手段对运动队或个体运动员实施监控，有助于观察运动员对训练课的反应，确定运动员疲劳程度，从而对训练计划进行适时的调整，以减少过度训练和运动损伤风险。数字化体能训练能够监控运动员在一次训练中的急性反应和长期训练过程中的慢性适应，密切关注运动疲劳的产生以避免出现过度训练，保证根据预期训练目标设置的训练负荷不超过运动员所能承受的范围，并将训练实况及时反馈给教练员和运动员，促进运动员训练的积极性，从而提升训练效率。

早在19世纪，就已经有田径和游泳教练员通过手动记录训练日记的方式对运动员日常训练和竞技比赛的情况实施监控，并以此对运动员身体状态和竞技水平进行量化和分析，这为日后数字化体能训练的发展奠定了基础。目前，应用数字化技术对运动员体能训练过程实施监控已逐渐成为运动员竞技训练中不可或缺的重要组成部分，特别是在精英运动员的体能训练过程中，不进行数字化体能监控的现象十分罕见，并且精英运动员体能监控系统的复杂性和投入成本正在与日俱增。数字化训练趋势已经促使当代教练员将制订训练计划的主要依据从个人记忆、经验和观点等主观判断逐渐转变为真实训练负荷数据的客观分析结论。许多现代化训练理论与监控技术也因"数字化"技术应运而生，如训练窗理论、基于速度的力量训练法、高强度间歇耐力训练的实时训练负荷分析、基于心率变异性（HRV）的竞技状态监控、基于神经肌肉功能的竞技状态监控等。

数字化体能训练的实现离不开精密的数字化技术和设备，通过对国内外相关理论研究与实际应用的整理，以及数字化体能实验室在训练实践中的应用经验，本研究认为，目前已经得到广泛认可的数字化体能训练技术主要集中在运动能力测量和力量与爆发力训练、神经反应速度训练、高强度间歇耐力训练等训练方法的实时监控，以及运动员竞技状态评价和大数据平台管理等方面。

1. 力量训练的数字化监控

力量训练是体能训练的重要内容之一。由于力量和速度之间呈显著的负相关关系，因此，通过在训练过程中对速度的测量，可以实现最大力量的预测，也可以监控基础力量训练、爆发力训练和离心力量训练的质量，明显提高力量训练的效果。

随着数字化体能训练理念和测试技术的发展，一些学者提出了基于速度的力量训练方法（Velocity Based Training，VBT），这种方法是在训练中利用实时监控的杠铃移动速度来更加精确地控制运动员的训练负荷，是一种更优于传统基于最大力量的训练负荷调节方式。VBT凭借其独特的优势，在一些运动项目训练中的应用已经取得了积极的效果[1]。

2. 速度相关的数字化监控

在许多运动项目中，动作速度都是获胜的关键。动作速度是由神经系统和肌肉系统的功能共同决定的。在体能训练中可以通过视觉、听觉等信号刺激，配合设定好的或随机的动作来对运动员反应式动作速度能力进行训练。有研究应用视觉频闪技术对提高冰球运动员的动作速度和技巧都产生积极影响。有学者用Fitlight Trainer敏捷反应测试训练系统对跆拳道运动员进行精确的快速踢腿动作测试和训练。

3. 耐力训练的数字化监控

耐力训练分为基础有氧耐力、无氧耐力和高强度间歇耐力。不论哪种耐力训练都会对机体带来刺激，从而产生一定的生理反应。对这些生理反应进行监控通常能够反映个体的训练负荷强度和量度。进行有氧耐力训练可以采用跑步机、功率自行车、攀爬机等周期性练习方式，也可以通过力量循环的非周期性

---

[1]刘阳，王鑫刚，薛铭. 体能训练理论分析与专项体能训练实践［M］. 北京：九州出版社，2021.

方式来进行。在无氧耐力和高强度间歇耐力训练时，运动员身体内会产生大量乳酸，因此，除了对距离、速度、心率监控以外，还可以通过训练后测试血乳酸来监控训练强度。高强度间歇耐力训练是格斗项目和同场竞技球类项目的主要耐力表现方式，也是这些项目运动员体能训练中进行数字化监控的重点。

周期性练习方式可以监控运动员的完成距离、速度和过程中的心率及其衍生指标训练冲量（Training Impulse，TRIMP）、训练效果（Training Effect，TE）、运动后过量氧耗（Excess Post-exercise Oxygen Consumption，EPOC），非周期性的练习方式主要监控运动员运动过程中的心率及其衍生指标，有助于教练员和运动员在训练过程中随时观察训练效果并实时进行调控，尽可能将心率控制在目标心率区间内，有效增强对训练过程的掌控，提高训练质量。

三、体能状态的数字化监控与数据平台管理

（一）体能状态的数字化监控

1. 基于神经传导速度和心电图的体能状态监控

运动员的体能状态会受到中枢神经系统（Central Nervous System，CNS）、心脏功能（身体疲劳和恢复状况）能量代谢系统、自主神经系统等多因素的影响。目前科技的发展已经支持通过无创的测量方式快速获取多项生物学参数，并对运动员的机能和体能状态做出实时的综合性诊断和评估，为教练员安排训练计划及赛前准备提供参考。同时，测试结果可通过云储存和大数据分析等科技手段，实现团队成员通过移动终端进行测试和查看结果，并同时对多名运动员的体能状态数据进行管理。

这种无创、快捷的体能状态监控方法，为应用"训练窗"理论、实现精英运动员的个性化体能训练提供了可能。在体能训练或专项训练前首先对运动员进行竞技状态诊断，观察运动员目前的耐力、爆发力与速度、力量、协调能力与技巧4个训练窗口，如果某个窗口分值低于3分，那么应避免运动员进行此方面的训练[1]。例如，运动员Omegawave评分中爆发力与速度窗口评分低于3分，此时如果对运动员进行高强度的爆发力和速度训练，训练效果不仅不佳，而且存在较高的运动损伤风险。此时建议教练员暂停进行爆发力和速度的训练，对

---

[1]谭成清，李艳翎.体能训练［M］.长沙：湖南师范大学出版社，2012.

与爆发力和速度能力相关的生理系统进行主动的调节与恢复，改进这方面的竞技状态，然后再进行此窗口相关的运动能力训练。通过系统检测和数字化的直观呈现，可以精确地把控运动员的竞技状态，提高训练效率，避免过度疲劳和运动损伤。

2. 基于心率变异性的体能状态监控

心率变异性是指相邻两次心动周期之间的微小变化，即窦性心律不齐的程度。目前，心率变异性在竞技体育的训练监控中应用得越来越多，在田径、游泳、铁人三项、柔道等项目中都有相关的研究。心率变异性能够反映自主神经的活性，定量评估心脏交感和迷走神经张力及其平衡性，以及评价运动生理和心理的负荷状态。体能训练包含大量抗阻训练和高强度无氧训练，而无氧训练对自主神经系统的影响大于有氧训练，因此，在体能训练中通过心率变异性的相关测试指标的变化进行负荷监控具有可行性。

快速恢复指数（Quick Recovery Test Score）是Firstbeat训练监测系统由心率变异性推算出的一个衍生指标，能够反映运动员的恢复状况，数值越高代表恢复越好，具有简便易测、直观易懂等优点，在训练中非常实用。测定一次训练前后的心率变异性，可对运动员的训练前恢复情况和训练后应激程度进行纵向跟踪和评估，进一步提升了教练员对训练的科学掌控。

3. 基于神经肌肉功能的体能状态监控

运动员在长期系统训练过程中的体能状态会发生波动，除了对运动员内在机制进行监控，还可以通过对神经肌肉系统的监控更加直接地反映运动员的即刻体能状态。有研究认为，对运动员的纵跳能力进行定期监控可以帮助教练员更好地把控运动员对训练的适应程度。

（二）体能大数据管理平台的应用

应用大数据平台对体能训练、测试与监控的数据进行管理是众多学者关注的一个研究热点。所有竞技体育的教练员、医务人员、科研人员和教育工作者都面临一个共同的难题，即如何有效地储存和跟踪运动员的数据，获取准确、有价值的实用信息，进而有效地提高运动员的竞技表现。随着现代信息技术和网络大数据的发展，大数据成为竞技体育的核心竞争力。通过基于大数据和云处理技术的管理平台，可以将许多复杂多变的信息转变为可测量的数据和数字化模型，并预测运动员的竞技状态、损伤风险等。

一个优质的体能训练大数据管理平台可收集并整理的数据范围广且有针对性，可帮助教练员和科研人员对运动员全方位的数据和信息实现数字化、系统化。体能训练大数据管理平台应该具有技术成熟、用户体验友好、操作简单有效、便于每天数据输入和分析等特点。这将节省教练员和科研人员大量的时间和精力，而且可以短时间生成准确、有针对性的数据分析报告，令教练员对于运动员运动表现的变化作出准确的判断，同时，也可选择多样的个性化定制方案来满足精英运动员的特殊需求。

一个优质的体能训练大数据平台的设计应兼具灵活性和自定义性，轻松设置不同级别管理者、教练员和运动员的操作权限。同时，大数据平台还应该支持目前主流数字化体能测试仪器的后台数据导入，可以通过直接上传或间接导入的方式来进行数据传输，减少人工输入的环节，并实现一站式体能测试和训练数据的汇总、管理、存储和分析，生成简洁直观的分析报告。目前，世界一些优秀的运动队已经应用Smartabase大数据平台率先实现了对运动员体能训练相关数据进行管理，如NBA的一些球队、澳大利亚七人制橄榄球联盟、澳大利亚国家游泳队等。

四、现代竞技体能训练的大数据转型

（一）训练本质特征是数据化

世界冠军、奥运冠军不仅是运动员艰苦训练的结果，而且是多学科集成攻关的结晶，需要攻关团队不断创造训练过程新理念、新知识、新技术和新战术的过程。奥运会金牌本质是科技金牌、数字金牌和智能金牌。

当前，科技助力奥运备战已成为各国教练员共识。大数据、人工智能和信息技术的迅速发展，体育科技和奥运攻关全面进入信息化、数据化新时代，传统的训练观念、训练手段、训练体系和训练参赛模式正在发生深刻的变化。"没有数据就没有训练"和"没有监控就没有训练"已成为高水平竞技基本准则。训练团队对技战术、体能、状态、赛场、指挥等全程数据化监控、反馈、优化，正在实现传统经验型训练向信息化、数字化、科学化训练模式转型，数据科学正在成为奥运赛场夺冠的支撑理论。

大数据作为当下热点研究科学，技术应用前景十分广阔，数据科学正成为横贯多领域、多学科的工具学科；竞技训练行业分工更加精准化、专门化和体系化，传统的运动训练行业的教练系列人员、体育数据分析师、数据架构师、数据工程师、数据科学家都将让训练空间无限可期，让训练进入一个大数据训练的精准化时代，5G时代的到来更将加速运动训练过程的智能化和互联互通的运动表现平台化。

（二）数字化将为奥运备战体能训练创造新动能

1. 数字化部队向体能要战斗力

我国军事变革正处在数字化部队建设阶段，数字化部队建设宗旨是坚持"信息主导、体系支撑、精兵作战、联合制胜"，强调以计算机网络为支撑，通过数字通信技术和智能化装备，实现从指挥部到单兵信息联网部队；指挥部能看到前线每一名单兵信息，单兵能调阅卫星信息，了解其他部队位置，呼叫地面和空中火力，不同军兵种能在共享信息的基础上融合作战。作战理念的变化要求，每一名官兵都坚信信息力将成为战斗力最重要的因素，信息优势将成为战争制胜的关键，打节点、毁中枢、破体系将成为陆战重要作战样式。数字化部队建设另一个重要特征就是向体能要战斗力，强化现代体能训练的理念和方法在实战训练中的应用。

军事改革带来的变化和成效将给我国数字化体能训练带来重要启示。面对东京奥运会严峻形势，坚持"世界眼光、国际标准、中国特色、高点定位"作为体能训练的重要准则，从战略上认识到强化体能训练，建立体能训练标准是提高赛场竞争力的突破口；以信息化和智能化为导向，加快实施"科技助力"，提高精确备战，打造数字化国家队，加快推进体能训练的组织建设、制度建设、标准建设、体系建设，才能从根本上改变体能训练的落后局面。

2. 东京奥运备战训练中的大数据探索

奥运科技和科技助力正在加快训练的数字化和智能化转型。近三届奥运会以来，我国在探索现代科技与奥运会备战训练结合方面取得了显著成果，在科技奥运背景支撑下，实施"国家科技支撑计划"攻关课题，从机能评定到状态诊断，从技术分析到战术模拟，从训练反馈到疲劳监控，从心理调控到动态干预等方面都积累了数百项科研成果，对我国奥运争光计划的实施起到了重要的促进作用，这为大数据和人工智能技术渗透和运用奠定了坚实的基础。

在备战2020年东京奥运会（第32届夏季奥运会）过程中，我国的赛艇、跆拳道、体操、田径等项目正在探索数字化智能化训练。跆拳道项目已经建立大数据智能化实战训练平台，可以对运动员在比赛和技战术训练中进行全方位的数据跟踪、动作捕捉和对比分析，将为东京奥运会备战提供新动力。针对赛艇大数据分析，英国赛艇运动生物力学专家瓦利博士认为，赛艇进行数字化训练可以从技术生物力学角度分析技术的效率转化，强调能量首先通过身体代谢产生，其次通过桨传递到水中转化为赛艇前进的动力。避免在转化中能量浪费在运动员身上，从使用大肌肉群、优化肌肉收缩速度等多个角度降低能量浪费，提高赛艇运动员大腿、躯干、手臂力量利用率。

英国国家队赛艇教练、数据专家安德恩在《赛艇竞技表现管理的未来》认为，"互联网+赛艇训练"Rowers公司平台展示了赛艇训练管理、数据统计方法，细分训练内容、精细化训练数据和在线训练分析可以提升训练科学性和精准性。

总之，体能训练是一项系统工程，随着大数据的发展，体能将发展为一门独立的多学科融合发展的新型学科，更加重视从多维度、多领域进行科学研究和实践探索。体能训练组织已经形成分工合作的团队模式，体能训练师、物理治疗师、运动防护师、功能矫正师、表现设计师、大数据分析师和营养师、放松按摩师等将共同合作，探索提高体能训练的理念和方法。

随着5G时代的到来，体能训练进入运动表现阶段，体能训练可视性、远程网络体验性、技术捕捉实时性、动作训练精准性和网络互动动态性等将全面到来，体能训练将进入一个全新的时代，并最终为健康中国和健康体能提供数字化、智能化服务。

第二节　功能性体能训练的理念

一、功能性训练概述

（一）功能性训练的起源与发展

功能性训练在体育领域的发展起源于20世纪末期。1997年，格雷·库克（Gary Cook）首次提出了"功能性训练"的概念，并致力于功能性训练的理论与实践研究，指出运动员应注重身体的动力链作用，避免孤立地对一个环节进行力量训练，为功能性训练在体育领域的系统开展打下了基础。我国功能性训练起步较晚，2006年国家体育总局为了改善我国运动员体能方面相对落后的现状，开始不断地学习和吸收国外先进的训练方法、理论及经验。

在此背景下，功能性训练逐渐走进我国广大教练员和体育学者的视野。这一全新的训练方法和理念不断地冲击传统训练的观点，并得到广泛的关注。功能性训练作为一种新兴的训练方法体系，打破了以往的高强度、大负荷、单一性的传统训练方法和观点，注重高质量的正确动作模式训练，强调核心区的稳定性和身体控制下的动态平衡性，符合生物力学特征的多关节、多平面进行的训练方式。功能训练不是一个严谨的概念，而是一个重要的理念，如美国国家运动医学学院（National Academy of Sports Medicine）将其定义为：所有功能性训练形式都包含有运动链和运动三维平面中的加速、稳定和减速的动作，突出功能性训练的生物力学要素。有大量实践经验并担任1996年奥运会女子冰球金牌获得者的美国国家队体能教练迈克·博伊尔将其解释为：训练运动的动作。而有"功能性训练之父"称谓的盖瑞·格雷给出的定义是：发展身体被设计的动作。后两个解释，从神经肌肉控制理论的角度，突出了动作程序化、自动化训练的重要性[①]。

还有一些国外专家认为，功能性训练就是有目的的训练，是一种与专项训练不同的有用的训练，其实质是为了克服一般和专项训练中性质相对单一的负荷效果的不足而带来的隐患，所采用的动作设计体系。功能训练重在提高训练手段的个体化、专项化，缩小训练和比赛的差距，有利于运动员达到最佳竞技状态。

（二）核心力量训练的发展现状

核心力量可视为功能性训练的组成部分。目前，体能训练中，发展运动员的核心力量已经成为现代国内外专家学者研究的热点。核心力量训练在国内外竞技体育领域成为新的研究课题，20世纪90年代初开始在运动健身领域得以应用。近年来，由于其良好的训练效果不断引起竞技体育界的高度关注。其实，在所有的竞技体育运动项目中，核心力量都起着不可替代的作用。它不仅对运动员在运动过程中身体姿势的保持、完成基本动作和专项技术动作都起着稳定和支持作用，而且还是运动员身体发力的主要环节，对上下肢协调发力起着承上启下的枢纽作用。

随着国内外专家学者对核心力量训练理论和实践的深入研究，核心力量

---

①刘心丰.体能训练理论与方法研究［M］.长春：东北师范大学出版社，2019.

作为传统力量训练的补充和发展已经逐渐被我国专家学者和教练员所接受。目前美国的核心力量训练走在世界前列，一些新的、有效的训练理论与方法的提出，如将核心区域进行划定，潘嘉比对此提出"三亚系模型"等，不断促进核心力量训练的发展。

我国也在不断地对核心训练进行研究，并广泛应用于训练实践当中，同时还融入瑜伽与普拉提等大众健身之中。此外，高校大学生的体育锻炼也开始逐渐涉及核心力量训练。王卫星等人指出，从特点上看，核心力量训练是具有一般力量训练和专项力量训练的作用，同时还具有促进体能康复的效果。核心力量训练又称核心区或核心稳定性训练，和功能性动作训练一起组成了功能性训练的完整体系。

在现阶段，功能性训练科学理念逐渐发展成熟，向大众体育、学校体育发展是需要也是趋势。运动是相通的，与人们生活密切相关的体育领域更需要科学的理念和方法予以支持。但值得注意的是，功能性训练包括核心力量训练并不是体能训练的全部，也不能代替传统的力量训练、速度训练、耐力训练。

二、功能性训练内容体系

世界竞技运动训练在体育职业化和市场化的影响下，赛事密度、对抗程度大幅度增加，如美国男子职业篮球联赛，每年常规赛有80多场，再加上季后赛可多达近120场。密集的比赛使一些长期占据主要地位的传统训练理论已不再适应当前训练形势的发展，一些曾经对运动训练起到重要作用的训练方法也不再符合训练实践的需求，进一步强化理论的变革和实践创新成为当代竞技体育训练的主旋律。

功能性训练打破了以往一般训练和专项训练的习惯，强调"像准备比赛那样准备训练"，强调训练的针对性和实战性，注重多维性和动态性的训练。功能性训练认为"竞技就是动作"，强调动作是身体运动的基石，注重机体的系统化功能；它的训练是基于对机体基本功能性动作测试与评价的基础，利用专门性的动作进行针对性的训练来降低运动过程中存在的风险，以及提高运动水平和完成动作的效率。功能性训练由七大部分组成，包括躯干支柱力量训练、动作准备训练、快速伸缩复合训练、动作技能训练、力量与爆发力训练、软组织再生训练、拉伸训练，如表4-1所示。功能性动作体系已经涵盖了传统的灵敏、协调、柔韧训练。

表4-1 功能性动作训练板块构成表

内容板块	分类	功能作用	动作示例
躯干支柱力量训练	肩部训练、脊柱训练、髋部训练	改善身体姿势，提高能量传递效率；改善动作模式，有效预防运动损伤	瑞士球练习、侧桥俯卧I字形或T字形等
动作准备训练	臀部激活、动态拉伸、动作技能整合、神经激活	建立、强化正确的动作模式，提升机体温度，有效伸展肌肉，唤醒、激活肌肉的本体感觉，唤醒、激活神经系统	迷你带深蹲、抱膝前进、纵向军步走、单侧快踢腿等
快速伸缩复合训练	上肢练习、下肢练习、躯干练习	提高上下肢、躯干的力量和爆发力；通过强化关节和机体连接处的力量，增强力的传递；发展、强化机体的平衡和稳定能力	双脚跳、多方向跳跃、头上扔球、俯卧撑等
动作技能训练	纵向练习、横向练习、多方向练习	有效地提高机体的反应能力、移动能力、爆发力和灵敏性并降低运动风险	3步起跑、踏步跑、向后"之"字形交叉步
力量与爆发力训练	上下肢推拉练习、全身推拉练习、旋转练习	增强支持动作模式的完成能力，提高全身肌肉整体工作能力和效率，增强脊柱力量和关节周围小肌肉群的稳定性，提高神经肌肉的控制能力	杠铃高拉、哑铃推举、哑铃平举、站姿飞鸟等
软组织再生训练	上肢练习、躯干练习、下肢练习	激活、放松机体各部位的肌肉和组织，促进机体的恢复和再生；刺激血液和淋巴循环，加快肌纤维修复，缓解运动疲劳	泡沫轴—腓肠肌、泡沫轴—下腰背、按摩棒—前臂等
拉伸训练	静态拉伸、动态拉伸、PNF拉伸、AIS	调节肌肉的张力，提高关节的活动度；加快代谢产物的排出，促进机体的超量恢复	静态拉伸—胸大肌、AIS—斜角肌、PNF—前锯肌等

三、功能性训练的特点

1. 重视体能诊断与评估

有针对性的训练是功能性训练的要求之一，诊断与评估是功能性训练的起点。通过诊断发现能力不足、伤病隐患，提高训练科学性，而不是盲目地提高力量。如传统的专项训练与力量训练累积，对膝关节的刺激很大，一方面造成膝关节前部（股四头肌）力量强，受负荷刺激多；而另一方面关节内侧、外侧、后侧相对薄弱，容易使膝关节部位发生"代偿性"动作，增加膝关节受伤、变形的风险，就需要针对性地加强训练，使膝关节四周的力量都得到加强，提高关节稳定性。

2. 重视平衡能力和本体感觉训练

身体平衡能力和本体感觉对人体运动能力有很大的影响作用，不仅体操、跳水等类项目如此，球类、体能类项目也一样，利于感知身体的位置，保持平衡，提高精细动作能力。但一般训练和专项训练对平衡和本体感觉的重视不够，而功能性训练通过非平衡条件下的各种动作练习，促进了平衡能力和本体感觉的提高。

3. 重视矫正性的无伤化训练

任何专项训练或某部位过度使用，都会对身体局部环节造成过重负担，长期积累会造成左右腿、前后群、上下肢等力量的不均衡以及关节的变形，既影响人的整体动作能力，也很容易使人受伤。现实中许多运动员脊柱变形，腰、膝、踝受伤都与此有关。功能性训练注重对身体形态、不均衡部位的矫正、调整，重视在没有疼痛的情况下进行各种训练，一旦有痛点出现，除非因为技术因素，则说明存在某种问题，需要进行专门的矫正性训练。即便康复训练也需要在无痛情况下进行练习，以免起到副作用，加重伤情。

4. 重视功能柔韧性训练

"功能柔韧性"是指与某关节作用相反的肌肉群都得到积极的拉伸练习，利于在随后的训练或比赛中做出理想的表现，使主动肌快速收缩，被动肌快速放松。传统的拉伸可以分为静力性、动力性、摆动性拉伸。传统的静力牵拉练习不能提供这种功能柔韧性，实际上会"使肌肉进入睡眠状态"，使肌肉反射敏感性减弱，肌肉、肌腱韧度或神经肌肉激活能力下降，影响发力效果。有研究认为，过多的静力性柔韧练习，会使随后的力量、爆发力下降近30%，而且会持续近60分钟。而爆发性的摆动性拉伸，由于速度太快存在拉伤的风险。[①]

柔韧对竞技能力有特殊贡献，多维度的柔韧与力量训练相结合，训练效益才能更加显著。另外，注意柔韧性的提高不能以失去关节的稳定性为代价，要适度发展，考虑项目特点。操作中要求做到以下几点：

（1）区别准备活动和放松活动的不同　热身、比赛前主要使用动力性柔韧方法，即主动拉伸，少做或不做静力性柔韧。

（2）力量与柔韧相结合　力量练习和柔韧练习是密切相关的，不存在独立的动作，力量训练的同时对柔韧也有刺激作用，柔韧差会影响力量的发挥。要经常采用专门的方法同时对力量素质和柔韧都起到作用，例如PNF训练法。

（3）使一个关节周围肌肉韧带都得到锻炼　不仅拉伸常用的主动肌及韧带，而且对拮抗肌、协同肌部位的肌肉、韧带，都要进行练习。

5. 重视与专项性技术动作的衔接

功能性训练是体能训练体系的重要一环，其本身并不是目的。功能性训练是为了提高专项练习的效率，要充分考虑专项技术动作的要求，在一般体能和专项体能之间架起桥梁，提高体能训练的专项性。在运动水平逐渐提高的过程中，训练、比赛负荷逐渐接近极限，大强度地完成专项技术动作对身体各部位、环节、系统乃至心理带来极大的刺激，需要有强大的身体功能能力作为储备和支撑，为训练负荷（强度、持续时间、频率）符合专项的需要（耐力、力量）打好基础，提高训练的目的性、系统性。

6. 重视层次化的训练设计

人的功能性动作能力是一个由低到高的发展过程，如同发育过程中从爬行、直立到行走、奔跑的顺序，不能跳跃式提高，有必然的规律和层次之分，

---

①刘心丰.体能训练理论与方法研究［M］.长春：东北师范大学出版社，2019.

需要打好基本动作基础。功能性训练动作多样、负荷多样，要精心设计，形成由低到高、由简单到复杂的动作体系，不断提高功能性动作能力储备。

四、功能性体能训练应用于运动健康

"体育运动"是一个宽泛的概念，包括竞技体育、学校体育、全民健身、青少年儿童训练、残疾人体育、老年人体育，等等。运动健康在以上每个领域都有不同的理解与认识：在青少年体育教学中的运动健康是遵循青少年儿童身心发展规律，适时择机合理发展其身体素质，并通过科学健身方法的教学，提高学生体质，培养学生终身体育意识。在群众体育领域的运动健康是运用科学的健身方法，不能盲目地从众，也不能因为运动而损害了自身的健康。在竞技体育领域的运动健康是运动损伤的预防和康复，尽可能地延长运动员运动寿命，展现最理想的竞技状态。

（一）应用于青少年体育教学

青少年身心健康、体魄强健、意志坚强、充满活力是一个民族旺盛生命力的体现，也是国家综合实力可持续发展的重要方面。学校体育教学中，按照功能性体能训练关于青少年身体素质发展的"敏感期"划分，随着年龄的增长，青少年的基本身体素质，如速度、协调性、耐力、爆发力、柔韧性、耐力等素质发展有着鲜明的敏感期分区。

功能性体能训练和传统体育教育不同，更重视从学生生长发育规律出发。例如，初中阶段学生的年龄段在12~14岁，主要是发展协调性和柔韧性的敏感期。体育教学过程中可以通过抱膝弓步走、盘腿走、青蛙蹲、后弓步转体走、后屈膝腿、瑞士球练习、双人旋转、弹力带射箭、盘腿下坐、小腿三头肌拉伸等练习来加强学生的柔韧素质。

此外，功能性体能训练的训练方法及特征能够有效纠正和干预青少年不良身体姿态、预防青少年肥胖等体质健康问题。例如，核心区力量训练通过抗阻、克服自身重量训练肩关节、腰椎、髋关节等核心稳定性和力量，增强青少年的肩胛骨、脊柱、骨盆等稳定性，进而预防和纠正青少年出现的双肩不平、脊柱侧弯、驼背等不良身体形态。又如功能性体能训练中的Crossfits训练理念，是在克服自身重量的前提下，多组次、无间歇、快速地完成各项动作，通过有氧能力与无氧能力的交替训练，发展学生的心、肺机能，从而提高练习者体内外的各项身体素质，对预防青少年肥胖有显著效果[1]。

（二）应用于群众体育健身锻炼

在全力实现"健康梦"的时代背景下，运动损伤是"全民健康"的巨大隐患。广大健身爱好者只是机械的锻炼，忽略了神经系统对于骨骼肌肉的支配作用。"大健康"时代的核心理念就是通过体育运动的非医疗手段，提升正常人或健康人的生命表现，而缺少科学运动的方法和手段是影响全民健身质量的重要因素。功能动作筛查（Functional Movement Screen，FMS）与功能动作训练是功能性体能训练体系中重要的内容。其中FMS是掌握个体在一个系统的、重复的动作模式中，所完成动作质量比例的标准化筛查工具，进而掌握个体在动作模式中所完成动作的质量，它包括7个基本动作，每个动作都有明确的测试目的和评分标准，如表4-2所示。

表4-2 功能动作筛查的动作名称及测试目的

动作名称	测试目的
深蹲	评价左右两侧髋、膝、踝和肩关节以及胸椎的对称性
跨步	评价左右两侧髋、膝和踝关节的灵活性和稳定性
前后分腿蹲	评价髋、踝关节的灵活性与稳定性、股四头肌的柔韧性以及膝关节的稳定性
肩关节灵活性	评价两肩内旋和外旋、外展和内缩的活动幅度以及肩胛骨和胸椎的灵活性
偏卧主动抬腿	评价大腿后侧柔韧性
躯干稳定俯撑	评价上侧身体闭链动作中身体在矢状面内稳定脊柱的能力
旋转稳定性	评价躯干在上下肢运动过程中的多维稳定性

功能动作筛查分为4个等级：满分3分代表无代偿、无疼痛的顺利完成动作；2分代表能够通过代偿完成动作，但有功能障碍；1分代表不能完成动作，但是无疼痛；0分代表不能完成动作而且有疼痛。如果7个动作的累积得分低于

---

[1]曾理，曾洪林，李治.高校体能训练理论与训练教学指南[M].北京：新华出版社，2018.

14分，则说明受试者的受伤风险高于常人，需要进行矫正训练。功能筛查的目的是确定代偿动作，预测出个体受伤风险；其次，排列出基本的动作模式，分离出个体最弱的肌肉链。

功能动作训练是在功能动作筛查的基础上，利用专门设计的动作练习方法，进行纠正与康复训练，恢复机体不对称、不平衡的身体形态，包括7个内容：支柱准备训练、动作准备训练、快速伸缩复合训练、动作技能训练、力量与爆发力训练、能量系统发展、恢复再生训练，其目的是降低运动损伤风险，提高运动水平及动作效率。

目前，竞技体育领域中功能动作筛查和功能动作训练在不同运动项目的实证研究较为充分，并取得了丰富的研究成果，随着功能性体能训练在我国的发展，功能动作筛查和功能动作训练已经开始应用于体质健康测试、业余体育爱好者、老年人体育锻炼、军事训练以及体育健身俱乐部，为开展群众体育提供更好的方法指导。

（三）应用于竞技体育中运动损伤的防治

我国竞技体育的"举国体制"保证了运动员可以心无旁骛、专心致志地训练，然而运动损伤导致竞技寿命短是竞技体育发展遇到的最大困境。研究发现：动作的灵活性、稳定性不足，导致功能异常而出现代偿性动作是慢性运动损伤的根源。20世纪90年代Gary Cook提出了人体运动链理论，该理论认为人体通过整合"链条"上参与运动的肌肉与关节的功能，从而控制合理的人体姿态。这条运动链上的主要关节也有其各自特质，如表4-3所示。

表4-3　人体关节逐次灵活—稳定交替变化理论

关节名称	主要功能
踝关节	灵活性（矢状面）
膝关节	稳定性
髋关节	灵活性（多平面）
腰椎	稳定性
胸椎	灵活性
肩胛骨	稳定性
盂肱关节	灵活性（多平面）

可见，在链条上参与运动的各关节要遵循各自灵活性与稳定性的特质，从而有力地控制运动姿态，避免运动损伤。另外，功能性体能训练注重训练与康复的融合。将康复性体能训练融入运动训练中。将康复效应与训练效应放在同等重要的位置，从而促进了运动损伤的康复，提高了训练效率。例如，击剑运动员仲满比赛中半月板严重损伤，并进行了受伤半月板的切除手术，手术结束两个月后进行了为期3个月的功能性体能训练，每周训练10次，每次训练2小时。

功能性体能训练结束后，有效地强化了受伤半月板的功能恢复，并大大缩短了损伤后竞技能力的恢复周期。又如100天跑100个马拉松的陈盆滨，他的医疗保障团队没有按照"三从一大"（从难、从严、从实践出发，坚持大运动量）的训练模式进行训练，而是先从晨脉、血压、血乳酸、体重以及尿液的检测开始，然后由运动营养师配比早餐和营养品，再由专门体能康复师进行如神经激活、肌肉激活、动态拉伸等跑前准备活动。科研人员进行气温、气压、湿度、海拔等测量，跑后进行踝关节灵活性、核心力量、身体背伸活动度等物理治疗。

第三节 康复性体能训练的理念

一、康复性体能训练概述

（一）康复性体能训练概念溯源与内涵

康复性体能训练亦称之为体能康复训练，缘起于1942年罗恩特里在美国医疗部门对军士入伍的检查。

康复性体能训练既不是康复医学的一种具体手段，也不是"全面康复"的某个阶段，而是以体能训练方法为手段的身体运动机能的康复，结合康复医疗与体能训练两方面的优势，它与医学范畴的康复最大区别是结合运动技术，过程中有针对性地通过身体姿势、核心力量、动作模式等功能性练习达到特定康复目标。

（二）康复性体能训练的理论基础与进展

康复性体能训练的前提是体能康复。体能康复指的是对于患者因为伤病造成的运动功能障碍，基于非药物以及非手术的物理治疗方法、运动治疗方法，使患者运动功能得到改善并恢复，体能康复作为全新综合学科与传统医疗是有区别的。以体能康复为前提制定体能康复训练方案，指的是基于体能训练的方法对运动性功能障碍进行解决的训练方法。体能康复是一门综合学科，内容涵盖运动生理学、生物力学、运动训练学、功能解剖学、运动医学等。

因此，基于"由点到线、由线到面、由面到体"的四维空间结构进行体能康复的思考。在中国目前的竞技体育制度中，教练员、队医、科研人员是三个基础的重要构成部门，然而对于国外的运动队而言，除此之外，一般还包括运动防护师、运动康复师、体能教练员等。通过运动康复师、运动防护师、体能教练员等实现了教练员与队医的衔接。因此，相对于国外的教练员与队医而言，国内教练员与队医的工作与责任更大，要求更高。

体能康复的主要作用是当运动员受伤时，在其康复期到专项训练的恢复，在一般运动能力向专项运动能力过渡的时间段内充分发挥作用。康复是体能训练的核心，训练是体能康复训练的灵魂，康复和训练有机结合不是单纯的"1+1=2"，其特征为：基于体能训练的介入，利用康复医学的支持，和运动专项特征相结合，使运动员身体功能水平得到恢复。

作为一门新兴学科，康复性体能训练有效结合运动医学、功能康复学、运动训练学以及运动营养学等多学科的理念，全方位地对运动员进行体能恢复训练，并与运动专项训练相结合，通过对运动员身体机能的评估，找出容易造成运动员运动损伤的原因，并采用个性化的康复训练方法辅以营养支持，帮助运动员提高身体健康水平，有效地防治运动损伤，使运动员的机体功能和体能水平能够满足专项训练的需求。

康复性体能训练体系包含预康复和损伤康复两方面，训练体系是二者的有机结合。前者无论在国内外都是比较新的理念，在对运动参与者身体薄弱环节进行诊断的基础上通过针对性的训练干预，避免受伤或减少受伤发生的可能性和损害程度；后者是传统意义或狭义的。吴爽爽等认为体能康复训练也包括运动员在健康状态下进行的提高身体素质和运动能力的训练，但笔者认为这与普通的体能训练和为竞技而准备的体能训练更为贴近，已脱离康复性体能训练的范畴[1]。

根据拟解决的问题和目标划分，训练体系包括损伤急性期、医疗康复期、康复体能期、体能训练期4个阶段。根据康复目的的不同，可分为机能康复型、

---

[1]曾理，曾洪林，李治.高校体能训练理论与训练教学指南［M］.北京：新华出版社，2018.

防病型、功能康复型、核心强化型、神经康复型、肌群康复型、平衡和关节康复型、拉伸康复型体能训练。

二、康复性体能训练的原则与方法

（一）康复性体能训练的基本原则

1. 渐进式训练原则

康复性体能训练需要在无痛的状态下进行，练习要逐渐加强，严禁强行训练。存在痛感表示超出机体承受的范围，使伤情加重，严重的造成二次损伤。康复性体能训练的本质是特殊的运动训练，在运动训练时对机体特点适应时发生的改变给予强调。适应需要循序渐进，体能康复训练效果逐渐体现，生理适应性的改变在短时间内不可能看到。渐进式训练原则要求训练过程中运动负荷从小到大、动作从简单到复杂，逐渐过渡，确保在对训练不断适应时，运动员提高机能水平。

2. 个性化训练原则

个性化训练原则指的是康复性体能训练应该对运动员性别、年龄、心理状态、身体情况、手术方式、损伤组织的特征、手术后功能障碍特征等进行综合考虑，特别是要求基于对训练规律与项目特征的了解，制定康复性体能训练方案及目标。对于运动员而言，个性化非常重要，由于性别、年龄、运动专项、运动年限、组织损伤、身体素质等不同运动损伤也不同，同时，运动项目不同，对运动员有不同的技能、体能要求。所以制订康复性体能训练计划时，在运动损伤早期需要对全程体能康复训练时间、不同阶段治疗重点进行预计，并且要预计到方案实施可能存在的问题与解决对策，另外，体能康复训练方案需要从运动员个体特征出发进行制定。

3. 动力链训练原则

人体运动"动力链"的概念是汉纳范在1964年首次提出的。汉纳范将人的身体联想成一个锥形的链接，包括上肢、躯干与下肢。实际上，上肢技术的表现在于利用整个骨骼肌实现了躯干、脊柱向上肢的传递，力量沿着骨骼肌进行传递与交换，产生大量的能量。躯干、胸锁关节、肩锁关节、远端手臂部分等构成了整个上肢链。就生物力学层面，任何环节都具有独立的解剖位置，然而基于人体功能层面，被认为是有机整体。

（二）康复性体能训练的常用方法

1. 肌力平衡训练

传统训练过程中，运动员通常对训练大肌群比较重视，对训练小肌群重视不够。其后果是导致大肌群越来越发达，固定关节的小肌群得不到发展。因此，不但功能恢复不能实现，还有可能导致运动损伤。基于此，当发生损伤时，需要对肌肉力量进行有针对性训练，使肌肉协调性、肌肉纤维特性等都得到提高。

2. 核心力量训练

核心力量训练主要训练身体中枢的稳定性。身体中枢稳定性指的是在运动过程中，运动员躯干与盆骨力量保持稳定的能力。该部分包括在躯干部分肌肉起止点的区域，这都是"核心"区域。基于腹背肌、盆骨区域、脊柱等肌肉的力量实现运动员发挥核心力量。基于此，运动中运动员平衡身体姿态、技术动作稳定性的维持、产生最佳力量等都离不开腹背肌的强化以及盆骨的稳定。当运动员中枢不能对力量进行传递，无疑导致运动员上下动作发生脱节，技术动作不标准，使运动员原来运动损伤加深，或者导致新运动损伤的产生。

3. 平衡力训练

身体中枢稳定性指的是躯干力量稳定性与盆骨力量稳定性。强壮的腹背肌是躯干脊椎对身体姿势与运动维持的保障。以投掷标枪的动作为例，从脚到腰最后到手实现发力，一旦伤病出现在腰部，或躯干、盆骨稳定性不好，导致身体对力量不能传递，使上下动作脱节，加重伤病。对关节损伤进行预防的有效措施就是关节稳定性练习与平衡训练。关节本体感觉决定了关键的稳定性。例如，当运动员不小心使踝关节韧带受伤，那么该运动员就会发生习惯崴脚的现象。原因在于踝关节韧带受伤以后损伤了踝关节本体感官器官，使本体感觉反应能力降低。

4. 拉伸训练

作为常见的一种方法，拉伸训练在训练课中的有机融入要求人们对拉伸训练原理有深入的了解。运动训练的准备过程中，基于拉伸训练可以使运动训练之前软组织与肌肉内部黏性减小，从而使软组织和肌肉的弹性增加，有效避免运动过程中肌肉的拉伤。训练之前常见的拉伸方法是主动拉伸训练。

在运动训练结束之后进行拉伸练习，其原因在于，运动员在通过高强度的专项训练之后，肌肉疲劳，基于拉伸练习能够使肌肉内部的代谢产物及时排除，使肌肉的酸痛减轻，对运动员体能的尽快恢复有利。被动拉伸是训练结束后常用的拉伸方法，通常运动员之间进行相互的拉伸，或者训练师对运动员的拉伸给以帮助。通过柔韧性拉伸训练可以在运动前、运动中、运动后有目地拉伸肌肉与软组织，从而充分放松被拉伸的软组织以及肌肉。对肌肉拉伤的预防、消除疲劳肌肉、使肌肉弹性得到维持、加快肌肉代谢等有重要作用，从而避免使运动技术变形与僵硬。

三、康复性体能训练在高水平运动队中运动实践的发展

（一）康复性体能训练在高水平运动队运动实践中存在的问题

1. 缺乏康复性体能训练的理论依据

运动损伤对运动员的训练以及运动员最佳成绩的获得有非常严重的影响，因此，预防运动损伤的发生以及治疗运动损伤对运动员非常重要。康复性体能训练可以有效改善运动员的亚健康状态，对运动损伤的加重进行有效预防，另外为专项训练、损伤康复等提供保障。

康复性体能训练引入我国之后，相关领域的专家学者通过国内外的有关经验与一定理论基础进行实践，已经取得了一定的成效。然而，目前对康复性体能训练的重视不够，缺乏标准的科学体系与科学方案。同时，在康复性体能训练的监控过程中，对康复性体能训练的内容、评价指标、训练时长等不明确，造成了当前康复性体能训练案例尝试性比较多，理论支撑欠缺。康复性体能训练人员不但要求掌握多方面知识，同时要求拥有运动经验与训练学基础，充分把握运动项目特征与训练规律。因此，对专业的康复性体能训练人员的培养具有较大难度与较长周期。

2. 康复性体能训练科学性不足

训练达到预期效果的基础是系统的体能训练，但是目前我国存在着严重的

经验化训练的问题。体能训练教练员通常基于自身运动经验安排有关体能训练活动，缺少有针对性的体能训练方法，另外，训练方法单一、老套，因此，预期效果不好。部分康复性体能训练的方法和内容甚至和专项训练工作特点不吻合，不符合人体正常生理规律，违反训练系统性，造成训练效果不好。

因为体能方面知识的欠缺，造成部分教练员对整个训练中体能训练比例增加给予重视，然而对于专项体能训练的重视不够，部分教练员甚至对于专项体能的发展不清楚。在整个的训练过程中一般体能训练与专项体能训练的比例要合理、科学的安排，通常两者之间训练时间比例的安排是基于运动员不同的体能水平、训练阶段的不同、专项训练特征等。

同时，体能训练存在的其他问题表现在对专项训练外在形式重视，而对内容重视不够，教练员通常对于和专项临近的训练方法的选择给予重视，但是在专项训练负荷、强度等的安排方面缺乏科学性，导致专项训练的次数、练习的时间、练习的组数等没有使专项特征突出，对机体能力有效刺激的效果不能实现，从而康复性体能训练的效果不显著。

3. 缺乏完善的训练团队

体能教练员、专项教练员、体能康复师、营养师、队医、心理咨询师、科研人员等是训练队伍完整的人员构成。团队间相互影响与促进，构成有机整体。基于团队的相互合作为运动员的训练与比赛提供有力保障。需要注意的是，不但体能训练非常重要，康复训练、专项技能训练、心理、营养也同样非常重要。例如，我国篮球体能训练，一般情况下篮球运动队中有专项教练员1~2名，专项教练员的作用是对运动员的技能、体能、心理、战术等进行全面的训练，但是由于专门体能教练员、康复教练员等的缺乏，导致体能训练的效果被削弱。

4. 体能训练人才的不足

当前我国体育事业发展迅速，然而国内体育院校培养体能训练人才方面还不足，体能训练专业的教师、学生、体能训练教材等缺乏，另外理论体系与实践也不足，严重缺乏专业体能教练人才。我国大部分体能教练人员是田径教练员，作为科班出身的运动员，生理、解剖、心理等方面的知识欠缺或者不系统，造成体能教练员不能深入认识和体能有关的知识与训练理念，体能知识涵盖了人体生理知识、生物力学知识等，因此，体能训练一方面要对心肺功能耐力跑等进行练习，另一方面要对和专项技术有关的力量进行训练，训练的效果由于知识的缺乏而受到影响。

（二）康复性体能训练在高水平运动队中运动实践的发展对策

1. 加强对康复性体能训练理论的学习

尽管目前康复性体能训练已经得到应用，并且取得了一定的成效，然而理论依据不足。基于此，管理层与教练员应加强对康复性体能训练理论知识的宣传与普及，运动员也应加强学习康复性体能训练的理论知识，用理论支撑训练，同时要加大对康复性体能训练研究的力度与研究的深度，从而使康复体能训练理论尽可能早地实现系统化，更加科学化。基于一定数量随机对照测试，对最优的运动频率、最佳的运动强度、最好的运动持续时间等进行确定，从而使当前康复体能训练知识体系不断完善。

2. 科学对待康复性体能训练

教练员的知识储备与技能要不断提升，基于运动员的立场对有关问题进行考虑。从训练的实际情况出发对训练方法、训练手段进行创新，调动运动员训练的积极性。因为只有长久持续的训练才能使康复性体能训练的效果更加明显，因此，教练员对康复性体能训练应该给予足够重视，针对不同受训对象，对合理的训练内容、训练强度、训练时间等进行科学的安排。

3. 不断完善康复体能训练团队

对康复性体能训练国家各级部门应该给予足够重视，在运动队中配备康复性体能训练人才，使运动队包括教练员、专项体能教练员、康复体能训练师、队医等，从而不断地完善训练团队，为了避免由于人员配备导致运动员体能训练、体能康复等被耽搁的问题，应该有专门的体能康复师。

4. 重视康复性体能训练人才的培养

（1）优化运动队内康复体能人员知识结构，使其综合素质提高　作为复合型人才的体能康复师不但要懂医学知识还要懂训练知识。国外康复体能训练师通常为运动员出身，并且拥有运动防护师执照、物理治疗师执照。因此，体能康复师要求知识多元化，需要了解运动训练知识、生物力学知识、运动生理知识、运动医学知识、人体解剖知识，同时，要求有较高的人文素养与职业道德。

（2）高校和康复体能有关的专业对理论结合实践给予重视　高校体育院

系中设置的运动人体科学专业等和康复体能专业有关的专业学生毕业之后,通常在医院康复理疗科工作,与为运动队的运动员运动损伤服务的要求具有较大的差距。学校专业设置中占大多数时间的是理论课,导致学生缺乏实践能力,从而学生在具体案例中不能有效地将理论知识和实践相结合。康复体能知识的学习应该与实践要求"知行合一",在实践中实现理论知识的应用,从而为受伤运动员提供更好、更多的帮助。

（3）运动队中聘用与选拔专职体能康复师的机制要完善　随着运动队对康复体能认识的不断深入,越来越多的运动队希望聘请体能康复师。然而,国内当前针对康复体能准确机制的标准不明确,造成部分运动队盲目聘请国外的所谓"体能康复专家"对运动员进行指导,结果通过治疗不仅没有康复,甚至加重伤病。基于此,运动队聘用体能康复师机制的完善已刻不容缓。

第五章 体能训练的训练理论与训练方法

第一节 力量素质训练理论与训练方法

力量是人体运动的源泉,只有具备了力量基础,人才能完成各种动作。本节首先从力量素质的概述出发,具体阐述力量素质的相关理论,然后对力量素质训练的方法和手段进行了研究,最后列举了力量素质训练中常见的训练实例。

一、力量素质概述

(一)力量素质的概念

力量素质指的是人的身体或者身体的某些部位用力的能力,也指肌肉在人体运动中克服内外部阻力的能力。其中,外部阻力指的是重力、摩擦力、离心力、惯性力等;内部阻力指的是人体自身的重力、关节的加固力、人体内部的反作用力等[1]。

不同的运动项目对力量素质的要求是不同的,而不同的身体素质在不同运动中的重要程度也是不同的,具体如表5-1所示。

---

[1]邱雨.高校体能训练理论与方法的应用实践[M].北京:中国经济出版社,2020.

表5-1 身体素质在各类运动项目中的重要程度

运动项目		很重要	重要	比较重要
体能类运动项目	速度—力量性项目	速度、速度力量、爆发力、专项耐力	相对力量、最大力量	力量耐力、一般耐力、柔韧性、协调性
	耐力性项目	专项耐力、一般耐力、相对力量	力量耐力、速度、速度力量	最大力量、爆发力、柔韧性、协调性
技巧类运动项目	表现性项目	柔韧性、协调性、相对力量	速度、速度力量、爆发力、专项耐力	最大力量、一般耐力、力量耐力
	对抗性项目	爆发力、相对力量、专项耐力、协调性	速度、速度力量、最大力量	力量耐力、一般耐力、柔韧性

由表5-1可知，力量素质在大多数运动项目中都占有比较重要的地位，可以说，力量素质是进行一切运动的基础，可见，力量素质的训练对大学生来说是十分必要的。

（二）力量素质的分类

对力量素质的分类和组成成分进行正确的了解与认识，有助于合理安排力量训练的内容和方法，以此提升力量训练的效果。按照不同的划分依据可以将力量素质分为多种类型，具体如图5-1所示。

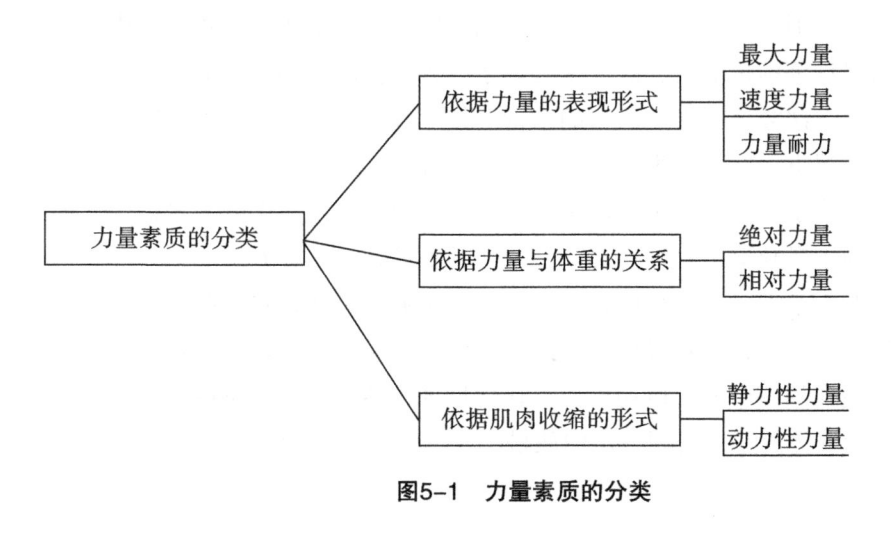

图5-1 力量素质的分类

下面具体介绍力量的三种表现形式：最大力量、速度力量、力量耐力。最大力量指的是肌肉通过最大随意收缩抵抗无法克服的阻力过程中所表现出的最高力量值。影响人体最大力量的因素包括肌肉的生理横断面和肌肉间及肌纤维之间的协调性。

速度力量指的是人神经肌肉系统用尽可能快的速度发挥力量的能力。影响速度力量的因素包括人体肌肉的收缩速度和最大力量值。速度力量的组成成分包括三个方面，分别是起动力量、爆发力、制动力量。

力量耐力指的是人体肌肉长时间克服阻力、保持肌肉紧张而不降低工作效率的能力。力量耐力又可以被细分为静力性耐力和动力性耐力，田径、游泳、篮球、足球等运动项目主要要求运动员要具备较高的动力性耐力，射击、摔跤、支撑类运动项目主要要求运动员要具备较高的静力性耐力。

（三）进行力量素质训练的基本要求

力量素质训练的基本要求主要包括以下四点：

第一，要注意全面发展身体的肌肉能力，使各肌肉群都能够得到同步发展。在力量素质训练中，切忌只注重大肌肉群和主要肌肉的训练，而忽视小肌肉群和远端肌肉群的训练，这种做法是不利于提升训练效果的，相反，如果身体的肌肉群不能得到平衡协调发展，还可能会使人在运动中发生运动损伤。

第二，力量训练的频率和强度要合理安排。通常情况下，力量训练的频率不宜过高，每周进行2~3次为宜，每次训练的时间也不宜过长，35~60分钟即可。另外，每次力量训练的负荷量也要合理安排，总体上要遵循循序渐进的原则，使力量素质有节奏地逐步提升。

第三，力量训练的顺序要安排好，不同程度的力量训练会对机体产生不同的影响。力量训练的负荷大、次数少有利于改善人体肌肉的协调能力，而力量训练的负荷小、次数多则影响肌肉的结构，使肌纤维变粗，进而增大肌肉的横截面。通常情况下，在对学生进行力量素质训练时，先进行负荷小、次数多的力量训练，等有了一定的力量基础后，再进行负荷大、次数少的力量训练，这样的顺序有利于提升学生的力量素质，而且还能避免运动损伤。

第四，在力量训练的过程中，一定要把安全放在首要位置。高校学生在参与力量训练的过程中，一定要集中注意力，确保训练姿势和动作的正确性，量力而行，避免在训练中发生运动损伤。在力量训练结束后，也可以采用按摩、淋浴等方式使身体的肌肉得到一定的放松。

二、力量素质训练的方法与手段

（一）发展最大力量的训练方法和手段

生理横断面和肌肉间及肌纤维之间的协调性是影响最大力量的重要因素，因此，发展最大力量要从这两个方面进行训练。

1. 增大肌肉生理横断面的最大力量训练

（1）训练负荷强度

根据每个人不同的具体情况，训练负荷的强度也要有所区别。一般最适宜的负荷强度为学生能够承受最大负重的60%~85%，以这样的负荷强度进行重复练习，有利于增加肌肉体积，增大肌肉的生理横断面，从而提升学生的最大力量值。需要注意的是，为了减轻学生的心理负担，也为了避免学生在训练中发生运动损伤，95%以上的极限负荷强度不建议使用[1]。

（2）训练重复的次数与组数

按照60%~85%的负荷强度进行的话，一般每组重复练习4~8次，每次可做5~8组训练。总的来说，训练重复次数是根据训练的负荷强度决定的，次数不同、负荷强度不同，对身体也会产生不同的作用，具体如表5-2所示。

表5-2 训练负荷强度、次数及其作用

负荷强度	次数	对身体的作用
<40%	>13	提升力量耐力
40%~65%	8~12	增加肌肉体积，提升速度力量
65%~85%	4~7	增加肌肉体积，提升速度力量
85%~95%	2~3	提升肌肉的协调性发展
>95%	1	提升肌肉的协调性发展

---

[1]邱雨.高校体能训练理论与方法的应用实践［M］.北京：中国经济出版社，2020.

（3）训练持续的时间

每次训练时做动作的速度可以慢点，保证动作能够自然、流畅地完成。通常情况下，一个动作在4秒左右完成，这有利于增大肌肉体积，使肌纤维变粗，从而增大肌肉的生理横断面。

（4）训练间歇时间

每组训练完成后身体会产生一定的疲劳感，需要间歇一定的时间使身体的疲劳感消失再进行下一组的训练。通常情况下，高水平运动员经过2~3分钟即可进行下一组训练，如果学生的力量水平较低，可以稍微延长间歇时间。需要注意的是，间歇期间不能完全放松休息，停止运动，而是要做一些放松的活动和练习，这样更有利于消除疲劳，恢复体力。

2. 改善肌肉协调能力的最大力量训练

（1）训练负荷强度

建议采用的训练负荷强度为人体能够承受最大负重的85%以上，这样的负荷强度能够动员更多的肌纤维单位参与训练，有利于促进和改善肌肉的协调能力。

（2）训练重复的次数与组数

训练重复的次数与组数要能够达到训练所规定的负荷强度。通常情况下，每次训练需进行5~8组，每组1~3次，当然，运动员也可以根据自身具体情况适当地增加训练的次数与组数。

（3）训练持续的时间

每次训练时做动作的速度要适当加快，通常情况下，一个动作在2秒左右完成。

（4）训练间歇时间

每组训练之间的间歇时间在3分钟左右即可，不管是局部肌肉训练还是全身肌肉训练，都要保证肌肉疲劳感消失之后再进行下一组练习。同样地，间歇期间要做一些有利于肌肉恢复的放松活动。

（二）发展速度力量的训练方法

速度力量的训练可采取负重和不负重两种不同的训练方法。

1. 负重训练法

（1）训练负荷强度

在负重训练法的速度力量训练中，如果负重过大就会影响速度的发展，但如果负重过小又难以达到想要获得的速度力量的效果。通常情况下，负荷强度适宜采用人最大负重的40%～70%，这种负荷强度可以同时兼顾速度和力量的发展。

（2）训练重复的次数与组数

训练重复的次数与组数要以不降低完成动作的速度为准。通常情况下，每次训练需进行3～6组，每组5～10次，如果在训练中学生的动作速度有所下降，可以减少重复的次数或者停止练习。

（3）训练间歇时间

速度力量训练间歇时间过长容易使中枢神经的兴奋度下降，这对后面的训练是十分不利的。因此，不宜安排过长的间歇时间，一般2～3分钟即可。

2. 不负重训练法

利用不负重训练法进行速度力量训练，主要是采取各种形式的方法来克服自身体重进行跳跃练习，如台阶跳、跨步跳、纵跳、蛙跳等。

在进行不负重跳跃训练时，要注意保持动作的连贯性、爆发性和速度，也可将不负重跳跃训练与专项运动技术训练结合起来，这对于发展速度力量十分有效。

三、力量素质训练实例

对高校学生进行力量素质训练，主要是对其胸部、肩部、背部、腹部和腿部等肌群进行训练。

（一）发展胸部肌群力量的训练

常见的发展胸部肌群力量训练的方法主要有以下几种。

1. 俯卧撑训练

俯卧撑训练的目的是通过训练增强学生三角肌、胸大肌及肱三头肌等肌群的力量素质。

俯卧撑训练的方法：用前脚掌与双手撑地，两脚并拢，手指朝前，双手分开的距离与肩部同宽，身体绷直，使用屈伸手臂的方式使身体上下移动，重复进行。在训练中也可以适当增加训练的难度，将两脚支撑在高处进行连续俯卧撑运动，也可采用俯卧撑起击掌等方式提升训练难度。

2. 杠铃卧推训练

进行杠铃卧推训练是为了增强学生胸大肌、三角肌前部、前锯肌及肱三头肌肌群的力量。

杠铃卧推训练的方法：仰卧在长凳上，双手打开，握距略宽于肩部，紧握杠铃垂直下放至乳头上方，调整好呼吸，然后用力伸直双臂将杠铃举起，重复进行。

（二）发展背部肌群力量的训练

常见的发展背部肌群力量训练的方法主要有以下几种。

1. 引体向上训练

通过引体向上训练可以增强学生背阔肌、大小圆肌及斜方肌的力量。

引体向上训练的方法：两手分开与肩同宽，双手掌心向前用力抓住单杠，两脚离开地面，利用屈伸手臂来使身体上升与下降，注意在上升时要保证下颌高度超过单杠，还要注意不要借助身体的摆动和屈蹬腿的力量完成引体向上，重复进行。

2. 俯立杠铃划船训练

通过俯立杠铃划船的训练，能够增强学生背部和躯干肌群的力量。

俯立杠铃划船训练的方法：两脚开立与肩同宽，两腿微微屈膝，腰背部挺直，两手臂紧握置于地上的杠铃并用力上拉至腹部的位置，控制下放恢复原位，重复进行。

3. 肩负杠铃体前屈训练

通过肩负杠铃体前屈训练，能够增强学生髋部和背部肌群的力量。

肩负杠铃体前屈训练的方法：两脚开立与肩同宽，两手掌心向前紧握杠铃置于肩上，腰背部挺直，身体由直立姿势弯曲至与地面平行后再恢复成直立姿势，重复进行。

（三）发展肩部肌群力量的训练

常见的发展肩、背部肌群力量训练的方法主要有以下几种。

1. 坐姿哑铃推举

通过坐姿哑铃推举训练，能够增强学生肩部肌群的力量。

坐姿哑铃推举训练的方法：身体直立坐于平凳上，双腿自然分开保持身体稳定，手臂外展，哑铃置于头侧，起始位置位于耳部水平高度，用力上举至头顶，然后按原轨迹下落至起始位，重复进行。

2. 站姿哑铃侧平举

通过站姿哑铃侧平举训练，能够增强学生肩部肌群的力量。

站姿哑铃侧平举训练的方法：两脚开立与肩同宽，手持哑铃置于体侧，肘部微屈，将哑铃抬起至肩部高度，手背向上，然后控制下落回体侧，反复进行。

（四）发展腹部肌群力量的训练

常见的发展腹部肌群力量训练的方法主要有以下几种。

1. 两头起训练

通过两头起训练，能够增强学生的腹部肌群力量，同时还能增强学生的爆发力。

两头起训练的方法：在地面仰卧，两臂紧贴头部伸直，两腿伸直，脚尖绷直，使身体充分伸展；然后腹部用力收腹带动双腿向上举至腹部上方，与此同时双手触碰双脚，重复进行。

2. 控力仰卧举腿训练

通过控力仰卧举腿训练，能够使学生的腹直肌、斜腹肌和髋关节屈肌肌群的力量得到增强。

控力仰卧举腿训练的方法：两人一组，一人作为辅助。练习者仰卧于地面，辅助者站立在练习者头部的后方，练习者两手握住辅助者的脚腕，双腿伸直做向上举的动作，直到双腿垂直于地面，然后辅助者向下推练习者的双脚，练习者控制好腿部力量使双腿放下但不触碰地面，重复进行。

3. 肩负杠铃侧屈或左右转体训练

通过肩负杠铃侧屈或左右转体训练，能够增强学生腹内斜肌、腹外斜肌以及腰背部肌群的力量。

肩负杠铃侧屈或左右转体训练的方法：两脚开立与肩同宽，将杠铃置于肩上双手握住杠铃片，然后连续用力做向左、向右侧屈动作，或者做向左、向右转体的动作。需要注意的是，当侧屈或转体达到极限之后要略微停顿保持腰腹肌肉收紧，然后再恢复原位，重复进行。

（五）发展腿部肌群力量的训练

常见的发展腿部肌群力量训练的方法主要有以下几种。

1. 杠铃深蹲训练

通过杠铃深蹲训练，能够增强学生臀部、大腿前后部肌群的力量。

杠铃深蹲训练的方法：两脚开立与肩同宽，将杠铃置于肩上用双手握紧，微微抬起头部并保持上身挺直，上体不动，缓慢做下蹲动作，当大腿与地面呈水平时，稍作停顿后恢复原位，重复进行。

2. 负重起踵训练

通过负重起踵训练，能够增强学生小腿后部比目鱼肌、腓肠肌等肌群的力量。

负重起踵训练的方法：两脚开立与肩同宽，保持身体挺直，双手紧握杠铃并将其置于肩上，脚跟用力向上抬起，到达极限后停顿数秒，然后再缓慢地恢复原位，重复进行。为了辅助训练，也可以在脚掌处垫上约5厘米厚的木板。

3. 杠铃/哑铃屈腿硬拉

通过练习杠铃/哑铃屈腿硬拉，能够锻炼腰、臀、腿部肌肉，做动作时要收紧背肌、微屈膝关节，以免造成腿部肌肉拉伤。另外，做动作的速度和节奏要平缓。

杠铃/哑铃屈腿硬拉的方法如下：

1）双脚分开与肩同宽，后背挺直、前倾，上身与地面平行；双臂自然垂落，双手拉起杠铃/哑铃；微屈膝，眼睛看向前方。

2）吸气向上，保持上身挺直，不要弓背；臀部、腿部发力拉起，上身至直立状态，膝盖不要完全伸直；呼气向下，重复动作。

第二节 速度素质训练理论与训练方法

速度素质在运动能力中占据十分重要的位置，尤其是对田径运动项目来说，具有高水平的速度素质是运动员创造优异成绩的基础。本节从速度素质训练的理论基础出发，具体阐述了速度素质训练的方法。

一、速度素质概述

（一）速度素质的概念及其分类

速度素质指的是人体或者人体的某个部位在最短的时间内完成动作的能力。按照速度素质的不同表现形式，可将速度素质细分为反应速度、动作速度和移动速度。其中，反应速度指的是人体对外界刺激做出反应的时间长短；动作速度也称为动作频率，指的是人体或人体的某个部位完成某个动作所用时间的长短；移动速度指的是人体快速发生位移的能力。这三者之间既相互联系，又存在差别。反应速度主要体现在神经活动方面，而动作速度和移动速度主要体现在肌肉活动方面[1]。

（二）速度素质训练的目标和要点

1. 速度素质训练的目标

速度素质训练的目标有以下三个：

第一，训练膝关节屈肌的离心收缩力量。

第二，减少脚掌着地的时间，提高步伐频率，发展运动员的速度力量。

第三，将脚的着地点控制在身体重心的下方，提升小腿、脚在着地时的后

---

[1]郭书胜.现代体能训练方法设计研究［M］.长春：吉林出版集团股份有限公司，2022.

摆速度，从而减少着地时产生的制动力。

2.速度素质训练的要点

速度素质训练的要点有以下四个：

第一，要提升着地时小腿与脚后移的速度。

第二，减少垂直冲力与控制动力。

第三，脚支撑的时间要短，步频要快。

第四，要重视膝关节屈肌离心力量的训练，同时要改善摆腿技术。

二、速度素质训练的方法

（一）发展反应速度的方法

想要提高学生的反应速度能力，主要是利用多种信号（如口令、哨声、枪声、手势、掌声等）不断刺激学生，让学生不断地做出反应，以促进其反应速度能力的提升。

反应速度主要针对以下三个方面进行训练：

第一，视觉反应。通过让学生观察手势、物体、旗势等信号的变化和移动，做出相应的应答反应，经过不断的训练，提升学生的视觉反应能力。

第二，听觉反应。通过让学生认真听枪声、哨声、口令、击掌声等声音信号，做出相应的应答反应，经过不断的训练，提升学生的听觉反应能力。

第三，综合反应。通过对学生进行先后或者同时的信号刺激（包括视觉、听觉、触觉等），使学生做出相应的应答反应，经过不断的训练，提升学生的综合反应能力。

（二）发展动作速度的方法

常见的发展动作速度的方法有以下几种。

1.助力训练法

助力训练法是指在训练中给学生必要的助力帮助学生快速完成动作。例如，铅球运动员在投掷球之前最后用力的瞬间，教练会在其后给予助力，让其体会快速发力的感觉；体操运动员会在教练的助力下完成做快速摆腿振浪的练习。除此之外，在训练时借助外界的力量助力也是助力训练法，例如，短跑训练中借助下坡跑、牵引跑、顺风跑等方式进行训练。

2. 速度控制训练法

速度控制训练法是通过对运动员动作速度的有效控制来提升其对动作速度的感知能力，从而提高动作速度的训练方法。例如，在一些注重表现难美性项群的训练中，其中一个或几个高难度的动作与整套动作之间适合速度比例的训练，不仅要求发挥出这几个动作的最高速度，还要重视这几个动作与整个动作的节奏配合。再如，武术运动员在进行速度训练时，先用比正常比赛相比较慢的速度进行，在训练的过程中体会用力的大小、方向和节奏等，经过训练后再用最大的速度完成动作，这种方式能够有效提升其动作速度[1]。

3. 加大动作难度训练法

在练习某一动作或技术之前，先在该动作的基础上加大阻力、加大难度进行练习，然后再恢复到正常的水平进行。这种利用前面练习对神经系统及运动系统的较高要求而形成的痕迹作用，可以有效提高动作的速度。例如，练习跑、跳时，先进行负重跑、跳练习，经过一段时间的练习之后，去掉负重恢复到正常水平进行跑、跳训练，就会感到轻松、有力，从而能够有效地提升跑、跳的动作速度。

4. 变换训练法

变换训练法主要是缩小训练的时间和空间界限来完成训练的方法，通常情况下，会采用缩小训练场地的方法，加上限制训练的时间，使技术动作出现的频率增高，通过不断的练习，以此来提升学生完成动作的速度。三人制的篮球赛和五人制的室内足球赛等都是变换训练法。

5. 信号刺激训练法

信号刺激训练法是通过信号对学生进行刺激以提高其动作速度的方法。例如，让学生听着同步的伴奏，快速做出与伴奏节奏相一致的动作。

除此之外，肌肉随意放松的能力也直接决定着动作速度素质，因此，在对学生的动作速度素质进行训练之前，使之充分放松肌肉也是非常重要的。

---

[1]郭书胜.现代体能训练方法设计研究［M］.长春：吉林出版集团股份有限公司，2022.

(三) 发展移动速度的方法

通常情况下，最常用的发展移动速度的方法有以下几种。

1. 增加肌肉力量

物质运动速度的获得是力作用的结果，物理学中，在其他条件相同的情况下，质量越大，速度越快；在质量相同的情况下，作用力越大，加速度越大，移动的速度也就越快。学生的质量是一定的，因此要想提升学生的移动速度，必须致力于提升其腿部肌肉收缩的力量。常见的提升腿部力量的方法有蛙跳、单腿跳、负重半蹲、双足跳等。

2. 减少内外阻力

学生要想提高移动速度，要从两个方面进行努力，一方面要努力减少来自自身体重、空气阻力、惯性、摩擦力等影响移动速度的外部阻力，另一方面要减少肌肉的黏滞性、活动关节囊的摩擦力和对抗肌对肌肉群的牵引力等影响移动速度的内部阻力。只有影响移动速度的内、外阻力减少，才能有效提升移动速度。常见的减少内外阻力的方法有控制体重、提高肌肉协调性和提高动作技术正确性等。

3. 提高综合能力

移动速度素质是一种综合性能力的表现，运动员的力量素质、柔韧素质和灵敏素质都对其移动速度有一定的影响，另外，机体神经系统的灵敏性、心血管系统的功能与适应性等都会影响学生的移动速度。因此，在对学生进行移动速度素质训练时，要采用多样化的训练方法和手段，不断克服"速度障碍"，提高学生对各个动作技能之间的转换能力，从而可以有效提升学生的速度综合素质。

三、速度素质训练实例

(一) 反应速度训练

常见的发展反应速度的训练方法有以下几种：
1) 教练员对学生发起起跑、转身、跳跃等口令信号，学生听到信号后立刻做出相应的动作。

2）教练员对学生发起急停、急跑、下蹲、转身等手势信号，学生认真观察，看到手势信号后立刻做出相应的动作。

3）教练员先后或者同时对学生发起视觉、听觉、触觉等各种各样的刺激信号，学生受到信号刺激之后立刻做出相应的反应。

4）教练员在学生慢跑的过程中发起高抬腿跑、折叠跑、跨步跳等不同的口令信号，学生听到口令信号后立马变换相应的动作。

（二）动作速度训练

常见的发展动作速度的训练方法有以下几种：

1）让学生在原地做摆臂、快速高抬腿、快速小步跑等各种辅助性训练。

2）让学生做跨步跑、后踢腿跑、高抬腿跑、连续交叉步等各种短距离的专门性跑的训练。

3）让学生做跑台阶、单腿跳、双足跳、跨步跳、蛙跳等各种跑、跳训练。

4）后蹬跑训练，训练方法：双手支撑肋木，大幅度摆腿使腿后蹬，后蹬时应充分蹬直髋、膝、踝关节。

5）仰卧蹬腿训练，训练方法：仰卧在地面上两腿交替向上蹬腿，动作过程中逐渐加快蹬腿的频率。

（三）移动速度训练

移动速度主要是进行跑的训练，常见的有以下几种训练方法：

1）进行30~60米的加速跑训练，反复进行。

2）进行50~80米的顺风跑训练，反复进行。

3）进行30~40米的下坡跑训练，反复进行。

4）进行60~80米的迎面接力跑训练，反复进行。

5）两人一组，前后间隔3米站立，进行60~80米的追逐跑训练，反复进行。

6）以学生的最高速度进行120米的疾跑训练，反复进行。

第三节　耐力素质训练理论与训练方法

任何一项运动项目都对运动员的耐力素质有一定的要求。本节从耐力素质训练的理论基础出发，具体阐述了耐力素质训练的方法。

一、耐力素质概述

（一）耐力素质的概念

耐力素质是指机体在一定时间内保持特定强度负荷或动作质量的能力，是有效完成动作、对抗训练疲劳的能力。耐力素质的提高主要表现为运动员在运动中能够保持特定强度负荷或动作质量的能力持续的时间更长，因此，运动员如果想要在比赛的整个过程中都能保持特定的运动强度或者动作质量，就必须进行耐力素质训练，以保证良好的耐力素质水平。运动员在进行耐力素质训练的过程中一定会产生疲劳，而机体抗疲劳的能力也体现了运动员的耐力素质水平[1]。

（二）耐力素质的分类

从生理学的角度对耐力素质进行分类，可以将其分为肌肉耐力和心血管耐力两大类，心血管耐力还可以继续细分，具体如图5-2所示。

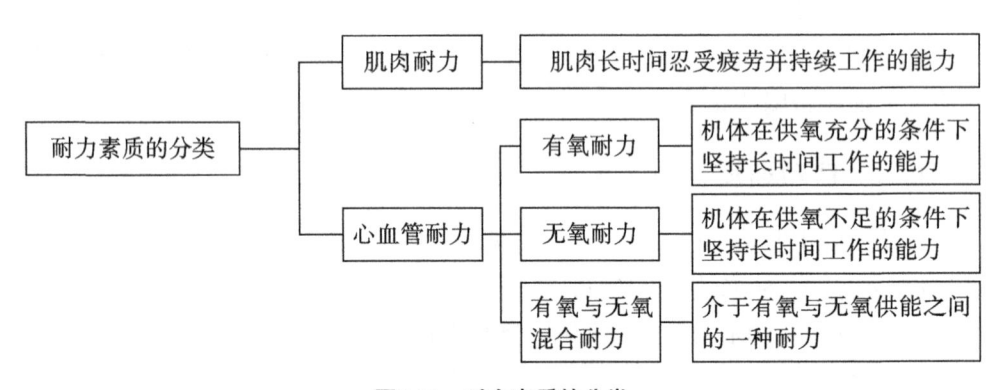

耐力素质的分类	子类	说明
肌肉耐力		肌肉长时间忍受疲劳并持续工作的能力
心血管耐力	有氧耐力	机体在供氧充分的条件下坚持长时间工作的能力
心血管耐力	无氧耐力	机体在供氧不足的条件下坚持长时间工作的能力
心血管耐力	有氧与无氧混合耐力	介于有氧与无氧供能之间的一种耐力

图5-2 耐力素质的分类

（三）耐力素质训练的基本要求

1. 有氧耐力与无氧耐力训练相结合

有氧耐力与无氧耐力之间存在着十分密切的联系，一方面，有氧耐力能为无氧耐力的发展提供基础，对学生进行有氧耐力训练能够有效增大学生的心脏

---

[1] 贺道远.体能训练理论与方法［M］.长春：吉林大学出版社，2021.

体积，有效提升学生心脏的每搏输出量，这为无氧耐力的提升奠定了一定的基础；另一方面，在对学生进行有氧耐力训练的同时加入一些无氧耐力的训练，不仅能够改善学生呼吸系统和循环系统的功能，还能使机体输氧的能力得到提升。综上所述，在对学生进行耐力素质训练时，一定要将有氧耐力和无氧耐力的训练结合起来进行，使两者能够相互促进、相互提升。

2. 掌握呼吸技术

学生掌握的呼吸技术与其有氧耐力训练的成效密切相关。呼吸的作用就是为耐力素质摄取必要的氧气，增加摄氧量。提升耐力素质主要是通过提升呼吸频率和加深呼吸深度两个方面来实现的。其中，加深呼吸深度是最有效的方式，因为只有呼吸的深度越深，才能吐出更多的二氧化碳，才能吸进更多的氧气。因此，在对运动员进行耐力素质训练时，要注重对学生呼吸技术的培养，尤其是培养学生深度呼吸和用鼻呼吸的能力。

3. 体现个性化特点

每个学生的身体素质、运动水平、机能状况等都有所不同，为了使学生的耐力素质得到最大限度的发展，在耐力训练中不仅要遵循大负荷训练的原则，也要在训练过程中体现个性化特点。换句话说，就是要根据每个个体的具体情况，使用不同的耐力训练方法和手段，根据个体的实际情况为其制订个性化的训练方案。

4. 注意体力的恢复

学生在进行耐力训练时一般要经历长时间的运动，这很容易使运动员产生疲劳。因此，在体能训练结束之后，一定要注意使学生恢复体力，应组织学生做各种使肌肉放松的活动，学生也可以自行采用按摩或温水浴等方式使身体得到放松，从而消除疲劳、恢复体力，另外，也要注意蛋白质、糖等能量物质的补充，这能有效地促进体力的恢复。

5. 加强医务监督

耐力素质训练具有持续时间长、负荷强度大的特点，进行耐力素质训练会对学生的各器官系统都产生比较大的影响。在进行耐力训练时，如果学生的健康水平和运动能力状况不是很好，很有可能对学生的身体造成一定的伤害。因此，在对学生进行耐力训练时要加强必要的医务监督，一方面要对学生进行身体机能的评定，判断学生的状况是否适合参加耐力训练；另一方面要注意观察学生在进行耐力训练过程中的情况，如果发现异常情况应酌情降低训练的强度，减少训练的负荷量，甚至直接停止训练。

二、耐力素质训练的方法与手段

（一）持续训练法

持续训练法就是让学生在一定时间内持续不断地进行耐力训练的方法。这种训练方法在田径运动体能训练中经常用到，是准备期训练中主要采用的体能训练方法。

依据不同的运动项目的特点、训练目标、训练水平和训练任务，持续训练法的负荷强度既可以固定也可以不固定，但一般以小强度或者中强度为主。采用持续训练法进行体能训练，一般负荷持续时间不能低于30分钟，其中，高水平运动员的平均练习时间应在60~120分钟，如果是马拉松等超长距离的田径运动项目，持续训练时间应该更长[1]。

持续训练法能够有效发展有氧耐力，提升机体的摄氧能力和输氧能力。通常情况下，持续训练的强度和负荷量不同，训练会产生不同的作用，具体如表5-3所示。

表5-3 不同训练负荷及其产生的作用

刺激强度		训练持续时间	训练产生的作用
强度	心率		
小强度	120~150次/分钟	30~50分钟	调整、休整、恢复体力
中强度	150~180次/分钟	50~90分钟	提升有氧耐力
小、中强度	120~150次/分钟、150~180次/分钟	90~120分钟	提高承受最大负荷的能力
小、中强度	120~150次/分钟、150~180次/分钟	不能再做为止	提高力量耐力

---

[1]贺道远，宋经保.运动健身理论与方法［M］.武汉：武汉大学出版社，2018.

（二）间歇训练法

在相对固定的条件下，严格按照事先规定的训练距离、训练强度、训练持续时间、训练重复次数、训练间歇时间等进行训练的方法就是间歇训练法。这种训练方法最大的特点就是对时间有严格的要求，在训练的准备期，这是一种主要的体能训练方法。

运用间歇训练法对学生进行体能训练，一般都采用积极性休息方式，即便是慢跑或走的训练，也会进行一些放松性的练习。一般情况下，间歇训练法会在学生的心率恢复到120~130次/分钟之后（此时体能还没有完全恢复）就进行下一次训练，因此，间歇训练法是一种有效提升学生的耐力水平的训练方法，具体表现在以下四个方面：

第一，能够提升机体心肌收缩力能力和心脏每搏输出量。

第二，能够有效提升人体呼吸系统的功能，提升人体的最大摄氧量。

第三，对于一些运动持续时间较长而负荷相对较低的中长跑运动项目来说，采用间歇训练法进行耐力训练能够有效提高机体对糖原的有氧分解能力，提升机体的有氧耐力水平。

第四，对于一些运动持续时间较短而负荷相对较高的中距离跑或短跑项目，采用间歇训练法进行耐力训练能够有效提高有氧无氧混合耐力及无氧耐力水平。

运用间歇训练法进行耐力训练时，训练持续时间、训练强度、训练间歇时间以及训练重复次数不同，其产生的效果也有所不同，具体如表5-4所示。

表5-4　不同类型间歇训练法的作用

训练持续时间	训练强度	训练间歇时间	训练重复次数	训练效果
8~15分钟	小强度	长	较少	能够提高有氧耐力
8秒~2分钟	最大强度或大强度	短	多	能够提高无氧耐力
2~8分钟	中等强度	中	中	能够提高混合耐力
8秒~15分钟	大强度	短、中、长	少、中、多	能够提高专项耐力
8秒~15分钟	中等强度	短、中、长	多	能够提高力量耐力

（三）重复训练法

在不改变动作结构和运动负荷量的前提下，按照事先规定的距离、持续时间和负荷强度重复进行训练的方法就是重复训练法。这种体能训练方法是竞赛初期主要的训练方法，具有训练强度大、训练次数少的特点[①]。

对以无氧代谢为主的短跑耐力训练和以混合代谢为主的中等长度跑项目来说，重复训练法是一种比较好的训练方法，主要体现在以下两点：

第一，200米、400米等短跑项目对运动员速度耐力的要求较高，而通过较长的重复跑训练，能够使机体无氧代谢乳酸能系统的供能水平得到提高。

第二，800米跑项目中，无氧代谢供能的占比较高，在运动过程中氧债较大，而且会出现乳酸堆积的现象，在体能训练中，通过进行500~1500米的重复跑训练，一方面能够提升机体对氧债和乳酸堆积的耐受力，另一方面能够使无氧耐力和速度耐力得到有效提升。

运用重复训练法进行耐力训练时，训练持续时间、训练强度、训练间歇时间以及训练重复次数不同，其产生的效果也有所不同，具体如表5-5所示。

表5-5 不同类型重复训练法的作用

训练持续时间	训练强度	训练间歇时间	训练重复次数	训练效果
8~15分钟	最大强度、大强度	中、长	少	能够提升有氧耐力
2~100秒	极限强度、最大强度	短	少	能够提升无氧耐力
2~10分钟	最大强度、大强度	中	少	能够提升混合耐力
15~60秒	大强度	长	少	能够提升专项耐力
15~30秒	最大强度、大强度	短、中、长	少	能够提升专项速度

（四）比赛训练法

借助比赛形式或者模拟比赛的形式对运动员的比赛能力和专项耐力进行训练的方法就是比赛训练法。比赛训练法适用于竞赛期的各个阶段，运用这种方法进行体能训练时，一定要注意以下三点：

第一，训练的时间、训练的距离、训练的负荷量、训练的强度等都要与正式比赛的形式和特点无限接近；

第二，为了提升比赛的能力，应将比赛的技术充分融于专项耐力训练之中；

第三，训练要以实战为基础，要按照为比赛确定和设计的战术进行训练，不断培养比赛的能力，为比赛积累经验。

[①]贺道远，宋经保. 运动健身理论与方法［M］. 武汉：武汉大学出版社，2018.

三、耐力素质训练实例

（一）无氧耐力训练

1. 高抬腿跑转加速跑

训练方法：运动员做好准备，行进间高抬腿跑20米左右转加速跑80米。反复练习5～8次，每次间歇2～4分钟。

训练强度：80%～85%。

2. 间歇接力跑

训练方法：4名练习者分成两组在跑道上相距200米，听口令起跑，每人跑200米交接棒。每名练习者重复8～10次。

训练强度：65%～70%。

3. 反复超赶跑

训练方法：选择合适的田径场跑道，10名练习者成纵队慢跑或中等速度跑，听口令后，排尾加速向排头跑。重复6～8次。

训练强度：65%～75%。

4. 反复起跑

训练方法：运动员采用站立式或蹲踞式姿势，起跑30～60米。每组3～4次，反复练习3～4组，一组两次之间间歇1分钟，两组之间间歇3分钟。

训练强度：65%～75%。

5. 计时跑

训练方法：一般情况下，可做短于专项距离的重复计时跑或长于专项距离的计时跑。重复4～8次，间歇3～5分钟。

训练强度：70%～90%。

6. 反复变向跑

训练方法：运动员在场地上听口令或看信号做向前、后、左、右的变向跑。变向跑的每一段落均为往返跑，每一段至少50米。每次练习2分钟，反复练习3～5次，间歇3～5分钟。

训练强度：65%～70%。

7. 反复连续跑台阶

训练方法：运动员在每级高20厘米的楼梯上连续跑30～40步台阶，每步2级，动作不能间断。反复练习6次，间歇5分钟。

训练强度：65%～70%。

8. 法特莱克跑

训练方法：运动员以不同的速度在场地上跑3000~4000米，在练习的过程中可以采用阶梯式变速方法进行练习。

训练强度：60%～70%。

9. 水中短距离间歇游

训练方法：运动员进行50米、100米或更长段落的反复，或不同距离组合的间歇游。3～4次为1组，共重复3～4组，一组中每次间歇2～3分钟，每组之间间歇10分钟。

训练强度：60%～70%。

10. 水中间歇高抬腿

训练方法：运动员在40~50厘米深的浅水中进行原地高抬腿练习，每组100次，重复4～6组，组间休息3分钟以恢复体力。

训练强度：60%～65%。

11. 游泳接力

训练方法：两名运动员相互配合做50米往返接力练习，可利用混合游泳的姿势进行练习。通常情况下，每人游4次为一组，重复3～4组，组间可以休息5～8分钟，然后继续进行练习。

训练强度：60%～70%。

12. 分段变速游泳

训练方法：运动员以50米为一段落进行变速游泳，每组250~300米，重复

4~5组，组间休息10分钟。变速分为快速段落和放松段落两个部分。快速段落至少要达到最快速度的70%，放松段落可以根据运动员的具体实际进行合理的调整。

训练强度：65%~75%。

13. 水中追逐游

训练方法：两名运动员相距3~5米同时出发做追逐游练习。两人必须采用相同的游进姿势。每次50米往返，重复练习3~5组，心率达160次/分钟以上。

训练强度：65%~75%。

14. 上下坡变速跑

训练方法：运动员可以在7°~10°的斜坡跑道上做上坡加速快跑100~120米，下坡放松慢跑回起点。每组4~6次，重复3~5组，组间休息10分钟继续练习。

训练强度：65%~75%。

15. 两人追逐跑

训练方法：两名练习者一组，在跑道上相距10~20米。听口令后起跑，后面练习者追赶前面同伴，800米内追上有效。休息3~5分钟，交换位置继续练习。重复练习4~6次。

训练强度：65%~75%。

16. 往返运球跑

训练方法：运动员在篮球场地上从一端线运球到另一端线，然后换手运球返回，往返6次为一组，练习4~6组，组间安排休息2分钟。

训练强度：60%~75%。

17. 跳绳跑

训练方法：运动员在跑道上做两臂正摇跳绳跑，每次跑200米，反复练习5~8次，每次间歇5分钟。要求每次结束时心率达160次/分钟，间歇恢复到120次/分钟以下时继续练习。

训练强度：60%~70%。

18. 双脚或两脚交替跳藤圈

训练方法：运动员两手握藤圈，原地双脚连续跳藤圈或双脚交替连续跳。双脚跳每组50~60次，交替跳每组100次，各重复4～5组，组间安排3分钟休息时间。

训练强度：50%～60%。

（二）有氧耐力训练

1. 变速跑

有氧耐力训练的变速跑要在场地上进行。一般来说，主要包括快跑段、慢跑段两种距离。通常情况下，以400米、600米、800米、1000米等段落进行，运动员也可以根据自己的具体实际进行合理的调整和选择。如运动员可以采用200米慢跑变速为600米快跑的形式进行有氧耐力的练习。

2. 定时走

一般情况下，运动员可以在场地、公路或其他自然环境中按规定时间做自然走或稍快些自然走。通常走30分钟左右即可。

3. 定时跑

运动员还可以在场地、公路或树林中做10~20分钟或更长时间的定时跑。耐力素质较好的运动员可以依据自己的具体实际调整定时跑的时间。

4. 定时定距跑

运动员可以在场地或公路上做定时跑完固定距离的练习。如要求在14～20分钟内跑3600～4600米。

5. 重复跑

可以选择在一块平坦的场地上或跑道上进行练习，重复跑的距离、次数与强度也应根据专项任务与要求而定。发展有氧耐力重复跑强度不应太大，跑距应较长些。一般重复跑距为600米、800米、1000米、1200米等。

6. 大步走、交叉步走或竞走

运动员可以在场地、公路或其他自然环境中做大步快走、交叉步走或几种走交替进行。每组大约1000米，做4~6组，反复进行练习。

7. 越野跑

可以在公路、树林、草地、山坡等场地进行越野跑的练习。对越野跑的距离没有什么硬性的距离要求，通常在4000米以上，运动员可以根据自己的具体实际进行适当的调整，运动水平较高的运动员通常能跑10000~20000米。

8. 沙地竞走

运动员还可以在海滩沙地上做竞走练习，一般情况下，每组500~1000米，练习4~5组，反复进行练习。

9. 竞走追逐

运动员可以选择在田径跑道上做竞走追逐的练习，两人前后相距10米，听口令开始竞走，后者追赶前者，每组400~600米，练习4~6组。在练习的过程中，运动员的竞走姿势必须要标准，分组练习结束后再做放松慢跑的练习，以促进机体疲劳的恢复。

10. 沙地连续走或负重走

运动员也可以在海滩沙地徒手快走或负重（杠铃杆或背人）走。徒手快走每组400~800米，负重走每组200米。

11. 水中定时游

运动员可以不规定游泳姿势及速度，在水中游一段时间，可以采用15分钟游、20分钟游等练习方式。运动员要不间断地游，不能停留太长的时间。

12. 连续踩水

运动员可以选择在游泳池深水区做踩水练习，在练习时，运动员将手臂露出水面做连续的踩水练习。也可以加大难度，将肩部露出水面做踩水练习。

13. 水中快走或大步走

运动员可以在深30~40厘米的浅水池中，做快速走或大步走练习，每组200~300米或100~150步，练习4~5组，反复进行练习。

14. 3分钟以上跳绳或跳绳跑

运动员可以选择在田径跑道上做两臂正摇原地跳绳3分钟或跳绳跑2分钟练习。具体的练习要求为心率保持在140~150次/分钟，在一定的休息之后，恢复至120次/分钟以下时再进行接下来的练习。

15. 登山游戏或比赛

运动员在山脚下听口令起动，规定山上终点的标记，可以自选路线登山或规定路线登山，可进行登山比赛或途中安排些游戏，如埋些"地雷"，规定各队要找出几个"地雷"后集体到达终点，早到达终点者为胜等。

16. 5分钟运球跑

运动员可以单手或双手交替运球跑动5分钟。不间断地进行练习，练习过程中要保持一定的距离。

17. 长时间划船

运动员可以选择连续不间断地做20分钟以上的划船练习。

18. 长时间滑雪、滑冰

运动员可以连续不间断地进行15分钟以上的滑雪及滑冰活动练习。

19. 5分钟以上的循环练习

运动员可以根据运动专项选择8~10个练习，组成一套循环练习，反复循环进行5分钟以上。3~5组，组间歇5~10分钟。心率在活动结束时控制在140~160次/分钟，休息恢复到120次/分钟以下，开始下一组练习。一般情况下，强度应控制在40%~60%。

第四节 柔韧素质训练理论与训练方法

运动员如果具备良好的柔韧素质，不仅能够高质量地完成技术动作，还能在一定程度上预防运动损伤。本节首先对柔韧素质的基本内容进行概述，然后对柔韧素质训练的方法做了具体阐述。

一、柔韧素质概述

（一）柔韧素质的概念

柔韧素质指的是人体各关节的活动幅度和肌肉、肌腱等软组织跨过关节的弹性与伸展能力。其中，"柔"指的是肌肉、韧带等被拉长的限度；"韧"指的是肌肉、韧带等保持被拉长长度的力量。运动员从事的运动项目不同，对柔韧素质的要求也有所不同[①]。

（二）柔韧素质的分类

依据不同的分类依据，柔韧素质可以被分为不同的种类，具体如图5-3所示。

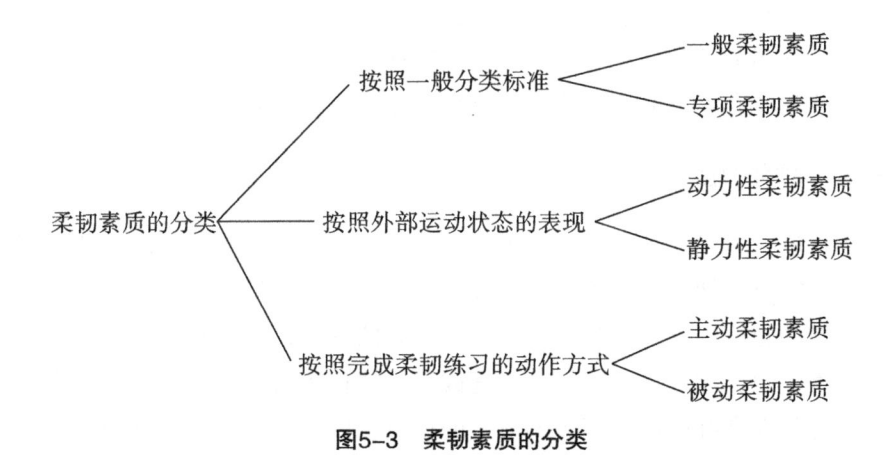

```
                            ┌─ 一般柔韧素质
              按照一般分类标准─┤
            ┌                └─ 专项柔韧素质
            │
            │                ┌─ 动力性柔韧素质
柔韧素质的分类─┼─按照外部运动状态的表现─┤
            │                └─ 静力性柔韧素质
            │
            │                    ┌─ 主动柔韧素质
            └─按照完成柔韧练习的动作方式─┤
                                 └─ 被动柔韧素质
```

图5-3　柔韧素质的分类

其中，一般柔韧素质指的是机体为了适应一般技能的发展所需具备的柔韧体能；专项柔韧素质指的是为满足专项运动技术所需具备的柔韧体能；主动柔韧素质指的是机体在运动过程中主动表现出来的柔韧水平；被动柔韧素质指的是机体在外力协助或作用下表现出来的柔韧水平。

（三）柔韧素质训练的基本要求

为了保证柔韧素质训练的效果，在进行柔韧素质训练时要遵守三点基本要求。

[①]贺道远，宋经保.运动健身理论与方法[M].武汉：武汉大学出版社，2018.

1. 坚持经常练习

高校学生通过系统的专门的体能训练可以获得柔韧素质，但是柔韧素质不是获得之后就会永远保留的，如果停止了体能训练，那么肌肉、肌腱、韧带等已经获得的柔韧素质也会很快消退。因此，学生如果想要拥有长期性的柔韧素质，就必须经常进行体能训练，并且要循序渐进不断巩固，只有这样，才能保证柔韧素质长期保留并且不断发展。

2. 兼顾相互联系的部位

柔韧训练是针对全身的训练，训练目的就是使学生的整个身体都能够协调发展，因此，在进行柔韧素质训练时，不能只针对身体的一个关节或者一个部位，要兼顾相互联系的部位。例如"体前屈"运动，虽然主要是训练腿部的柔韧性，但是其与脊柱、肩、髋部的柔韧性也是密切相关的，所以，在训练中要对这些相互联系的部位也进行训练。综上所述，在进行柔韧素质训练时，要加强主要关节和各有关关节的训练，做到有主有次，主次结合。

3. 控制拉伸力度

学生在进行肌肉拉伸柔韧素质训练之前，一定要做好充分的准备活动和热身运动，这能有效地降低肌肉的黏滞性。在进行拉伸运动的过程中，要特别注意控制拉伸的力度，避免出现用力过猛、过急的现象，一旦在拉伸训练中出现紧绷感和疼痛感，应立即减轻拉伸力度或停止拉伸练习。拉伸训练应循序渐进地进行，并且在训练中应仔细观察学生的反应，以便能够及时合理地对学生拉伸力度进行调整，只有这样，才能使学生的柔韧素质得到良好的发展。

（四）柔韧素质的作用

不管是个人项目的运动员还是集体项目的运动员，通过柔韧素质练习都能获得很大的益处。柔韧素质的作用具体体现在以下几个方面。

1）柔韧练习的主要方法是拉伸，拉伸训练的强度一般是最大用力的30%，长期的拉伸练习有助于促进运动员爆发力的增强，也能使运动员在训练和比赛中预防损伤。

2）力量、速度和耐力这三大身体素质在任何运动项目中都是非常重要的，是所有运动员都必须具备的三大基本体能素质，而运动员运用这些素质的熟练度和运用效果一定程度上是由其柔韧性所决定的。

3）柔韧素质也会影响速度的提升，在速度类项目中，柔韧素质好的运动员不仅能够很好地控制动作，还能在增加动作幅度的同时产生加速度，快速完成动作。

4）在爆发力和耐力主导类项目中，良好的柔韧性能够帮助运动员节省体力和能量，提高动作的经济性，延缓运动疲劳的出现时间。

5）柔韧素质与协调能力息息相关，良好的柔韧性对协调能力的提升具有积极影响。

6）柔韧素质对动作质量的影响是显而易见的，柔韧性好的运动员完成动作的质量更高，动作更优美，有很大的观赏价值。

二、柔韧素质训练方法

在对学生的柔韧素质进行训练时，最常用到的训练方法就是拉伸训练法。拉伸训练法分为动力拉伸训练法和静力拉伸训练法两种。

（一）动力拉伸训练法

以较快的速度、有节奏地多次重复同一个动作的拉伸训练方法即为动力拉伸训练法。动力拉伸训练法分为主动拉伸和被动拉伸两种方式，其中，主动拉伸是练习者依靠自身的力量主动进行拉伸，被动拉伸则是依靠同伴或其他外力被动进行拉伸。

采用动力拉伸训练法进行柔韧素质训练，能够引起肌肉的牵张反射，从而提高肌肉的伸展性和收缩性，同时，在动力拉伸训练的过程中还能使机体的血液循环得到加强，能够改善肌肉、韧带等软组织的营养，从而能够提高肌肉的弹性和动作效果。但是，使用该方法进行柔韧素质训练时，一定要注意用力不能过猛过急，动作幅度也要循序渐进逐渐增大，以免发生肌肉拉伤的情况[1]。

（二）静力拉伸训练法

通过缓慢的动作，将肌肉、肌腱、韧带等软组织拉长到一定的长度，然后保持静止不动，使这些软组织受到持续的拉长刺激，这种拉伸训练方法就是静力拉伸训练法。运用静力拉伸训练法对学生进行柔韧素质训练时，一般拉伸的程度是将肌肉等拉伸至有酸、胀、痛感觉的位置，保持静止的时间设置在

---

[1]邱雨.高校体能训练理论与方法的应用实践［M］.北京：中国经济出版社，2020.

8~10秒，每次训练重复动作6~10次。

静力拉伸训练法也分为主动拉伸和被动拉伸两种方式。其中，主动拉伸指的是练习者主动靠自身的力量完成整个柔韧素质训练；被动拉伸指的是练习者在外力（同伴、器械等）的协助下完成柔韧素质训练。

静力拉伸训练法的训练强度相对较小，但是动作幅度一般都很大，对肌肉、韧带等的伸展性发展有很好的作用，而且进行静力拉伸训练时不需要专门的器材和场地，操作非常简单，因此，静力拉伸训练法是发展柔韧素质的主要训练方法。在采用静力拉伸训练法进行柔韧素质训练时，应注意以下几点：

第一，动作幅度要大，要尽量拉长肌肉、韧带等软组织；

第二，拉伸的力度要循序渐进，逐渐增大，最大强度以自身感觉到疼痛为止；

第三，两组训练之间的间歇时间不用固定，可根据练习者的主观感觉自主确定；

第四，拉伸训练时动作以快为主，但也要注意快慢结合；

第五，拉伸训练的次数和组数不固定，要根据练习者自身的条件以及训练的不同阶段和不同部位进行科学的设置。

三、柔韧素质训练实例

（一）颈部拉伸

1）在椅子上坐好，背挺直，后脑勺、耳朵、肩膀位于一条垂直线上。
2）一只手臂向斜前方伸展抓住异侧椅子前端。
3）头轻轻地向左侧倾斜，还原并向右侧倾斜。
4）持续练习1分钟。
5）另一只手臂向斜前方伸展抓住椅子另一侧的前端，并按上述方法练习1分钟。两侧交替练习。

（二）肩部拉伸

1）侧对门框，两脚开立。
2）伸展右臂，与腰齐高。
3）右前臂转动至手指将门框边缘抓住。
4）向左转体，持续拉伸1分钟。

5）慢慢还原、放松。

6）身体左侧侧对门框，伸展左臂，按上述方法练习。

两侧交替练习。

（三）背部拉伸

1. 上背部拉伸

1）在椅子上坐好，身体放松。

2）一只手臂经体前搭在异侧肩上，另一侧手臂体前屈搭手臂的肘部，持续拉伸1分钟。

3）换另一只手臂搭在异侧肩膀上，按上述方法练习，同样持续拉伸1分钟。

两侧交替练习。

注意两脚在地上位置不变，背部始终处于挺直状态。

2. 后背中部拉伸

1）坐在垫子上，上体挺直，一腿贴地伸直，一腿屈膝交叉在伸直腿外侧。

2）与伸直腿同侧手臂的肘放在屈膝腿膝盖上，另一侧手伸展支撑于地面。

3）放在屈膝腿膝盖处的肘用力推屈膝腿，使上肢与屈膝腿分开一定距离，上体顺势向一侧扭转，持续拉伸1分钟。

4）另一条腿屈膝，向另一侧扭转拉伸，方法同上。两侧交替练习。

3. 下背部拉伸

1）在垫子上仰卧，头枕在枕头上。

2）两腿向同一侧屈膝上抬靠近胸部，直至大小腿垂直。

3）肩膀始终在地面上固定不动，保持拉伸姿势1分钟。

4）两腿伸展放松，再次屈膝向另一侧拉伸。

5）两侧交替练习。

（四）大腿拉伸

1. 大腿前侧拉伸

1）两脚开立，一侧腿屈膝下跪，保持膝关节弯曲90°，另一侧腿屈膝至大腿平行地面，保持骨盆与髋处于平直状态。

2）身体下压，前腿膝关节角度不变，髋关节异侧腿有明显的拉伸感。

3）持续拉伸1分钟。

4）下跪腿屈膝，大腿平行地面，另一侧腿屈膝跪地，膝关节弯曲约90°，然后按同样的方法练习。

5）两腿交替练习。注意上身始终挺直不动，不能前俯后仰。

2. 大腿后侧拉伸

1）在垫子上仰卧，将枕头垫在头下，整个身体面向一道门。

2）臀部完全贴在地上。

3）一条腿举起放在墙上，充分拉伸，但不必一定要伸直，伸展到最大限度即可。

4）另一腿伸向门柱，若有不适感，可将一个枕头或其他软物垫在膝关节下。

5）持续拉伸1分钟。

6）伸向门柱的腿蹬墙，蹬墙腿伸向门柱，继续按上述方法练习。两腿交替练习。

3. 大腿中部拉伸

1）背对着墙做在垫子上，两脚脚外侧着地，脚底并在一起，双膝向下压，但不要勉强，使腹股沟部位有明显的拉伸感。

2）背部保持挺直状态，不要塌腰。

3）持续拉伸1分钟，然后放松1分钟。
重复练习。

4. 大腿侧面拉伸

1）在垫子上仰卧，将枕头垫在头下。

2）分开两腿，臀、盆骨完全着地。

3）一条腿屈膝抬起，膝关节向腹部靠近，脚落在另一侧腿膝关节上方。

4）抬起腿向异侧移动直至与身体基本垂直，臀部不离地。

5）屈膝腿异侧手放在屈膝腿膝盖处轻轻拉伸，注意不能用蛮力强迫拉伸。

6）持续1分钟，换另一侧腿按上述方法继续练习。两腿交替练习。

(五)小腿拉伸

1. 小腿前侧拉伸

1)在椅子上坐好,一腿屈膝抬起放在支撑腿大腿上,脚踝位于支撑腿的膝盖外缘。

2)支撑腿同侧手将屈膝腿脚尖外侧抓住,向同侧拉,使小腿有明显的拉伸感。

3)持续拉伸1分钟。

4)屈膝腿落地成为支撑腿,之前的支撑腿屈膝抬起放在另一侧腿的大腿上,按上述同样的方法进行练习,同样持续拉伸1分钟。

5)两腿交替练习。

2. 小腿后侧拉伸

1)在椅子上坐好,两脚分开。

2)将8~12厘米厚的书放在脚的正前方。

3)左脚的脚掌踏在书上。

4)轻微拉伸小腿部位。

5)持续1分钟。

6)左脚落地,右脚脚掌放在书上,脚跟着地,轻微拉伸右腿小腿部位。

第五节 灵敏素质训练理论与训练方法

灵敏素质是运动技能、神经反应和各种素质的综合表现,对于每一个运动项目来说都是非常重要的素质。本节首先对灵敏素质的基本内容进行概述,然后对灵敏素质的训练方法进行具体的阐述。

一、灵敏素质概述

(一)灵敏素质的定义及分类

在运动的过程中,因各种条件突然发生变化,运动员需要迅速、准确、敏捷地改变身体运动的轨迹或者动作以适应发生的条件变化，这种能够迅速调整的能力就是灵敏素质。灵敏素质是人的各种体能素质在神经支配下的综合表现，灵敏素质体现在运动员的综合表现中。

灵敏素质分为一般灵敏素质和专项灵敏素质。其中，一般灵敏素质指的是在各种复杂动作中表现出来的适应环境变化的能力；专项灵敏素质指的是与专项技术密切相关的适应环境变化的能力。一般灵敏素质是专项灵敏素质的基础，在一般灵敏素质的基础上结合专项运动的技术战术进行训练，就会获得专项运动所需的专项灵敏素质[1]。

（二）灵敏素质训练的影响因素和基本要求

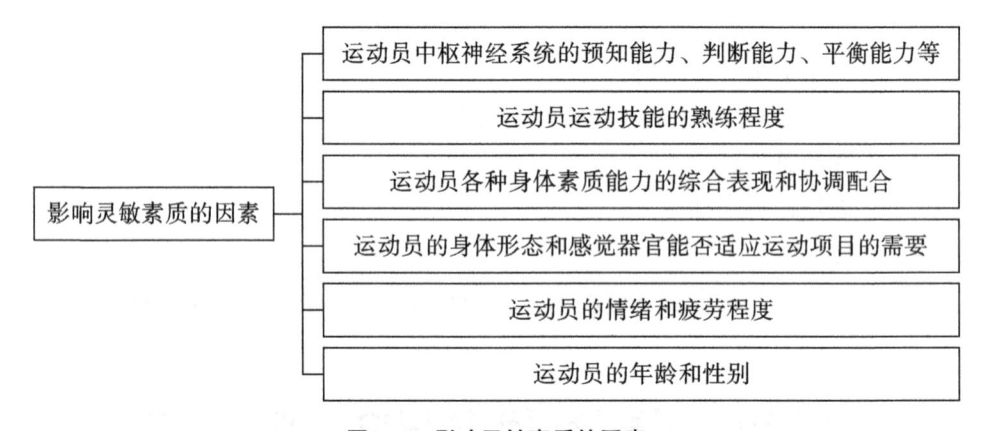

1. 影响灵敏素质的因素

影响灵敏素质的因素有很多，其中，主要的影响因素如图5-4所示。

```
                ┌── 运动员中枢神经系统的预知能力、判断能力、平衡能力等
                ├── 运动员运动技能的熟练程度
影响灵敏素质的因素 ┼── 运动员各种身体素质能力的综合表现和协调配合
                ├── 运动员的身体形态和感觉器官能否适应运动项目的需要
                ├── 运动员的情绪和疲劳程度
                └── 运动员的年龄和性别
```

图5-4 影响灵敏素质的因素

2. 灵敏素质训练的基本要求

为了保证灵敏素质训练的效果，在对运动员进行灵敏素质训练时，要遵守三点基本要求：

第一，灵敏素质训练应结合运动员所从事的专项运动项目进行，在一般灵敏素质的基础上重点进行专项灵敏素质的训练。

第二，要选择适宜的时间进行灵敏素质训练，通常情况下，应选择运动员兴奋性高、体力和精力都十分充沛的时间进行。

---

[1]郭书胜.现代体能训练方法设计研究［M］.长春：吉林出版集团股份有限公司，2022.

第三，在进行灵敏素质训练时要注意安全，要给运动员一定的保护措施，这一方面能够消除运动员的紧张心理，另一方面能够避免在训练中发生不必要的运动损伤。

二、灵敏素质的训练方法

常用的针对灵敏素质进行训练的方法主要包括以下几种。

（一）变换训练法

变换训练法主要用在跑的训练中，要求学生在跑的过程中迅速地做出变换跑步方向、急停急起的动作或者在跑的过程中迅速准确地做出教练员所要求的技术动作。常见的变换训练法如折返跑、十字变向跑等。

（二）障碍训练法

障碍训练法是灵敏素质训练最常用的方法，主要通过在训练中为学生设置一定的障碍以提升其灵敏素质。这种训练方法一定程度上提升了训练难度，有利于激发学生的求胜欲望，提升学生的兴奋度，从而能够保证训练的效果。但需要注意的是，要科学地设置障碍，既能保证为训练增加难度，又要确保学生能够通过努力完成障碍训练，避免出现障碍难度过高学生完不成而打击学生的自信心。同时，在设置障碍时也要对安全问题进行充分考虑，避免因为不合理的障碍设置使学生产生运动损伤。

（三）多球训练法

在对从事球类项目的运动员进行灵敏素质训练时多采用多球训练法，它一方面能够提升运动员的技术战术能力，另一方面对提升运动员的灵敏素质也有很好的效果。例如，在乒乓球训练中采用发球机进行两点攻球练习，在羽毛球训练中采用一对多练习法，在篮球运动中采用一人多球运球等。

三、灵敏素质训练实例

（一）徒手练习

徒手练习法主要有单人练习和双人（结伴）练习等方法。

1. 单人练习

（1）快速移动跑

此训练是为了提高反应迅速、判断准确，变换起跑快。一般练习时每组15秒，练习3组。

由站立姿势开始，两眼注视指挥手势或判断信号。当练习者听到信号或看到手势后，按照指挥方向进行前、后、左、右快速变换跑动。一般发出的指令的间隔时间不超过2秒。

（2）越障碍跑

此训练是为了提高运动员快速、灵巧地通过障碍物体的能力。练习2~3组。

面对跑道站立（在跑道上设立多种障碍）。听到"开始"信号后，练习者迅速敏捷地跑、跳、绕，通过各种障碍物体，并跑完全程，可采用计时的方式进行练习。

（3）弓箭步转体

此练习方法是为了提高运动员跳起腾空，转体到位的运动能力。连续跳转10秒/组，共练习3组。

由（左）弓箭步姿势开始，两臂自然位于体侧。听到"开始"信号后，练习者两脚蹬地跳起，身体向左（右）转180°呈右弓箭步姿势，有节奏地交替进行。采用计时记数均可。

（4）立卧撑跳转体

此训练方法是为了让动作更加正确和连贯，每次练习每组要持续30秒，共练习3组。

由站立或蹲立姿势开始。听到"开始"信号后，练习者完成一次立卧撑动作，即刻接原地跳转180°。计算30秒内完成动作的次数。

（5）原地团身跳

此训练方法是为了让运动员在进行运动时能够跳跃连贯，腾空明显、团身紧。持续练习5次/组，共练习3~5组。

由站立姿势开始。听到"开始"信号后，练习者原地双脚向上跳起，腾空后两腿迅速团身收紧，接着下落还原。连续进行团身跳。采用计时记数均可。

（6）退跑变疾跑

此训练方法是为了提高动作的变换速度，通过计时练习，重复3~5次。

由蹲踞式起跑开始。听到"开始"信号后，练习者迅速转体180°快速后退跑5米，接着再转体180°向前疾跑5米。

（7）前、后滑跳移动

此训练方法是为了调整运动员前后移动的幅度，目的是保持幅度适中，水平移动。持续练习30秒/组，共练习2~4组。

两脚前后开立，上体稍前倾，两腿微屈，两臂位于体侧。听到"开始"信号后目视手势而移动身体，前滑跳时，后脚向后蹬地，前脚向前跨出，身体随之向前移动；当前脚落地后，随即向前蹬地，后脚向后跳，身体随之向后移动。前、后滑跳移动也可以采用左、右滑跳的方式进行练习。

2. 双人（结伴）练习

（1）模仿跑

此训练方法是为了让运动员在活动时保持注意力集中，随前变而变，动作协调、有节奏。持续练习15秒/组，间隔30秒，共练习4组。

两人一组，前后站立，间隔3米。听到"开始"信号后，前者在跑动中做出变向、急停、转身、跳跃等不同动作变换的练习，后者则模仿前者在跑。跑动中做出相同的动作变换。

（2）手触膝

此训练方法是为了提高运动员积极主动进攻对方的能力。每组持续练习20秒，间歇20秒，共练习4~5组。

两人一组，面对站立。听到"开始"信号后，双方在移动中伺机手触对方膝盖部位。身体素质良好者可采用一些鱼跃、前扑等动作。触膝次数少者受罚。

（3）躲闪摸肩

此训练方法是为了提高运动员的灵敏躲闪能力。可计算30秒内拍中对方肩的次数，重复2~3组。

2人站在直径为2.5米的圆圈内。听到"开始"信号后，练习者在规定的圈内跑动做一对一巧妙拍摸对方左肩的练习。

（4）过人

此训练方法是为了提高运动员的反应速度和肢体灵敏协调能力。在此训练期间，不准拉人、撞人，持续练习20秒/组，共练习4~6组。

在直径为3米的圆圈内，2人各站半圈。听到"开始"信号后，一人防守，一人设法利用晃动、躲闪等假动作摆脱防守者进入对方的防区。交替进行。

（5）障碍追逐

此训练方法要求充分利用障碍物进行躲闪、转身等动作快速跑动。持续练习20秒/组，间歇20秒，共练习5~6组。

乙方为被追方在前，甲方为追方在后。听到"开始"信号后，练习者利用障碍物进行一对一追逐游戏，追上对方用手触到身体任何部位，即刻交换进行。

（二）器械练习

器械练习法包括单人练习和双人（结伴）练习两种基本练习形式。

1. 单人练习

单人练习包括多种形式的传球、运球、顶球、追球、颠球、托球、接球和多球练习、滚翻传接球练习、悬垂摆动、翻越肋木、钻山羊、钻栏架，以及各种专项球类练习和技巧练习、体操练习等。

2. 双人（结伴）练习

结伴练习包括多种形式的传球、运球、接球、抢球、断球，以及跳跃障碍、顶球接前滚翻等练习。下面简略介绍几个练习动作：

（1）扑球

此练习过程要求逐渐加快抛球速度，判断准确、主动接球。两人一组，面对站立。一人将球抛向另一人体侧，对方可利用侧垫步、交叉垫步或交叉步起跳扑向球，并用手接住球。两人交替进行练习。

（2）通过障碍

此练习过程中要求跑动迅速，变换敏捷。通过计时进行练习，重复练习3~5次。

面对障碍物站立。助跑5米，跳过山羊，钻过山羊，绕过双杠间，再返回起点。

（3）跳起踢球

此训练过程要求抛球到位，踢球准确。持续练习15次/组，重复练习2~3组。

两人间隔15米，面对站立。一人抛球至另一人体前或体侧方，对方快速跳起用脚准确踢球。交替进行练习。

（4）接球滚翻

此训练要求传球到位，接球滚翻协调、迅速。持续练习30秒/组，重复练习2~3组。

两人一组，一人坐在垫上（接球），另一人面对站立（传球）。坐在垫上，接不同方向、速度的来球。当接到左、右两侧的球后做接球侧滚动；接到正面的球后做接球后滚翻。交替进行练习。

第六节　协调素质训练理论与训练方法

协调素质是身体活动的协调能力，是将各种身体素质整合起来形成运动能力的重要基础条件，是体能乃至竞技能力中不可或缺的一部分。本节首先对协调素质的基本内容进行概述，然后对协调素质的训练方法做了具体阐述。

一、协调素质概述

（一）协调素质的概念

协调素质是指为完成特定的动作，达到一定的运动目的，身体各器官系统与运动部位协同配合工作的能力。

协调素质是综合性运动素质，其包含复杂的活动，为便于理解，可将这一复杂活动概括为大脑预测与评价输入的信息，并做出调整与反应。我们可以通过运动神经学习原理来理解协调性活动[1]。运动神经学习程序如下：

---

[1] 郭书胜. 现代体能训练方法设计研究［M］. 长春：吉林出版集团股份有限公司，2022.

1）感官接收器收到来自肌肉运动的刺激。

2）感官接收器向信息处理器——中枢神经系统传送信息。

3）中枢神经系统执行工作，对接收的信息进行调整与改善。

4）中枢神经系统通过运动神经通路向相应的肌肉传递信息，使肌肉顺利进入工作状态[1]。

在运动神经学习的整个过程中，任何层面只要受到内外因素的刺激，学习结果都会受到影响，因此研究运动神经学习原理有一定的难度。运动神经学习过程也可以被看作是动作行为的一系列变化过程，这一变化具有系统性，先获得技能，然后完美表现动作技能。在动作技能学习中，如果感觉有难度，不理解学习过程，可以先把程序明确下来，如图5-5所示。

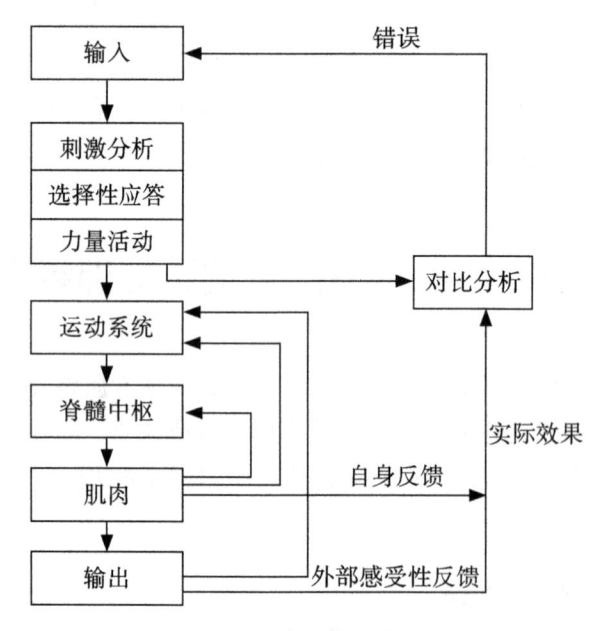

图5-5 动作学习过程

（二）协调素质的表现形式

运动能力由两部分组成，一是运动表现能力，二是运动协调能力。运动表现能力指的是运动员在运动训练或比赛中以特定的动作规范参考而表现出来的动作情感、动作效果等影响运动成绩的各种决定性因素。运动表现能力综合反映了运动员的竞技状态和能量释放程度。运动协调能力主要指的是运动员竞技

---

[1] Bill Foran. 高水平竞技体能训练[M]. 袁守龙，刘爱杰，译. 北京：北京体育大学出版社，2006.

能力的各组成要素及体能各系统在各自发展水平的基础上相互联系以取得理想运动成绩的配合能力[①]。

运动表现能力和运动协调能力是运动能力的两个重要组成部分，它们共同形成了整体的运动能力。但运动表现能力和运动协调能力作为运动能力的两个子能力本身就具有高度的综合性，运动表现能力是身体素质和机能的外在表现，运动协调能力是内在神经系统的基础工作形式，二者密不可分。人的运动表现之所以不同于机器人，主要是因为人在一定的运动环境或情境下，其自身的心理、智能、情感等影响着竞技能力的发挥，而且这些因素所产生的影响是相互关联的，具有明显的统一性。在竞技能力的发展中，协调素质的功能与价值主要表现为渲染功能、整合功能以及强化功能。

运动员的竞技能力体系较为复杂，运动能力系统包含很多复杂的因素，所以有学者指出将运动能力分为运动表现力和运动协调力缺乏科学的理论依据，而且这种分法存在缺陷。这是必须要承认的，但是对运动能力做这样的划分，能够对一些关于竞技能力的问题作出较为合理的解释，而且在特定的问题情境中这不失为一种可参考的解决问题的思路。

（三）协调素质的作用

1. 协调素质对训练的影响

提高竞技能力，取得理想的运动成绩，这是运动训练的最终目的，要实现该目的，就要在训练中将影响竞技能力和运动成绩的各个方面的积极元素协调起来。影响运动成绩的很多竞技能力组成因素都是受协调素质所支配的。从主客体的关系来看，在一场竞技比赛中，主体是运动员，客体是对手和裁判，比赛环境影响主客体的表现，影响运动成绩。随着科学技术在竞技比赛裁判中的普遍运用以及运动训练科学化发展水平的提升，客体对主体的影响主要在竞技能力方面集中体现出来，主客体的竞技能力差距决定了各自的成败。参赛主体要取得比赛的成功，取得满意的成绩，就要努力将影响自身运动成绩的各方面因素协调起来，不断整合与完善。

运动员在日常训练中，要从多个角度和不同方位出发使自身的整体竞技能力得到发展与提升。构建运动训练体系并调整与完善该体系的过程和效果受到训练过程中各种反馈信息的影响。提高运动员的竞技能力是运动训练最直接

---

①Bill Foran.高水平竞技体能训练［M］.袁守龙，刘爱杰，译.北京：北京体育大学出版社，2006.

的目标，在该目标的引导下，要合理安排运动训练的每个步骤与环节，使运动员在训练初期从自身竞技能力的初始状态到训练结束后达到理想的竞技能力目标状态，在整个训练过程中，要对运动员的训练情况和竞技水平进行过程性评价，根据评价结果对运动员的训练状态进行调整，通过这种科学的规划与安排，要使竞技能力的各组成要素、构件达到高度默契和协调配合的状态，这种配合主要从时空关系和逻辑关系中体现出来。此外，在运动训练中还要基于相关学科理论基础的指导而探索与设计丰富多彩的训练方法，并对更多的训练规律和竞技能力发展规律进行探索。

总之，运动训练的过程也是促进运动员竞技能力各组成要素协调发展的过程，训练安排是否科学合理，训练体系是否完备，能够从训练结束后运动员竞技能力各要素协调程度中体现出来。因此，要在协调理念下科学配置和有机整合各种有利要素与资源，使运动员的竞技能力达到理想状态，使训练效益达到最大化。

2. 协调素质加强了竞技能力各要素的内部联系

竞技能力的组成要素包括体能、技战术能力、运动心理能力和运动智能，这些组成要素的表现形式各异，各自发挥着不同的重要作用。运动员在专项竞技训练和比赛过程中能够综合表现出自身这些方面的能力，运动员的体能、技战术能力和运动心智共同决定了其参赛能力，反映了运动员竞技能力构成。

共性的竞技能力结构模型的建立是以竞技能力各组成要素相互作用、相互联系的具体特性和功能为依据的，该模型抽象概括与归纳总结了运动员的竞技能力结构，是对运动员竞技能力各组成要素之间相互作用的根本特征及表现形式的整体反映。为了满足比赛需要和取得优异的比赛成绩，要依据科学原理将各种子能力如体能、技能、心智能按照一定的标准有机地协调起来，并将各种子能力置于动态的人体运动系统中考量相互关系和相互作用方式。不同运动项目的运动员，其竞技能力虽然都是由上述几个因素组成的，但是各项子能力的特征以及发挥的作用有区别，层次性鲜明，而位于基础层次的是协调素质，这一基础素质具有潜在的整合价值，成为其他竞技能力因素相互作用与有机整合而构成竞技能力系统的基础条件[1]。

---

[1] 李晓通.试论协调素质在运动员竞技能力发展中的价值[J].文体用品与科技，2018（18）：21-22.

竞技能力结构模型本身是一种抽象的、范式的理论模型，虽然科学，但也存在一定的局限。在这一模型下，竞技目标是确定的，在目标的指引、驱动以及支配下最大限度地提升各项竞技能力并优化各项能力的关系，使其在特定竞技环境下达到高度协调状态，能够最有效地相互协作，以提高参赛能力。运动员机体系统集成功能集中体现在其竞技能力结构上。从解剖学的一般原理来看，机体各大系统相互协调配合，构成一个有机的人体大系统，在这个基础上才能探讨竞技能力的形成。在运动训练中，要使机体各大系统和竞技能力的各要素密切配合。与竞技能力理论有紧密联系的人体系统较多，但最密切的当属运动系统和神经系统，在机体各大系统中，居于主导的正是神经系统。

所以，在运动训练中要依据生理学（尤其是运动生理学）的观点，从理论状态下对竞技能力各子能力的动态联系进行探索，既包括竞技能力结构抽象层面的探索，也包括机体系统具体层面的探索，经过科学探索对竞技能力结构系统加以构建，并不断加以修正与完善。这是运动训练学专家和教练员的重要工作内容。总之，运动员竞技能力水平由各项子能力的协同工作能力以及机体相关系统的协同发展水平所决定，因此要尽可能保证竞技能力各个构件之间保持协调状态，并遵循各构件协调发展的规律而进行运动训练，以有效提高运动员的竞技能力。

二、协调素质训练实例

（一）锥形轮子

1. 练习方法

1）将若干锥形轮子（半径3~5米）竖立在地上，保持适宜间距。

2）从一个锥形轮子出发向另一个锥形轮子跑进，每通过一个锥形轮子时完成一个专项运动技术，将专项技能与跑的练习结合起来。

2. 变换练习

1）增加阻力或提供辅助进行变换练习，同时穿插变化的专项技能，提高练习级别和难度。

2）将一个滚动球放在练习区域，通过每个锥形轮子时要绕开球，不能碰到球也不能被撞到。

（二）一个接一个的活动

1. 练习方法

1）选择一个运动场地，场地大小规格依据练习者的运动水平而定，水平越高，场地越大。场地上摆放一排箱子。

2）练习者分两排站在箱子两侧，面对面，其中一排是主要练习者，另一排负责干扰。

3）负责干扰的队员向练习者扔沙包等物体，主要练习者面对正对面队员的干扰，要迅速移动闪躲，躲开干扰，闪躲过程中还要保持身体平衡，防止摔倒。

4）一旦练习者被击中，就与干扰者互换角色。

2. 变换练习

练习者在闪躲过程中采用不同的躲避方式，并完成指定的动作，成功躲避后要及时减速。

（三）扔球

1. 练习方法

1）练习者站在球上保持平衡，同伴手持球，距离练习者4米左右，两人面对面。

2）同伴松手扔球的瞬间，练习者以最大速度向球的方向冲刺，注意通过摆臂来提速。尽可能在球第一次落地反弹后将球接住。

3）每成功接球一次，练习者与同伴的距离就增加1米，以不断提升练习难度。

2. 变换练习

1）练习者与同伴站成一排或背对背站立，同伴扔球后，练习者快速转身接球。但同伴松手后要发出信号，使练习者迅速做出反应。

2）练习者在急速跑动接球或转身接球时可以将一些起动姿势加入其中，或者加入超等长练习。

3）多球练习，使练习者连续跑动接球。

（四）袋鼠跳

将练习者分成人数相等的两队，两队间隔一定距离成纵队站在起点线后。游戏开始，每队第一人听教练员信号，迅速跳进麻袋，双手提着麻袋口，双脚跳跃，过折返线后钻出麻袋，提着麻袋跑回，交给第二人。第二人继续练习，依此类推，两组最后一人跑回起点线则结束游戏，先完成的队获胜。

（五）跳长绳

将练习者分成两组，每组先选出两人摇绳，其他人陆续全部进入绳中连续跳绳，跳绳停摇为一局，每局进入跳绳人数多的一方或全部进入后跳绳次数多的一队获胜。

（六）一加一投篮比赛

将练习者分成人数相等的两队，各成一路纵队分别站在两个半场的罚球线后，排头手持篮球，投中可再投一次；如第一次未投中不可再投。排头投篮后传给第二人，自己站到队伍最后，依此类推，直至全队完成投篮，累计投中次数多的一队获胜。

（七）空中接球

把练习者分成人数相等的两队，各自选定起跑点，做好标志，各成一路纵队排在助跑道两边。游戏开始，各队第一人自起跑标志加速助跑踏跳成腾空步，在空中接住来球，落地后再将球回传，其他队员依此进行。在空中接住球得1分，累计总分多的一队获胜。

（八）发球得分

将练习者分成人数相同的两组，其中一组所有人站在本方场地端线后，每人各持一球，另一组在场外拾球。持球组排头正面上手发球，向对方号码区击球，球落到几号区得几分，依此进行。两组轮换练习。累计分数多的一组获胜。

三、协调素质训练的注意事项

（一）注重评估

进行协调性训练，要注意在不同训练阶段科学评估运动员，根据评估结果确定训练方案或调整训练模式，以实现训练效果的最大化。通过评估而科学设计协调能力的训练方法，使运动员通过练习而积极发展综合体能素质与各素质的相互协调能力，并积极影响机体组织系统、尤其是能量供应系统和神经系统。

注意在评估中要综合考虑运动员的性别、年龄、当前运动水平、特长技术以及制约其竞技能力发展的因素，要观察分析运动员哪些素质的发展比较滞后，优先发展落后素质，然后将各方面素质协调起来促进综合体能素质与竞技能力的提升。

（二）制订好训练计划

运动员的运动能力会受到很多因素的影响与限制，教练员要找出重要的限制因素，重点针对这些因素进行训练。此外，在训练中不仅要解决限制因素的问题，还要将多方面的因素协调起来，使运动员得到全方位的提升，促进其竞技能力和运动成绩的提高。

运动员要提高自己的训练能力和参赛能力，就必须坚持不懈地练习，这是必经过程，也是必要手段，而训练安排是否合理直接影响训练效果。因此，必须充分利用好训练这一工具，科学设计训练计划，合理组织与实施训练，落实计划内容，实现计划目标，使运动员经过训练取得理想的训练收获，甚至获得出乎意料的收获。

制订协调素质训练计划，要注意以下几个要点。

第一，明确训练目标，包括终极训练目标、阶段训练目标、单元训练目标和训练课目标等，一步步细化目标，明确方向。

第二，将简单练习放在复杂练习之前，将闭合性技能练习放在开放性技能练习之前，将一般运动技能练习放在专项技能和特技练习之前。

第三，要将限制运动员竞技能力发展的要素一步步优化或消除，最终使各种积极要素协调起来，达到竞技能力发展的最大化。

第四，在协调训练中启动和制动是很常见的，前者要求伸展身体，后者要求适当屈体，在起动与制动中要注意运用好各种反馈，提高协调能力训练效果。

第七节 平衡素质训练理论与训练方法

平衡能力是影响竞技运动员体能和竞技能力发展的重要因素，也是运动员提高体能和运动技能的重要环节。良好的平衡能力能够帮助运动员在训练和比赛中较好地控制身体姿态，预防损伤发生，并有助于促进运动员运动技能运用能力的提升。因此在体能训练中要重视平衡性训练，为运动员整体提升体能与竞技能力奠定良好的基础。本节首先对平衡素质的基本内容进行概述，然后对平衡素质训练的方法做了具体阐述。

一、平衡素质概述

（一）平衡能力的概念

关于平衡能力概念的界定，从医学、力学、临床学等不同学科视角出发有不同的观点，这里主要从体能视角解释平衡能力的概念。比较权威的观点来自美国体能协会，该组织这样定义平衡能力：人体各种感觉输入，在重心适度移动范围内各种肢体下负重、调整和维持姿势稳定的能力就是所谓的平衡能力[1]。

（二）平衡能力的分类

从运动生理学视角分析，可以将平衡能力分为以下两类。

1. 静态平衡

静态平衡是人们日常生活中经常出现的一种身体状态，如站立不动，坐立不动等，在这种状态下，身体是稳定的。

2. 动态平衡

动态平衡指的是当受到外力因素影响时，人体迅速调整身体姿势以维持身体平衡的过程和能力。

美国运动医学协会指出，平衡能力除了上述两种类型外，还有另外一种情

---

[1] Bill Foran. 高水平竞技体能训练 [M]. 袁守龙，刘爱杰，译. 北京：北京体育大学出版社，2006.

况，即自然平衡，它是指人体在自主性的身体活动中由坐立姿势转换为站立姿势的过程中保持身体稳定的过程或能力。

（三）平衡能力的影响因素

平衡能力的影响因素及影响表现见表5-6。

表5-6　平衡能力的影响因素

影响因素	影响情况
力臂长短	力臂短，平衡能力强；力臂长，平衡能力差
支撑面大小	支撑面越大，平衡能力越好
支撑面稳定性	支撑面越稳定，平衡能力越好
解剖面的单一化与多元化	动作的解剖面越多，平衡能力越好
运动幅度大小	运动幅度越小，越容易保持平衡
信息反馈量	眼睛张开的情况下获取的信息反馈量更多，所以张开眼睛完成动作比闭眼完成动作更容易保持平衡

二、平衡素质的训练方法与训练实例

（一）肌肉平衡训练

肌肉平衡训练包括三个维度，分别是上肢与下肢肌肉平衡训练、身体左侧与右侧的肌肉平衡训练，以及身体前侧与后侧的肌肉平衡训练。肌肉平衡训练计划包括这三个维度才是完整的全面的训练计划。为提高运动员平衡能力、协调能力以及整体运动能力，在肌肉平衡训练中既要进行单关节训练，又要注重多关节训练，兼顾二者还有助于预防运动损伤和提高运动成绩[1]。

下面具体分析单关节肌肉平衡训练方法和多关节肌肉平衡训练方法。

1. 单关节肌肉平衡训练

围绕一个关节周围的肌群集中进行训练就是单关节训练。进行单关节训练

---

[1] 郭书胜.现代体能训练方法设计研究［M］.长春：吉林出版集团股份有限公司，2022.

主要是为了促进运动员各部位肌肉和不同肌群发展的平衡，同时也是为了提高运动员的身体适应能力，使其做好准备接受更大的负荷刺激。在训练中要尽可能全面训练各个肌肉或肌群，尤其是对运动成绩有重要影响的优势肌群，通过训练使优势肌群的功能得到最大程度的发挥。

单关节训练的具体方法如下。

（1）伸腿

1）训练目的是促进股四头肌的发展。

2）训练方法。第一步：在腿部伸展机上坐好，根据需要对靠背位置进行调整，调整后要使膝关节中心与器材的旋转轴在同一水平高度。膝关节弯曲使大腿与小腿保持垂直，器材的阻力垫刚好在踝关节上方。第二步：对抗器械阻力尽可能将腿伸直，切记不要过度伸展膝关节，以免受伤。第三步：两腿慢慢放下，还原到准备姿势。

反复练习。

（2）后屈腿

1）训练目的是促进腘绳肌的发展。

2）训练方法。第一步，在卧式后屈腿训练器上成俯卧姿势，将阻力垫调整到小腿腓肠肌1/3处的位置。准备环节避免过度拉伸膝关节。第二步，屈膝抬脚，使小腿向臀部慢慢靠近。第三步，两腿缓慢还原成准备姿势。

反复练习。

3）变换练习。尝试将一定重量的物体固定在一侧腿上，按上述方式进行举重物练习，重复练习几次后将重物换到另一条腿上继续练习。

（3）系橡皮筋进行大腿内收与外展练习

1）训练目的是促进髋部外展肌群和内收肌群的发展，以促进膝关节平衡稳定性的提升。

2）训练方法如下：第一步，在某一支撑物上系上橡皮筋，橡皮筋的另一端绑在脚踝上。身体与支撑物相距一臂的距离。第二步，训练外展肌群时，支撑腿维持身体平衡，练习腿外展与身体中线保持一定距离，至少保持2秒，然后还原。第三步，训练内收肌群时，支撑腿维持身体平衡，练习腿稍经过身体中线并制动，注意不要转髋，至少保持2秒，然后还原。

外展肌群与内收肌群交替训练。

2. 多关节肌肉平衡训练

一些运动项目中包含了大量的综合性动作，因此要根据专项特征进行多关节训练，以提高训练效果。事实上纯粹的单关节动作在体育运动中是很少见的，基本上都是多关节动作，所以要加强多关节训练。多关节训练的特点是比较缓慢，要求练习者有一定的控制力，具备可控条件，这样增加了训练的安全性，可以有效预防运动员在练习中受伤。

多关节训练的方法如下。

（1）伸腿

1）训练目的是促进臀部肌群、小腿肌群、股四头肌的平衡发展。

2）训练方法。第一步，平躺在腿部伸蹬器上，对座位进行调整，使大小腿保持垂直。双脚保持一定距离。第二步，双脚用力蹬踩踏板，直到两腿完全伸直。两腿膝关节保持一定距离。第三步，缓慢还原。

反复练习。

3）变换练习。第一步，可以进行单腿练习，两腿交替蹬踏板。第二步，将一定重量的实心球放在两腿膝关节之间，两腿蹬伸时挤压实心球。

（2）弓箭步

1）训练目的是促进躯干肌群和下肢肌群的发展。

2）训练方法。第一步，自然站立，两脚分开，手持杠铃置于颈后肩上。第二步，右腿向前跨出（步子较大），屈膝成90°，上身始终保持挺直状态，目视正前方。第三步，右腿收回，左腿向前跨出继续练习。两腿交替反复练习。

3）变换练习。

项目一：侧弓步练习。

左脚向左侧跨一步或右脚向右侧跨一步，屈膝深蹲，然后右脚向右侧跨一步，屈膝深蹲。两侧交替进行。若不能做标准的深蹲姿势，可以缩小大小腿的夹角，以免刺激膝盖造成损伤。

项目二：十字交叉弓箭步练习。

左腿经过右脚向右前方跨步（45°对角线方向），身体挺直，还原，右腿经过左脚向左前方跨步，两腿交替练习。

项目三：持器械弓步练习。

手持实心球或哑铃，置于颈后，然后按上述方式进行弓箭步练习。

（3）深蹲

1）训练目的是促进背部伸肌、股四头肌、臀肌和小腿肌群的平衡发展。

2）训练方法如下：第一步，两脚分开，脚尖稍外展，手持杠铃置于颈后并固定在肩上。第二步，两腿慢慢有控制地屈膝，直至大小腿垂直，脚后跟支撑身体重心，上身挺直，目视前方。如果不能做完全的深蹲动作，可放宽对膝关节弯曲幅度的限制或要求，以不损害膝关节为度。第三步，还原，上身始终挺直。

反复练习。

3）变换练习。持器械练习，将实心球或哑铃固定在颈后，然后按上述方法练习。

（4）负重交换跳

1）训练目的是促进股四头肌、臀肌和小腿肌群的增强及平衡发展。

2）训练方法如下：第一步，双手持杠铃置于颈后肩上固定，身体保持挺直。第二步，两腿交替上抬进行练习，高度保持在40厘米左右。

3）变换练习。移动中负重交换跳，向前跳、向左右两侧跳均可。

（5）快速挺举

1）训练目的是促进肱二头肌、股四头肌、三角肌、臀肌和小腿肌群的平衡发展。

2）训练方法如下：第一步，两脚分开，微屈膝、屈髋。第二步，双手正握杠铃，杠铃与肩部高度齐平。第三步，屈膝，重心下移，向上举杠铃，直至手臂完全伸展。第四步，慢慢还原。

重复练习。

3）变换练习。将杠铃换成橡皮拉力器或弹力绳，练习方法同上。

（二）动态平衡训练

在体育运动中，运动员若要变向，先要分开两脚，脚间距稍比肩宽，降低重心，重心位于两脚间，保持稳定支撑。只有将身体重心控制好，维持最佳的平衡点，才能为变向提供便利，顺利变换方向。一般情况下，女运动员的身体重心比男运动员低一些。变向前调整重心可以保持更好的身体稳定性。控制好重心基本是每项体育项目对运动员的共同要求，运动员要具有良好的动态平衡能力。在滑冰、滑雪、自行车、跳水、举重、体操、摔跤等体育项目中，运动员控制重心和维持身体平衡的能力直接决定着运动成绩。一旦没有控制好重心，身体失去平衡，无法继续维持良好的稳定性，多数情况下会面临被动局面。而在球类运动中，运动员与球一起移动，要保持自身与球的协调平衡，总之，动态平衡对运动员来说非常重要，在平衡能力训练中不可忽视动态平衡训练。

下面分析几种简单实用的动态平衡训练方法。

1. 单足站立

（1）训练目的

培养对身体重心的控制能力。

（2）训练方法

1）自然站立，一腿屈膝抬起，使脚尖朝下，支撑腿同侧手抓握上抬腿的踝关节。

2）保持单腿站立姿势30秒。

3）两腿交替上抬进行练习。

2. 直线单脚跳

（1）训练目的

增加腿部肌肉力量和身体的平衡性。

（2）训练方法

1）在地上画若干条线，色彩鲜亮以便识别，相邻两线之间相距适宜距离。

2）站在一端单脚依次跳到另一端，避免踩线。

3）两腿交替练习。

（3）变换练习

增加难度进行练习，如增加膝关节的弯曲角度；增加间隔距离；单脚跳跃每次落地后静止片刻，上身不能晃动。

3. 圆锥跨跳

（1）训练目的

使下肢更有力量，提高维持身体平衡的能力。

（2）训练方法

1）将三个圆锥轮子并列排成一排，相邻物体之间间隔一定距离。

2）依次跳过三个圆锥轮子，速度要快，不能有太长时间的停顿。

3）增加相邻圆锥轮子的间距，进行难度练习。

（3）变换练习

身体侧对圆锥轮子，单腿依次跳过，再换另一腿返回，两腿交替进行。该练习可促进腿部力量的增强，也能有效锻炼身体的平衡性。

4. 六边形

（1）训练目的

提高反应能力、反应速度、身体稳定性与灵敏性。

（2）训练方法

1）在地板上画一个边长60厘米、夹角120°的六边形。

2）站在六边形中心点，面向任意一条边的方向，听口令依次跑完6条边，然后返回中心点。

3）换方向继续跑，跑完6条边后跳回中心点。反复练习。

第六章 体能训练的设计研究

第一节 体能训练设计概述

在运动训练活动中，以发展运动员竞技能力、提高运动员运动成绩为目的所施加的训练手段刺激称为运动负荷，是引起人体生物适应、不断提高竞技能力的主要因素。体能训练设计很大程度上是对负荷在训练过程中的有序安排和调控。计划不仅包括跨度较长的全程训练计划、多年训练计划，也包括时间较短的年度、大周期计划和周、课计划。因此，负荷的选择，周期、阶段的划分，训练过程的信息反馈与控制，都是制订体能训练计划所涉及的主要内容。设计体能训练计划是体能训练效果的重要保证[1]。

一、运动负荷研究现状

运动训练负荷的定义是：在运动训练活动中，各种练习施加于运动员机体的生理的和心理的训练刺激。基于运动生理学的理论基础，通常认为，通过训练刺激可以影响人体自然的发展过程，可以导致人体机能发生定向的变化。训练负荷是训练活动理论研究和实践过程中教练员和科研人员最为关心和最难把握的关键内容之一。如何对运动员的机体施加恰到好处的训练刺激，使机体产生积极的适应性变化，逐渐达到对训练负荷适应的过程，是运动训练过程中亟待研究的问题。目前运动训练负荷的研究热点有以下几个方向。

（一）运动训练负荷的构成要素及其内涵

通常认为，负荷包括量和强度两个方面。负荷的量是指对机体刺激的量的大小，指标包括次数、时间、距离、重量等；负荷的强度是指对机体刺激的

---

[1]赵琦.体能训练理论与方法［M］.南京：东南大学出版社，2017.

深度，其指标包括练习的速度、远度、高度、单位练习的负重量或练习的难度等。有学者认为，运动负荷与生理负荷是训练负荷内外形式的表现，不同的训练内容、训练目标和组织形式的差异，会导致不同的训练负荷，同时提出运动负荷的构成应该包括如下几点：运动内容、训练强度、训练数量和运动的密度[①]。

过家兴把运动负荷理解为：运动负荷包括内部负荷和外部负荷两个方面，外部负荷则主要是通过内部的负荷来进行反应。田麦久认为，运动负荷是以身体练习为基本手段对运动员有机体施加的训练刺激。经典的运动训练学理论对运动负荷的定义是从功能和功效视角出发的。哈雷认为，如果一种训练刺激能够产生训练效果，能够发展、巩固或保持训练状态，那么这种由训练引起机体变化的功能性刺激就是训练负荷。

（二）运动训练负荷测量、诊断及其评价体系

通常认为，对运动员施加训练刺激就会产生一种即时或者延迟的综合效应，机体对某一训练负荷最初的反应是疲劳，疲劳的出现将导致运动员应激水平与竞技状态的下降。疲劳的累积量、应激状态和竞技状态的相应下降量与所承受训练量的大小和时间长短成正比，因此，通过对运动负荷的量化和把控可以有效指导训练实践活动。有研究者总结了几种不同的负荷定量方法，通过比较不同方法之间的利弊和适用范围，试图找出各个项目特有的定量方法。

目前很多研究尝试采用不同的方法定量负荷，但是缺乏一个相对完全适用的标准和验证程序。探索运用综合方法和手段建立科学的诊断系统，选取可靠的指标，对运动员的身体负荷进行测量评价和诊断，从而实现科学训练是训练科学需要研究的方向。在运动负荷的测定上面，也出现了百家争鸣的局面，常见的测定方法包括经验测定法、生理学评定法以及生化指标评定法等。常用的监控训练负荷的主要手段有运动过程中即刻心率和血乳酸，训练后的血尿素、血红蛋白等血液指标，心理学量表和主观描述等。

（三）训练负荷量度有效训练的临界值及其生理学机制

在运动训练实践过程中，由于人体机能存在个体差异，不同的人所能承受能力的极限有很大差异。实践经验表明：越是接近极限的负荷，作用于人体所能产生的训练效果亦越好，但同时又会存在过度训练的风险。因此，对于不同运动员个体、不同时期施加的负荷强度的合理把控成为教练员努力追寻的目标。

---

①盖文亮.实用体能训练理论与方法解析［M］.长春：吉林人民出版社，2020.

有学者在分析周期性耐力项目核心竞技能力体能结构的基础上，基于有效强度负荷区间概念，对发展速度—耐力二元复合素质的极限强度负荷区间训练法、强度逼近训练法、逆向负荷结构训练法等训练方法进行了探讨。另外变异性、非均衡性、生物性等几个方面对竞技训练运动负荷控制的特征也是人们探索的领域。训练实践过程中教练员要认真、科学地分析每一阶段每位运动员所能承受负荷的生理临界线及其变化阈值，及时准确地判断负荷的适宜度和恢复程度以及训练实践效果，及时调控，从而保证最佳的训练效果。

（四）运动训练负荷节奏及其与训练性疲劳的关系

现代竞技体育赛事的对抗性、比赛强度和技战术难度的竞争日益激烈，赛事赛程安排紧密，对运动员的训练负荷安排增加了很大的困难，教练员必须深入研究训练周期理论和运动员的负荷生理规律才能提高运动员的竞技能力表现。运动员的机体疲劳通常有两种表现：一种是外周疲劳；另一种称之为中枢疲劳。在训练中这两种疲劳都会积累，因此，采取合理的应对疲劳的策略，合理地安排训练课是解决这一问题的关键。

刘建和在《对"训练负荷应大于比赛负荷"的两点质疑——兼论负荷安排的经济性原则》中指出，教练员在面对比赛负荷往往就是极限负荷，要在训练中大于这个极限，要冒着"过度训练"的风险，需要冷静分析，提出"经济性"训练负荷原则。在训练实践中如果对训练负荷进行随意安排和不恰当的排序，就会导致疲劳或恢复不好，进而难以实现竞技目标。随着疲劳的消退和恢复过程的开始，应激状态和竞技状态都会提升。如果在恢复与适应完成之后没有接受新的训练刺激，那么应激状态和运动表现能力最终就会下降，这种情况通常被认为是一种退化状态[1]。

钟秉枢在《"三从一大"训练原则的再认识》中提出结合实战需要，根据运动项目的规律、运动员的个人特点、运动训练的不同阶段，科学合理地安排负荷强度和负荷量，使运动员机体受到的刺激科学有度[2]。近年来，国外多位专家在其著作中介绍了以"刺激—疲劳—恢复—适应理论"为基础的有序模式，主要是"集中负荷"或"组合式排序"模式。在这种情况下，可以在特定的时期采用集中训练负荷或累积负荷。

---

[1]刘建和.对"训练负荷应大于比赛负荷"的两点质疑——兼论负荷安排的经济性原则[J].成都体育学院学报，1996（01）：56-58.
[2]钟秉枢."三从一大"训练原则的再认识[J].北京体育大学学报，2006（09）：1153-1156.

（五）基于训练负荷理论基础的训练设计及其安排

运动训练过程中训练负荷的设计与安排是一项关键性架构活动。为了有效制订分期训练计划，必须认识到训练刺激所产生的一般性反应可能是一次练习、一堂训练课、一个训练日、小周期、中周期或大周期的结果。需要注意的是，不一定等到完全恢复之后再进行下一次训练刺激。高水平运动员赛前训练安排的案例分析对于训练实践有一定的参考价值和示范效应，类似的文献研究也是近年训练学负荷特征研究的一个热点方向。

随着近些年来竞技体育赛事商业化运作，训练和比赛结合得日益紧密，微缩大周期训练负荷特征的科学研究成为运动训练理论研究的热点和训练实践的难点问题。有研究者为总结高水平运动队微缩大周期训练模式特征提供实证依据，采用跟踪测试法对中国女子皮艇队第17届亚运会赛前7周的"微缩大周期"训练结构特征进行系统分析，对阶段构成、训练总负荷量构成、各周训练时间统计和水上训练负荷强度体系设计等进行了详尽的分析和统计。因此，从根本上说，对训练刺激的顺序进行适当安排的前提是对各种训练因素进行管理，从而充分地利用恢复—适应过程。

二、周期训练理论的发展

周期训练理论是训练理论中的一个经典理论，由苏联体育科学研究者于20世纪50—60年代提出，随后传播到世界各个国家。在当时，周期训练理论是制订和分析训练计划的唯一依据，并占有绝对的支配和垄断地位。

随着时代的发展，竞技体育项目不断演变，训练的理论知识和技术不断变革，传统周期训练模式在指导当前赛事下运动员的训练安排过程中，出现了一些矛盾和冲突，因此，最近20年来对传统周期训练理论提出了大量的质疑和思考。训练计划的制订主要是基于周期训练理论的基础，用来组织某个项目运动员训练过程的规划和具体训练变量进行调整的过程，是一个训练实施过程前进行的理论和时间的总体架构，即所有训练因素的负荷安排与恢复周期设计。当前，对于训练周期和体能训练设计的研究是竞技体育训练理论研究的热点问题。根据国内外文献资料，主要研究方向的专题可以概括为以下几个方面。

（一）传统周期训练理论的应用与发展

20世纪50年代，苏联提出了周期训练理论，1964年马特维耶夫将其逐步完善，构建成系统的训练理论。该理论逐渐传播到东欧、西欧和亚洲等国家和地区，并逐步完善成为制订竞技运动训练计划的重要理论依据。商业化赛事运作方式的出现，以网球、足球等为代表的项目促使竞技体育的"大周期"训练向"多周期"训练模式发展，这种转变研究结合一些新的中周期理论方法，构成了早期的竞技体育周期理论训练方法体系。我国训练学专家和学者将这一理论引入到我国的运动训练学界，对我国竞技体育的迅猛发展曾起到过不可替代的作用。如我国运动训练学研究领域的著名学者过家兴、徐本力和田麦久等在其训练学著作中都引入了周期训练理论，在指导运动员多年训练过程的设计方面起到了一定的推动作用[①]。

随着国际竞技体育赛制的变化、现代体能训练体系的科学化、运动项目和运动员的个性化、竞技体育竞争愈发激烈并逐渐逼向人类的极限等，导致传统周期训练理论在指导现代竞技运动过程中出现困难。龙斌、李丹阳在《传统周期训练理论的现代适用性及其发展》一文中尝试客观定位传统周期训练的价值，以批判性视角审视传统周期训练理论的缺陷及其现代适用性，提出构建现代运动训练创新模式。有学者通过对传统周期训练理论进行阐述，对当时出现的其他训练周期理论的观点进行了比较和剖析，认为传统周期训练理论仍是全年周期安排的依据；在具体实施过程中，可根据专项的特点，保持年度训练的系统性、节奏性和周期性的统一，有目的、有选择地采取一些中长周期、中小周期的训练形式、负荷安排。

（二）对传统周期训练理论现代适用性的质疑

近几十年，世界竞技体育的飞速发展和各种体育赛事和赛制的变化对运动训练的发展起着重要的引领和推动作用。传统的周期训练理论曾经成为20世纪50年代训练理论的经典著作风靡全球。随着训练实践的深入进行和竞赛制度的变化，来自一线的职业高水平教练员发现他们由实际训练经验得到的结果与传统的训练理论存在诸多差异，当时运动训练学界许多专家和学者在体育刊物上发表了自己的观点，试图对训练周期的分期和安排问题进行讨论。

我国运动训练学界也有专家和学者提出了自己的见解，如李少丹在《"周期"训练理论与"板块"训练理论的冲突》一文中，对近代的各种训练理论的变迁进行了哲学思考，分析训练理论演进的必然性和方法论溯源。有的研究客

---

① 盖文亮.实用体能训练理论与方法解析［M］.长春：吉林人民出版社，2020.

观地评价了传统周期训练理论的历史贡献，并提出不应当把现代运动周期训练理论作为一种具体的训练分期方案，只能作为一个框架、一种训练理论观点，把传统周期训练理论的内涵、精髓创造性应用于训练实践过程中去。

（三）"以赛代练"训练指导思想下的板块周期训练理论的引入

现阶段，随着赛制发展、体能训练科学化、训练个性化的深入和日益激烈的竞争，导致传统的周期训练理论在现代竞技运动训练过程中出现指导力下降。20世纪80年代中后期，维尔霍山斯基针对马特维耶夫的传统训练分期理论的弊端提出了"板块（Block）"理论，他提出了"集中负荷效应"的训练方法，即将一些对专项成绩起关键作用的子构成和运动员自身的短板部分，有针对性地优先发展和提高，从而不断地实现运动员专项成绩的突破。板块周期训练理论的提出，为现今国际国内大型赛事举办频繁而影响训练的运动员，提出了全新的训练周期及训练计划，有效地发挥因该周期训练而形成的训练痕迹效应[1]。

（四）对当前竞赛体制背景下周期训练理论的再思考

20世纪80年代开始，随着经济和政治全球化迅猛发展，各种商业赛事迅猛发展，竞赛体制和比赛性质的改变直接导致各项目的一线教练员对运动员训练方式、方法和周期安排的重新思量；我国周期训练理论也由单一发展阶段走向多元深化发展阶段。

"体能"是当代世界竞技体育发展过程中的热点问题，也是我国2000年后历届奥运会备战训练的重点、难点和突破点。最近几年出现的多种新的训练理念，如注重动作的训练理论，出现了功能性力量训练理念；对于核心区的重新认识，发展了核心力量训练理论；板块理论的发展和在我国竞技体育项目中的应用实践，以赛代练，保持高强度平台训练，突出训练强度的指导思想确立等，极大地丰富了我国训练理论体系。

陈小平等人在《竞技体能训练理论与实践热点及启示》中指出，运动训练领域的研究正向科学化的纵深发展。原有的训练理论和理念正受到当前新的训练理论的冲击和挑战，甚至出现了颠覆性的训练理论。我们应保持与时俱进的思想，不断吸收最新的理论，更新训练理念和训练观念。有学者认为这种有别于较长时间的常规大周期，即微缩大周期，也可叫"小周期"。这丰富和发展

---

[1] 耿建华.体能训练理论与方法[M].西安：陕西师范大学出版社，2013.

了周期训练理论，并未完全突破或者创新训练理论。其他方面的研究还有关于周期训练服务对象方面的思考，对近些年来国外运动训练周期研究的期刊论文和研究的热点进行分析，认为国外运动训练周期研究人员更多关注的是控制训练密度的方法对不同层次的体育人群运动训练周期中取得的成效，服务面向不同人群，凸显了周期训练理论为大众服务的价值取向。这对于我国运动训练学界主要研究竞技体育运动员而未涉及其他人群有一定的借鉴意义。

现阶段传统周期训练理论还在争论中，但并没有过时，只是在现代社会商业因素的影响下不断地改变与调整。在备战世界上最有影响力的奥运会比赛的时候，各国运动员大多数仍在采用这种周期划分方式，在奥运年主要选择双周期的计划安排。所以应客观地评价各种周期训练理论，吸取其精华而去其糟粕，结合训练的实际经验，不断发展和完善竞技体育运动训练理论。

第二节　运动负荷的概念和选择依据

一、负荷的概念与类别

（一）负荷相关概念

运动训练是一个对人体实行生物改造的过程，引起改造的原因是由于人体受到了负荷的刺激，受到刺激的人体各系统产生应激反应，通过长时间的积累完成了生物改造过程，使得人体能够适应强度较大的身体活动、激烈的比赛对抗，甚至极限运动。因此，对负荷的理解、认识和选择安排是运动训练的重要问题。

1.负荷

负荷是指在运动、训练、比赛过程中，以心理练习（活动）、身体练习（活动）为手段，对机体所施加的刺激，包括心理刺激和生理刺激。负荷包含负荷量、负荷强度两个方面。正是由于负荷的刺激，人体发生适应性改变，逐渐完成生物改造，人的综合竞技能力才能达到更高的水平。因此，负荷是运动训练中的核心因素。负荷量与负荷强度对人体刺激及适应的表现方式及特点不同，如表6-1所示。

表6-1　负荷强度和负荷量表现方式和特点的差异

分类	因素构成	机体反应	生物改造效果
负荷强度	质量、难度、密度、高度、远度、速度、重量等	反应强烈，适应性不太稳定	迅速，但消退较快
负荷量	总重量、距离、次数、组数、时间等	相对缓和，适应性比较稳定	缓慢，效果消退较慢

（1）负荷量　指负荷对机体刺激量的多少，是构成负荷的重要方面。负荷量引起的机体反应不如负荷强度强烈，但比较稳定，效果消退慢。衡量的指标通常用总的时间、次数、组数、距离、重量等。

（2）负荷强度　指负荷对运动员机体刺激的深刻程度，是构成负荷的重要方面。相对于负荷量来讲，强度刺激引起更强烈的机体反应，训练适应更深刻，提高机能水平更快，但稳定性差，效果消退快。提高训练的负荷强度是现代高水平运动员训练的一个重要特征。反应强度的指标主要有密度、难度、质量、速度、重量、高度、远度等。

负荷量与负荷强度互相影响，彼此依存。一方面，量的积累是负荷强度的基础，是稳固提高强度和承受负荷能力的保障。青少年阶段尤其要重视负荷量的积累，不应急于提高负荷强度，只有打好量的基础，才能为后继的大强度训练奠定坚实的基础支撑。另一方面，强度是量的前提，从提高成绩的角度来看，没有强度的负荷量功效较低，具有一定强度的负荷量才更有生物学意义。大量的研究和实践证实，相对于负荷量，负荷强度是影响训练效果、取得良好的生物改造结果更直接的因素。

2. 负荷的含义

训练学理论认为，在一定的限度以内，施加的负荷越大，机体受到的刺激越深，完成生物改造的进程就会越快，竞技能力所能达到的层次就会越高。但负荷过大（包括量过多、强度过高），容易造成疲劳积累，不仅会引起伤病，也会引起过度训练和过度疲劳，造成难以挽回的损失，甚至结束运动生涯。因此，全面、深刻地理解运动负荷非常有必要。

（1）运动负荷具有量和强度两方面的规定性　如前所述，负荷量与负荷强度相互影响，彼此依存，既不存在没有强度的量，也不存在没有量的强度。二者在质量层面和数量层面的结合，组成了完整的训练刺激。在训练实践当中，负荷量与负荷强度的合理搭配是取得理想训练效果的基础。

（2）负荷具有生理刺激和心理刺激两种属性　任何负荷都会对人体的各个系统造成刺激，引起相应的生理和心理刺激。负荷越大带来的心理压力越大，心理反应就越强烈。随着比赛的临近，即便没有身体活动，心理紧张甚至恐惧仍然存在。这是对即将来临的比赛一种自然的心理应激反应。

（3）负荷具有定性和定量两种体现　如图6-1所示，定性部分指负荷的专项性、对供能系统作用的方向性和协调性的复杂程度，定量部分指运动量和运动强度的内部、外部的数字性指标。未来对运动员实施以数字评估为基础的数字化训练是运动训练发展的方向，也是科学训练的体现。

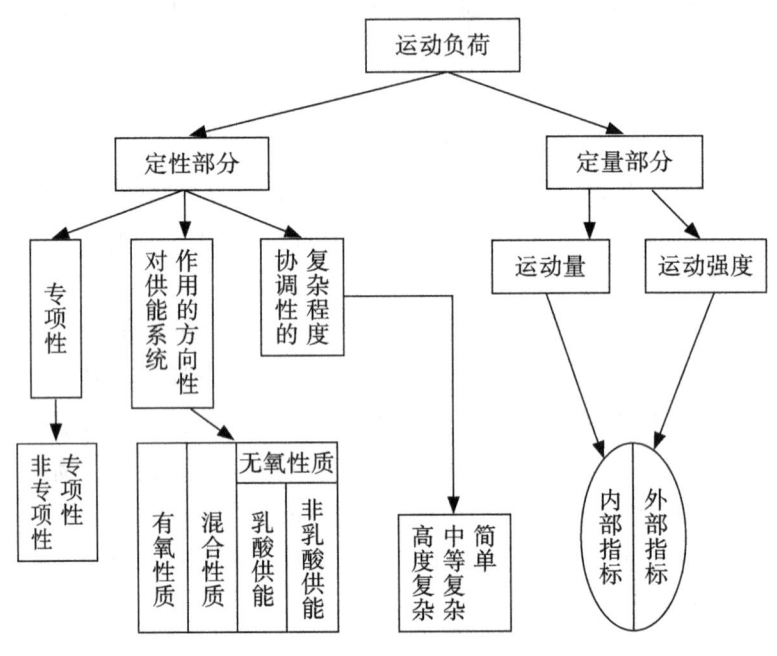

图6-1　运动负荷的含义

可以从三个方面来科学认识训练负荷。

1）运动练习负荷，即在训练课上完成的练习内容、强度、量。

2）生物学负荷，由练习负荷带来的、对身体造成的生理、生化刺激及所引起的变化，例如心跳次数、乳酸积累、尿蛋白、肌肉酸胀、肥大等。

3）心理、情感负荷，包括意识、心理、情感、态度的变化等。任何负荷都会对人的心理情感带来不同的压力、体验，也常常会被忽视。

运动练习负荷、生物学负荷、心理情感负荷共同组成了完整的负荷结构，是同一个事物的三个方面，应结合起来进行考虑。

（二）负荷的类别

1. 训练负荷

训练负荷是指在平时的训练课上，以身体练习为基本手段对运动员有机体施加的训练刺激。训练负荷是运动员使用、接触最多的负荷形式，长期适宜的训练负荷是在训练过程中取得良好的累积效果的基本保证。

2. 竞赛负荷

竞赛负荷指在竞赛以及具有竞赛性质的训练构成中，运动员机体所承受的刺激。同等负荷下，竞赛所造成的刺激反应比训练负荷大。由竞赛规模、重要程度、期望值、竞赛内容、对手水平、比赛紧张激烈程度、外部环境（如观众、气候等）决定。竞赛负荷对提高运动员承受负荷的能力、对竞赛的适应能力非常有益。

3. 生理负荷

生理负荷指运动训练或比赛对运动员机体生理上的刺激，如心率、血压、肌力、体重、最大摄氧量、血红蛋白、血乳酸、血尿素、尿胆原、尿蛋白等。经常检查生理负荷指标，有助于了解机体变化，调控负荷，提高科学训练水平。

4. 心理负荷

心理负荷指运动训练负荷或比赛对运动员心理上的刺激。心理负荷使运动员对训练、比赛产生心理适应，提高自我激励、抵抗外部干扰和心理抗衡能力。任何一次训练负荷都会产生心理负荷和生理负荷，两者并存且相互影响；生理负荷加大，心理负荷相应加大；反之亦然。反映心理负荷的指标主要有注意力集中程度、握力时间估计、焦虑量表等。心理训练（负荷）的意义体现在以下几个方面：

（1）挖掘潜能　人体中的肌糖原、肝糖原等生理能量是有限的，但心理潜力无法估量。现代训练就是挖掘运动员心理潜能和生理潜能的实践活动。

（2）减少能量消耗　比赛、训练活动要运用体能，心理活动要消耗心力，产生能量消耗。良好的心理素质可以减少不必要的能量损失。

（3）提高制胜能力　良好的心理素质，利于发挥自己的实力，并能有效地干扰对方。在实力相当的情况下，心理素质的高低成为决定胜负的因素。

因此，心理训练同智能、体能、技能、战术能力训练共同构成现代训练的完整体系。

5. 过度负荷

过度负荷指负荷超过运动员承受能力，导致机体产生严重劣变的训练负荷。其结果会破坏人体系统功能的正常运行，造成组织损伤等病理性变化，破坏已获得的训练效应，影响训练的连续性、系统性。严重、连续的过度负荷会导致过度疲劳、受伤，甚至结束运动生涯。

6. 负荷节奏

负荷节奏指训练过程中大、中、小负荷的交替安排，量与强度配置，训练与恢复的组合。波浪式的大、中、小负荷节奏变化是现代负荷安排的一个重要特征。负荷节奏变化对竞技状态的影响较为直接，特别是赛前负荷。科学合理的赛前负荷节奏可以促进训练效应的最大化，使运动员在比赛中表现出高水平的竞技能力。

7. 累积负荷

累积负荷是连续多次训练负荷对运动员机体所产生的刺激的累积。一次过大负荷，机体难以适应，会产生伤病；适当增加负荷，使机体产生的适应性变化逐步累积。承受负荷能力的提高是累积负荷的结果，连续合理的负荷安排可以获得更理想的训练累积效应。

8. 负荷结构

负荷结构是指不同性质、内容、目的的训练负荷在训练过程中的逻辑性搭配和组合，如一般训练与专项训练的搭配，大、中、小强度的搭配，核心力量、一般力量、专项力量的组合等。在不同的训练阶段，有序地组合、搭配不同的负荷，形成合理的负荷结构，是决定训练效果的关键因素，也是值得研究和探讨的问题。

（三）负荷的整体观

1. 负荷内容和目的的整体观

竞技能力具有综合性，是运动员取得成绩的基础。现代运动训练理论认为，竞技能力，即指运动员的参赛能力，由具有不同表现形式和不同作用的体能、技能、战术能力、运动智能以及心理能力所构成，并综合地表现于运动训练、专项竞技的过程之中，运动训练过程就是不断提高运动员竞技能力各构成因素的过程。

运动训练的最终目的是成功地参加比赛，并在比赛过程中充分发挥竞技能力，获得优异的运动成绩。运动训练的实质就是有计划地对运动员施加适宜的负荷刺激，使机体产生预期的适应性变化，即重新构建人体的形态结构和功能，包括结构重建和机能重建。竞技能力提高的本质，是在适宜负荷的刺激下，各机能系统对刺激发生了应答性反应，人体发生了适应不同运动项目需要的生物改造过程。

因此，训练从总体上讲，就是要改善神经肌肉系统的机能，提高能量供应系统的供能能力，塑造强大的心理素质和精神意志的活动。在训练实践中不能从竞技能力构成因素的表面形式进行分类，忽视人体的整体性，忽视人的各器官、系统（神经、肌肉、循环、呼吸、内分泌、感觉）功能的统一性，造成体能、技术、战术、心智能力的割裂。

2. 负荷安排阶段的整体观

训练是一个长期、艰苦的过程，有的项目需要训练10年的时间才能参加重要比赛。运动员的训练过程，按年龄从少儿到成人可以分为三个阶段，如图6-2所示。由于运动员年龄、发育、水平、能力的不同，在训练内容、目标、手段、负荷上都必须呈现阶段性变化。少儿阶段要打好一般能力的基础，一般训练内容约占80%，专项训练占20%。随着年龄的增长和水平的提高，高水平阶段大强度的专项训练增加到80%，一般训练下降到约20%。

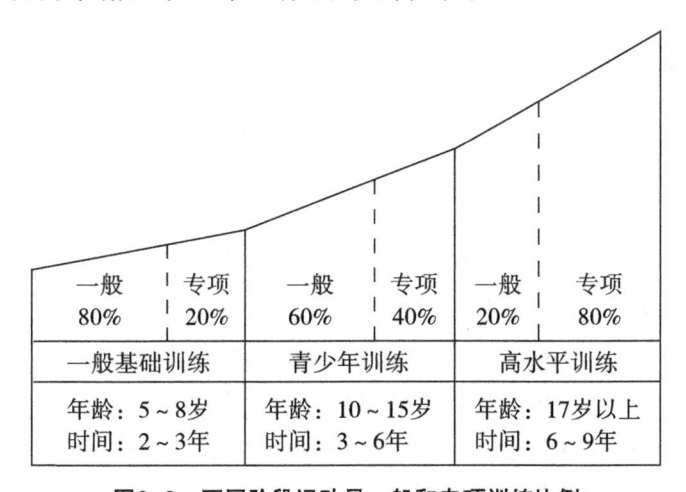

一般 80%	专项 20%	一般 60%	专项 40%	一般 20%	专项 80%
一般基础训练		青少年训练		高水平训练	
年龄：5~8岁 时间：2~3年		年龄：10~15岁 时间：3~6年		年龄：17岁以上 时间：6~9年	

图6-2 不同阶段运动员一般和专项训练比例

但这三个阶段是一个连续的整体过程，之间没有严格的界限，不能人为割裂它们之间的联系。当一个阶段的主要任务没有达成，就不应该盲目跨入下一阶段。同时，各个阶段的任务和训练重点有很大的区别，在基础训练阶段要重视基本素质、基本技术的训练，采用多种训练手段，施加量相对较少、强度较低的负荷。高水平阶段，在整体训练负荷增加的同时，要提高专项训练、大强度训练的内容比例。

研究表明，明确在不同训练阶段达到相应的运动成绩，从而采取不同的训练方法、负荷，是运动员达到高水平的重要保证，也是预防早期大强度训练的有效措施。在年度及大周期的训练安排中同样如此。一个完整的大周期包括准备期、比赛期和恢复期，各周期以不断提高竞技能力、形成竞技状态为目的，在重要的比赛中创造良好的运动成绩，再经过必要的调整恢复，进入新的周期。要注意各阶段之间有效衔接，而不应生硬地分开。

现实中要注意预防出现下列问题：

（1）忽视阶段差异性　因不明确或不重视阶段差异，容易导致目的不清，主要任务不明，负荷的选择因此产生较大偏差。

（2）实施大负荷训练时机不对　大负荷是取得良好成绩的必经阶段，但过早地实施高强度训练，忽视一般能力和技术训练，造成基本功不扎实，影响运动员所能达到的层次，良好的竞技状态难以维持更长的时间。

（3）阶段之间缺乏有效衔接　每个阶段的任务不同，训练重点不同，从总体规划到细节设计都需要有清晰的逻辑关系，否则既不能完成阶段性任务，更难达成总体目标。要及时总结、反思阶段训练的不足，采取必要的措施，形成一个完整的训练、改进、提高的过程，推动竞技能力不断提升。

3. 负荷效果的整体观

由于人体是密切联系的统一整体，任何负荷都是对整个人体起作用，因此，无论是一次性负荷还是阶段性负荷的累积效果，都具有整体性，表现在以下几个方面：

1）在同一训练负荷的刺激下，机体几乎每一个系统、器官的机能状态都会受到不同程度的影响，而且相互联系。

2）任何训练活动都需要神经肌肉系统的参加，在神经系统的支配下，动员肌肉系统工作，需要能量供应系统参加，消耗能量。

3）训练、比赛都伴随着心理、精神、意志活动，负荷越大、比赛越激烈，心理活动和精神负担也就越强烈。

第六章 体能训练的设计研究

体能训练设计的总体目标就是为了改善神经肌肉系统的机能，提高能量供应系统的供能能力，培养强大的心理素质和精神意志，完善身体形态结构，构建适应专项竞技需要的坚韧的运动链。

二、选择负荷的依据

（一）专项及个人需要

竞技需要和区别对待是当代竞技体育训练的重要原则。竞技需要就是比赛需要，训练的结果能否满足实际比赛的需要是判断训练是否科学的重要标准。竞技体育项目众多，对竞技能力各构成因素的需要及依赖程度存在较大差异，突出地体现在能量系统的供应能力和神经肌肉的支配能力两个方面。跳远和投掷同样是快速力量性项目，跳远需要快速助跑下向前跳的爆发力，强调助跑快、踏板快、完成起跳动作快的"三快"技术能力，对最大力量没有很高的要求。投掷项目虽然成绩取决于出手初速度，但最大力量有基础作用，在专项素质要求上，要突出速度力量，强化专项力量（轻器械—重器械），重视最大力量。同样是短跑，100米主要依靠ATP-CP系统供能，仅能维持10秒左右，而200～400米，相当大的程度上要依赖糖酵解系统供能。运动项目在对能量供应系统的需求上存在非常大的差异（表6-2），在训练负荷的选择上必须有所体现。

表6-2 不同项目能量来源的比例[1]

项目	磷酸原供能（%）	糖酵解供能（%）	有氧氧化供能（%）
篮球	20	20	60
棒球	95	5	—
足球	15	25	60
英式橄榄球	25	25	50
场地曲棍球	20	25	55
拳击	30	45	25
击剑	85	10	5
摔跤	30	45	25
体操	90	5	5

---

[1]美国体能训练协会.体能训练设计指南［M］.周志雄，译.北京：北京体育大学出版社，2015.

（续表）

项目		磷酸原供能（%）	糖酵解供能（%）	有氧氧化供能（%）
公路自行车		10	18	80
网球		50	5	45
排球		80	15	5
赛艇		10	40	50
马拉松		—	—	100
游泳	短距离	75	25	—
	长距离	10	10	80
田径	田赛	100	—	—
	短跑	90	5	5
	中跑	15	50	35
	长跑	5	5	90

个性化训练也同样。运动员在年龄、性别、竞技水平、身心特点、伤病等方面存在差异，要求采取针对性的训练负荷。教练员只有准确分析运动员的特点，根据运动员的实际情况，制订针对性的训练计划，才能使运动员体能得到充分的发展。

（二）不同负荷效果的特异性

任何训练手段都有特异性和非特异性、直接作用和辅助作用的区别。负荷具有效果的特异性和方向性。不同内容的负荷和不同强度的负荷对人体的刺激及所起的作用是不同的，如表6-3所示。心率低于150次/分的负荷，属于中低强度，依靠有氧系统供能，往往只能起到竞技能力的保持和恢复作用，很难提高。要进一步提高竞技能力，就要在打好有氧能力的基础上，实施大强度直至极限强度的负荷。

表6-3 强度分级的相应机能指标参数及其作用

强度分级	作用	心率（次/分）	血乳酸（毫摩尔/升）	最大吸氧量（%）	供能性质
低强度	恢复	100~120	2~3	50~70	有氧
中强度	保持	140~150	3~4	50~70	有氧
大强度	提高	165~175	4~8	70~80	混合
高强度	提高	175~185	8~12	90~100	糖酵解
极限	提高	>185	>12	90~100	糖酵解

同样，依靠力量训练手段提高心肺的有氧能力收效甚微，因为力量练习（包括力量耐力）主要对神经肌肉系统起刺激作用。提高心肺有氧功能的训练手段主要是采用持续、重复、间歇的方法，进行各种强度、各种距离的跑的练习。

（三）训练阶段与分期

训练阶段与分期具有多重含义，包括运动员职业生涯的各个阶段，也包括年度计划的分期。同时任何一个训练目的、任务都需要一个持续的阶段才能实现。运动员的训练是一个较长的过程，我国训练学理论把运动员全程训练分为基础训练、专项提高、最佳竞技、竞技保持四个阶段，如表6-4。每个阶段的主要任务、持续时间、训练重点及负荷特点不同，决定了体能训练所选择的负荷必须与各阶段的目的、任务相吻合。

表6-4　全程性多年阶段训练划分

阶段	主要任务	年限	训练的重点内容与任务 体能类	训练的重点内容与任务 技能类	负荷特点
基础训练阶段	发展一般运动能力	3~5年	1. 协调能力，基本运动能力 2. 多项基本技术 3. 一般心理品质 4. 基本运动素质		循序渐进留有余地
专项提高阶段	提高专项竞技能力	4~6年	1. 专项运动素质 2. 专项技、战术 3. 专项心理品质 4. 训练理论知识	1. 专项技、战术 2. 专项运动素质 3. 专项心理品质 4. 训练理论知识	逐年递增逼近极限
最佳竞技阶段	创造专项优异成绩	4~8年			在高水平区间起伏
竞技保持阶段	努力保持专项竞技水平	2~5年	1. 心理稳定性 2. 专项运动素质 3. 专项技、战术 4. 训练理论知识	1. 心理稳定性 2. 专项技、战术 3. 专项运动素质 4. 训练理论知识	保持强度明显减量

在一年的训练安排中，根据比赛需要分为单周期、双周期和多周期等周期类型。合理的训练分期，是对训练过程进行有效控制，争取在比赛中获得优异成绩的前提。在一个完整的大周期中，可以分为准备期、比赛期和过渡期，准备期又可以细分为一般准备期、专门准备期；比赛期可以根据需要分为适应性比赛、主要比赛和重要比赛阶段，如图6-3所示。

|一般准备期|专门准备期|适应性比赛|主要比赛|重要比赛|过渡期|

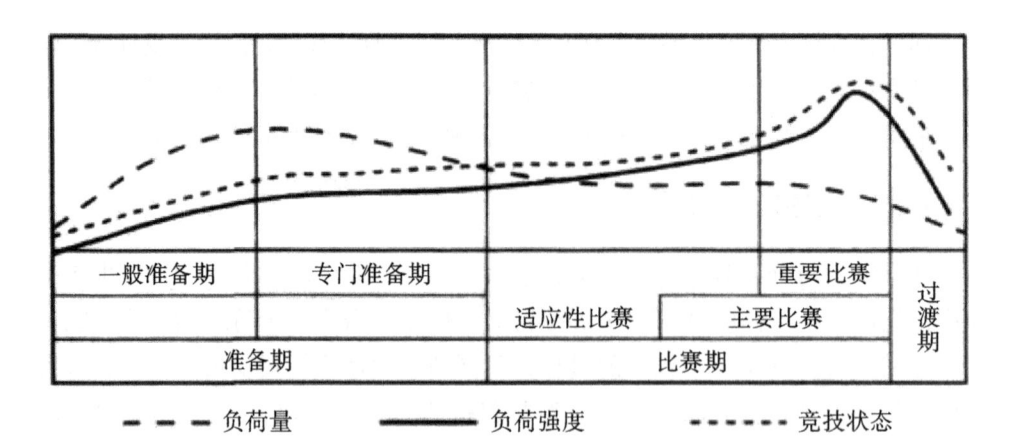

– – – 负荷量　　　——— 负荷强度　　　······ 竞技状态

图6-3　一个训练大周期的一般结构

这种分期不能理解为分开，训练的各个阶段都是相互依存的有机整体。通常认为，一个训练阶段的后延效果会对随后的训练阶段产生非常大的影响，并对确定取得既定成果的能力产生重大影响。在精心设计的训练分期中，变化的训练因素包括训练量、训练强度、训练密度、训练频率、训练重点和练习的选择等都是预先规划的。因此，分期训练可以看作为对训练因素合理的、综合性的安排和处理，以便在预定的时间点上获得最佳的训练成果。

（四）适应与恢复规律

刺激与适应是运动训练的基本原理也是重要的规律。正是人体对负荷的刺激产生了适应，带来了人体各系统、组织、器官甚至细胞的适应性变化，人的运动能力才能不断提高。如力量训练使肌肉选择性肥大，酶的活性提高，力量、爆发力、力量耐力增强，募集肌纤维数量的能力改善，并可能使肌纤维的类型转变，引起神经肌肉系统、结缔组织、内分泌系统的积极性适应。高强度的无氧训练使机体产生的适应主要有Ⅱ型肌纤维亚类间的转变、糖分解酶和氧化酶的增加、血液缓冲酸性物质能力的增强等。

对于适宜的负荷刺激，机体基本遵循"刺激—反应—短期适应—长期适应"，并按照"提高—消退"的规律进行，但适应效率和程度是不同的，如柔韧性一天、力量一周、速度一月、有氧能力一年。练习柔韧性见效最快，而有氧能力训练的适应与提高，需要花费数月、一年甚至更长的时间。机体对不适宜的负荷（过小或过大），不产生良性适应甚至会引起过度疲劳和伤病。同时，这种适应性改变常常具有可逆性，一旦训练中断，获得的适应性就会消退、消失，需要重新进行训练。

没有疲劳就没有效果，但没有恢复就无法进行更有效的训练。疲劳是训练的正常反应，但训练不是为了疲劳，而是为了提高竞技能力。恢复阶段涉及能源物质和系统功能的恢复，不同的负荷造成的能源消耗和身体机能的下降需要的恢复时间不同（表6-5、表6-6）。这种恢复规律是训练课间歇时间的依据，也是课间、周间不同训练负荷内容安排的依据。当代竞技体育训练高度重视恢复，因为人体机能能力是有限度的，适应是有规律的，并不是对任何刺激都能得到良性的应激反应。过多的高强度训练，运动员很难恢复，不仅容易导致疲劳的累积，而且也会造成希望提高的能力不能有效实现的后果，引起训练的负效应。所以科学训练的主要特征并不只是"大运动量"和"高强度"，中低负荷（量和强度）训练是必要的补充，有其独特的作用。

表6-5　力竭运动后有关物质的恢复时间

内容	最短	最长
ATP和CP	2min	3min
非乳酸氧债的偿还	3min	5min
氧合血红蛋白的恢复	1min	2min
肌糖原的恢复	5~10h	26h（间歇运动后） 46h（长时间运动后）
肌肉和血液中乳酸的消除	0.5~1h	1h（活动性恢复） 2h（休息性恢复）

表6-6　不同性质大负荷后各种能力超量恢复所需时间（单位：小时）

负荷的主要性质	磷酸原供能能力	糖酵解供能能力	有氧氧化供能能力
无氧磷酸原供能负荷	48	24	6~12
无氧糖酵解供能负荷	24	48~72	6~12
有氧氧化供能负荷	6	24~48	72

第三节 体能训练的具体计划与设计

一、训练计划基础知识

（一）运动训练过程

体能训练是运动训练过程的重要组成部分。体能训练的重要任务就是努力、充分地挖掘运动员的身体潜力，力求最大限度地提高其体能能力。任何一个训练过程开始时，作为运动训练的主体同时也是训练活动对象的运动员，其体能发展水平总是处于某一特定的状态之中，通过我们所组织的运动训练过程，使运动员的体能能力发展到一个新的、更高的水平[1]。为了实现这一目标，需要我们了解和正确地分析训练过程的基本结构和体能训练的基本特征，为科学合理的训练安排奠定理论基础。尽管不同的运动项目各有特色且对训练有着特定的要求，不同时间跨度的运动训练过程也各有自己不同的组织形式和具体内容，但完整的运动训练过程总是有着自己的规律，总是按照一定的结构形式组织起来。

训练过程实质是一个控制过程。从一般意义上说，控制是指控制主体按照给定的条件和目标，对控制客体施加影响的过程和行为。训练过程控制，是根据运动训练的规律，通过专门的方法、手段，使训练过程按指定的方式进行，达到顺利完成、提高运动员竞技能力和创造优异运动成绩的目的。如图6-4所示，田麦久认为，一个完整的运动训练过程，应该包括运动员起始状态的诊断、训练目标的建立、训练计划的制订、训练活动的实施、训练过程中的检查评定以及训练目标的实现这6个基本环节。

---

[1]郭书胜.现代体能训练方法设计研究［M］.长春：吉林出版集团股份有限公司，2022.

第六章 体能训练的设计研究

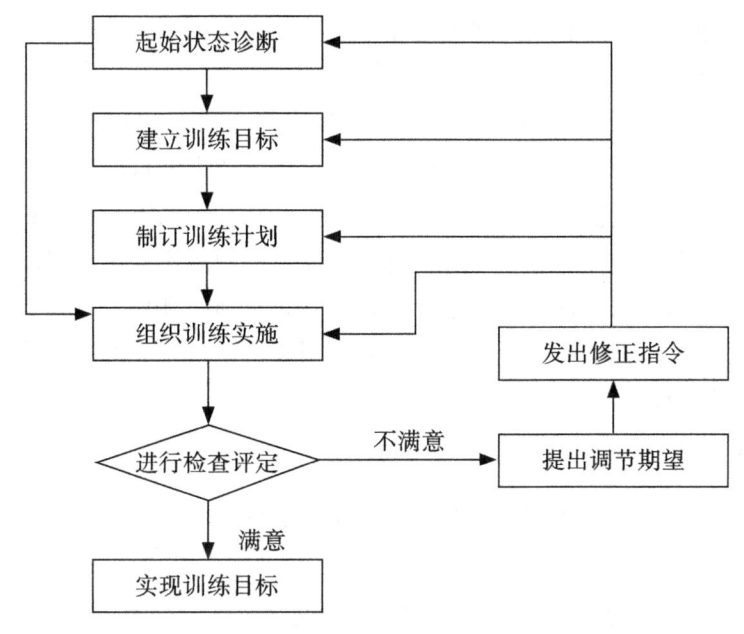

```
起始状态诊断
    ↓
建立训练目标
    ↓
制订训练计划
    ↓
组织训练实施
    ↓
进行检查评定 ——不满意——→ 提出调节期望
    ↓满意              ↑
实现训练目标       发出修正指令
```

图6-4 运动训练过程的基本结构

对运动员起始状态的诊断是一个完整的运动训练过程的出发点；训练目标的建立则是为运动训练过程确定了一个目标状态，是整个运动训练过程进行的目的，也是对运动训练过程发展状况做出检查评定的标准；根据运动员的现实状态、所确定的训练目标以及训练条件的通路所预先做出的理论设计，并进一步通过训练计划的实施，将理论设计付诸实践，并对之进行检验；通过若干特定指标的测定对训练的效果进行检查评定，并将评定的结果与训练的目标状态进行比较，找出差异，以此对相应的环节进行必要的调整与修正，以求使训练获得满意的效果，实现预定的目标。

（二）训练计划的类型

管理学认为，计划是根据组织内、外部的实际情况，权衡客观需要的主观可能，通过科学的预测，提出在未来一定时期内组织所要达到的目标以及实现目标的办法。运动训练计划是对未来的训练过程预先做出的理论设计，是为实现训练目标而选择的竞技状态转移通路，也是教练员和运动员进行运动训练的依据。一个好的训练计划就是合理的周期训练，对周期性训练的充分理解，将会有助于教练员更好地制订和执行训练计划。根据运动员的整体情况和规划目标，专项能力的提高尤其需要对多年、全年、各阶段的训练进行合理、详尽的计划，并通过训练周和训练课等具体训练单元的实施来逐渐落实到训练实践中，使运动员的专项体能水平得到提高[①]。

在设计一份训练计划时，必须考虑几种不同水平且相互有关联的训练计划。每一种训练水平的训练计划制订都要以运动员的训练目标为依据，一旦制订好了训练目标和竞技目标，就要对这些训练计划进行系统地组织和排序，以便使运动员能够朝着训练和竞技目标迈进。依据不同的标准可以把计划分为不同的类别，如体能训练计划、战术训练计划、力量训练计划等。训练实践中常常根据时间跨度，把训练过程划分为不同的周期，制订相应的周期计划，通常有多年训练计划，年度训练计划，大周期、中周期、小周期、训练日和训练课计划，如表6-7所示。

表6-7　训练计划周期类型的序列结构

周期类型	时间	分类与构成		
多年	2年以上	全程性（10~20年）		区间（2~4年）
年度	1年	单周期	双周期	多周期
大周期	10~30周	准备期	比赛期	恢复期
中周期	4~15周	准备期	训练期	调整期
小周期	1周（4~10天）	训练周	赛前周	比赛周	恢复周
日周期	1~3次课	综合课		单一课

1. 多年训练计划

多年训练计划是运动员多年训练过程的总体规划，是运动员的职业发展蓝图，运动寿命长的运动员可长达20年甚至更久。多年训练计划由一系列年度训练计划组成，这些年度训练计划彼此密切联系，共同将运动员的训练引向具体的训练目标和比赛目标。在制订多年训练计划时，要密切注意下列内容：

（1）了解个人特点　包括年龄、身体发育、伤病、性格、道德品质等。

（2）制订阶段性（年）竞技能力和运动成绩目标　可以对运动员的体能、技术、战术、心理、智能等竞技能力进行纵向的和横向的比较，力争达到预计目标，不应过于追求运动成绩。

（3）确定、设计各阶段（年）主要的任务和训练手段　任务应该是与运动员所处的年龄段相适应的，首先打好基础，再逐年提高，使运动员完成各阶

---

①郭书胜.现代体能训练方法设计研究［M］.长春：吉林出版集团股份有限公司，2022.

段相应的任务，而不是盲目地追求好成绩，这对运动员的运动寿命和成绩有重要意义。训练手段要精心设计，先进行比较广泛的一般性训练，再增加专项训练的比例。

（4）明确存在的问题，提出改进方法　对各阶段存在的问题，要进行深刻的分析并反思、总结，找出解决办法，不断优化训练计划。

多年训练计划包括基础性的训练任务、主要目标以及年度训练计划。多年训练计划的目标制订和实现是通过具体的年度、周期、训练课的训练目标综合而成。

在全程训练计划的早期青少年训练阶段，容易出现负荷特别是强度过大的问题，突出力量、速度、耐力等能力的提高，而忽视技术、协调能力的完善，造成身体素质与技术的不平衡。资料显示，我国优秀运动员出成绩的年龄明显小于国外优秀运动员，如表6-8所示。与世界优秀运动员相比，在速度力量性项目、耐力性项目、综合性项目上我国女子年龄分别小4.89岁、6.34岁和5.15岁，男子分别相差4.53岁、5.65岁和4.87岁。我国优秀男、女田径运动员平均年龄为21.07岁和20.75岁，分别相差5.02岁和5.46岁。这说明我国优秀田径运动员出成绩较早、退役早、保持最佳竞技能力的时间短。反映出我国在运动员的早期培养阶段存在过度早期专项化、成人化训练倾向，这可能是限制运动员日后向更高水平发展并导致运动寿命短的重要因素，也造成很大的人才浪费。

表6-8　中外优秀田径运动员平均年龄统计表（单位：岁）

选项	性别	我国	世界	相差
速度力量性	女	25.99 ± 3.35	25.99 ± 4.49	4.89
	男	21.55 ± 3.42	26.08 ± 4.28	4.53
耐力性	女	20.51 ± 3.12	26.85 ± 4.25	6.34
	男	20.67 ± 2.58	26.36 ± 4.29	5.65
综合性	女	20.63 ± 2.71	25.78 ± 4.04	5.15
	男	20.95 ± 2.19	25.82 ± 4.02	4.87
平均	女	20.75	26.21	5.46
	男	21.07	26.09	5.02

2. 年度和大周期训练计划

年度训练计划是一系列训练计划中最重要的一个计划，是多年训练计划的细化。制订年度训练计划的主要依据是比赛安排，理论上通常分为以下3种类型：

（1）单周期

以全年为一个大训练周期，包括准备期、竞赛期和过渡期。单周期计划由于准备期过于冗长，比赛严重不足，很难把握竞技状态的起伏，因此，只适合特殊情况如出现伤病、队伍或技术出现重大改变而难以在短期内提高的运动员、运动队使用。

（2）双周期

全年分为两个大训练周期，包括两个准备期、两个比赛期和两个过渡期，这是最为经典的周期模式，如图6-5所示。通常上半年、下半年各安排一个比赛阶段，下半年8～9月份是主要的比赛阶段。各阶段根据竞技状态的形成、保持和逐渐消失的规律，分别划分为三个时期，即准备期、竞赛期、过渡期。准备期的主要任务是提高运动员的机能、素质、技术、心理等方面的水平，使运动员的竞技状态初步形成。具体有以下几点内容：

1）准备期分为一般准备阶段和专门准备阶段。一般准备阶段主要是发展一般身体素质和掌握技术，负荷逐渐增大，有限增加训练量；专门准备阶段主要是提高专项素质和技术，训练量减少，训练强度逐渐加大。

2）比赛期的任务是发展专项训练水平，完善专项技术，提高比赛能力，形成和保持良好的竞技状态，创造良好成绩。比赛期负荷趋势是训练量小，训练强度增至最大。

3）过渡期的主要任务是消除比赛所积累的疲劳，促进机体恢复，采用负荷量较小的一般身体训练或积极休息。

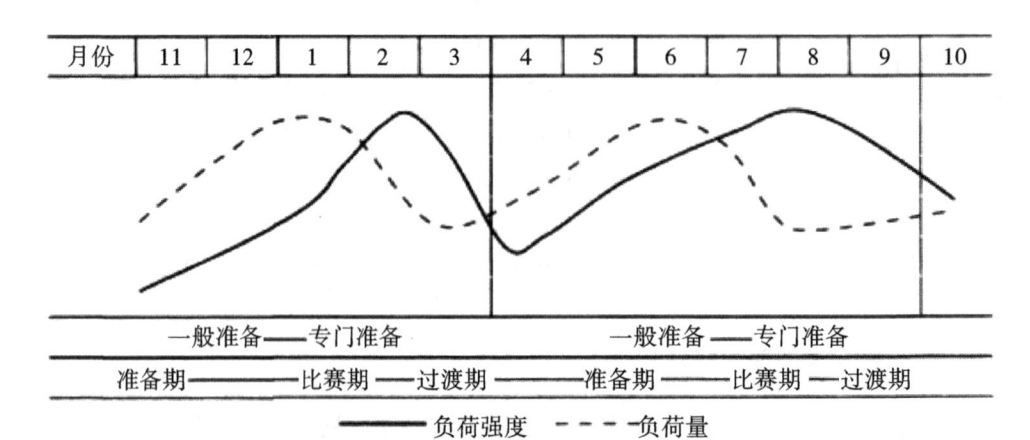

图6-5 典型的年度双周期模式

第六章 体能训练的设计研究

（3）多周期

在全年中设有多次比赛的年训练计划，在两次比赛的间歇期，进行保持训练水平的训练或安排积极性休息。目前，多周期年度计划安排在职业运动员、世界优秀运动员中较为常见，主要原因是各项目不同类型的比赛大幅度增加，如表6-9所示。同时赛制的不同，使得运动员无法使用单一的周期类型，如美国 NBA、我国的CBA等，赛季长、比赛多，基本是每年的10月份开始，到第二年的5～6月份比赛结束，每周比赛甚至多达2～3场。因此，传统的单周期、双周期安排已经很难适应比赛多、赛制复杂的需求。

表6-9 世界优秀运动员最多比赛次数[1]

竞技项目	一周	一个月	一年
1. 自行车（场地）	4	16	>100
2. 田径短跑	3	10	65
3. 田径跳跃	5	18	65
4. 田径投掷	5	14	60
5. 举重	3	5	20
6. 田径中跑	3	7	49
7. 游泳	2	9	35
8. 冰上速滑	2	8	47
9. 划船	2	4	30
10. 长跑	2	8	58
11. 公路自行车	2	3	24
12. 雪上速滑	3	8	46
13. 竞走	2	5	24
14. 摔跤	2	3	34
15. 击剑	2	4	21
16. 拳击	2	3	15
17. 冰球	4	16	110
18. 篮球	6	16	>100
19. 竞技体操	3	4	43

[1] 列·巴·马特维耶夫.竞技运动理论［M］.姚颂平，译.上海：华东理工大学出版社，1997.

优秀运动员比赛的次数增加是一种现实和趋势。纽曼2001年的统计结果显示，世界优秀公路自行车运动员年比赛出发次数高达120次，游泳运动员为90次，长距离滑雪运动员为35次左右。田径和游泳项目不仅比赛次数有了明显增加，而且赛期也遍布全年。世界著名三级跳远选手爱德华兹（Edwards）2001年夏季的比赛量为17次（冬季室内6次），其中6~10月份的4个月中达10次，所有比赛的成绩均在17米以上。

但要注意的是比赛数量的增加本身并不能提高训练的质量，优秀运动员对每一个阶段的比赛并没有专门的准备，而是正常训练状态的一种展示，也是提高强度的一种有效方法。所以不对训练进行合理设计和调整而盲目地增加比赛次数往往适得其反。在奥运年，不少优秀运动员仍然选择了双周期的年度计划模式。因为竞技状态的形成、保持和消失有必然的规律，个人最佳竞技状态可以在一个赛季出现2~3次，维持的时间通常认为在8~14天之间。应根据目的和个人的实际，有选择地参加比赛，使最佳状态出现在最重要的比赛阶段。目前，高水平运动员的全年负荷基本稳定，负荷量、训练的方法与手段有所变化，避免训练强度和竞技状态的过大起伏。

3. 小周期和课时计划

（1）小周期

在训练方法学中，小周期是年度训练计划中最有用的规划工具，是训练日（课）计划到训练大周期（阶段）计划的过渡环节，它的结构和内容决定了训练的质量。周计划是由数次训练课组成的，持续时间3~10天不等，是最小和最基本的训练阶段性结构，包含了非常具体的训练目标。根据任务及训练内容的不同，周训练计划可分为基本训练周、赛前诱导周、比赛周及恢复周。

1）基本训练周：通过负荷的节奏性改变引起新的生物适应现象，不断提高运动员的竞技能力。根据需要，基本训练周又分为加量周、减量周和加强度周、减强度周。

2）赛前诱导周：赛前诱导周训练主要用于比赛前的专门训练准备，使运动员的机体适应比赛的要求，通过整合把训练过程中所获得的竞技能力转化到专项上去。通常在主要比赛的赛前2~3周开始安排赛前周训练，主要的做法是有序地减少负荷量，维持或适当增加负荷强度。极限强度的力量训练要减少，以免造成神经肌肉疲劳难以恢复。

3）比赛周：为运动员在各方面达到最佳竞技状态做准备，并进行最后的调整训练和参加比赛，力求创造优异成绩。比赛周训练一般以比赛日为训练周的最后一天，往前数一个星期予以计算。

4）恢复周：通过降低运动负荷和采用各种恢复措施消除运动员生理上和心理上的疲劳，以求尽快地实现能量物质的再生，促进疲劳恢复。恢复的时间并不是越长越好，恢复期间应保持一定的身体活动，采用积极性的恢复方式，维持基本的运动能力。

在周训练过程中，要求在完成主要任务的同时，要考虑训练的系统性和各训练周之间的相互衔接。周训练的不同内容及不同负荷要合理交替安排，这样既能使运动员所需要的各种竞技能力得到全面综合的发展，又可避免负荷过于集中而引起过度疲劳。具体的负荷方式因为项目和个人的不同而有较大的差异，现阶段采用3∶1和2∶1负荷范式的较为常见，少量采用3∶2的方式，如图6-6所示。3∶1范式是指负荷量连续增加三周，第四周开始下降。2∶1指连续两周增加负荷量，第三周下降。

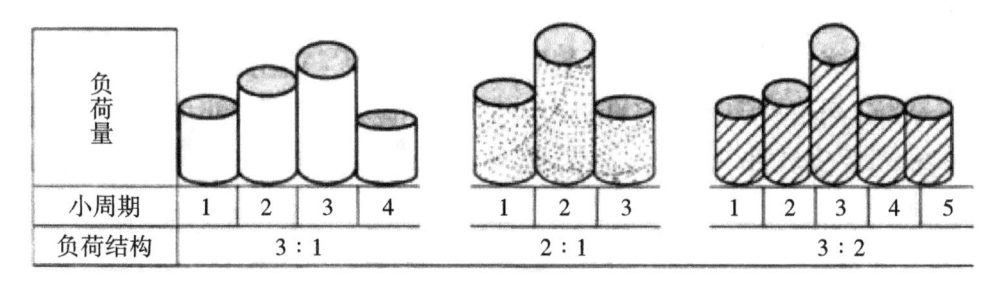

负荷量												
小周期	1	2	3	4		1	2	3		1	2	3	4	5
负荷结构		3∶1					2∶1				3∶2			

图6-6 小周期负荷范式

小周期训练计划的制订要注意下列几个方面：

1）目的清晰，围绕大周期、中周期的任务安排训练计划，将任务落实到周计划中。

2）负荷的内容要合理交替，训练课之间要有逻辑关系，促进能力和素质的迁移。

3）注意训练手段方法多样性的同时，有效使用重要的、专门的手段方法。

4）根据负荷性质，安排针对性的恢复措施。

（2）课时计划

训练课是训练计划中最基本的结构单位，课时训练计划是根据周训练计划规定的各个课次的训练任务，并结合当日运动员技能情况、场地器材、气候等实际情况制订的。通常一堂训练课由热身激活的准备部分、实施负荷的基本部分和恢复再生的结束部分组成。准备部分是让机体逐步进入工作状态，并从心理和生理两个方面做好承受计划负荷的准备。

基本部分是课的主体内容，按照训练任务及训练内容的安排顺序进行，一般来讲，顺序安排应该是技术、速度、力量和耐力，但不是每次课都包括这四项内容，要根据个人竞技状态和小周期的训练目标来考虑安排。其间，运动负荷必须有一次或者几次达到高峰。结束部分要逐渐降低运动负荷量，使机体进入接近安静时的状态[①]。

良好的课时训练效果是完成小周期任务的基本保证。不同训练内容的课特别是强度的变化直接影响周计划的训练效果。比较典型的安排是每周2~3次大负荷的训练，如图6-7所示，模式一在周三、周六安排大负荷，模式二在周二、周四、周六安排大负荷，其他时间交替安排中、小负荷。这样的安排既能保证比较充分的恢复，又能保证主要训练内容大负荷训练的强度。

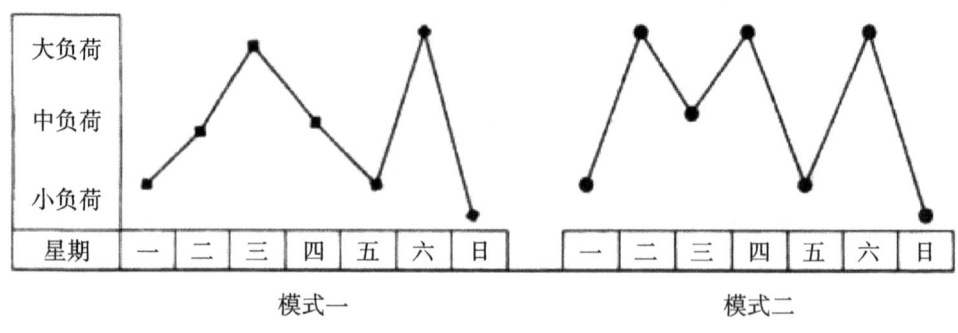

图6-7 周课时计划负荷模式

目前理论上把课时计划分为单一训练课和综合训练课两种类型。

1）单一训练课：单独发展力量、速度或耐力；单独进行技术或战术练习；安排专门的检查、测验、比赛课等。单一训练课的好处是可以集中精力发展某一项竞技能力，改进某种明显的缺点或不足，但综合效果不够理想，能力、素质的良性迁移受到限制。

2）综合训练课：把两种以上的内容有机安排在一堂训练课中，如力量与专项技术；体能与专项能力；核心稳定性与灵敏、协调；速度与速度耐力等。这种安排相当于组合训练，把多种训练内容糅合在一起，利于能力间的转化，获得良好的综合训练效果。

综合训练课要注意以下两个问题：

一是内容的安排顺序要合理，如速度训练在前，耐力训练在后，如果先安

[①]盖文亮.实用体能训练理论与方法解析［M］.长春：吉林人民出版社，2020.

排耐受乳酸的训练手段如300~600米段落跑，再进行爆发力练习，就不可能获得好的训练效果；二是每一项内容都不宜实施极限负荷，会影响后一个内容的训练，如投掷项目在极限强度的力量训练后，再安排极限强度专项训练，如果次数过多就容易出现受伤的危险。

实践中不少教练常常把体能训练安排在大强度的专项训练之后，所谓"垃圾时间"练体能，是一种很不专业的做法。不仅不能有效提高体能，也影响专项能力的有效提高。运动员在比赛中表现出的许多缺陷是因为体能不够，如力量不足、灵敏和协调性不足、比赛后程技术变形、动作迟缓等，需要进行专门的训练。在适当的体能训练、有一定的激活或疲劳后进行专项训练，可以改善运动员的比赛适应性，提高训练的实战性。

在专门的力量训练后安排相关专项技术的训练，可以有效促进力量向专项力量、专项能力的转化。运动技术、战术能力具有相对稳定性，技术一旦掌握往往终身不忘，但完成技术动作的效果主要依靠体能状态。神经肌肉系统的精细调控能力、能量供应能力、速度储备等因素直接决定了技、战术的完成效率。具体的安排还要考虑训练需要和负荷特点，如耐力、有氧练习安排在专项训练后就是一个不错的选择。

课时计划的制订要注意下列问题：

1）目的明确，围绕周计划任务、要求，确定课的内容、方法、手段。

2）注意使用有特异性、直接效果的训练手段，提高课的训练效果。

3）手段多样化，穿插使用辅助性练习，起调节过渡的功效。

4）精细安排负荷强度，把负荷与课的任务、组织、方法结合起来考虑。每周的大强度课次不宜过多，要根据所处的阶段和运动员水平进行安排，具体可参照表6-10。

5）注意课后放松，对容易影响完成计划的内容，如状态、伤病、环境、器材等要有应对办法。

表6-10　周课次中不同负荷参数表

周课次	大负荷课次	中负荷课次	小负荷课次
3~4	1~2	1~2	0~1
5~6	2	2~3	1~2
7~8	2~3	2~4	2
9~10	3~4	3~5	2~3
11~12	4~5	4~5	3~4

二、体能训练计划设计

(一)训练设计的类型和目的

运动训练是一个漫长而复杂的活动。一名运动员从选材开始接受训练,到成为一名优秀的选手,要进行长达数年、十几年的训练,如表6-11所示。之后维持最佳竞技状态又可以持续数年,耐力项目选手甚至在40多岁仍然可以保持高水平的竞技状态。项目千差万别,有在成人阶段才能达到顶峰的项目,如举重、投掷、长距离跑、篮球、足球、排球、网球等;也有少年项目,如女子体操、艺术体操、蹦床、技巧等,在较小年龄就可以获得优异成绩;也存在少年—成人项目,青少年和成年都可以获得优异成绩,如乒乓球、游泳等。因此,要进行有效的控制,必须进行整体的考量和系统的训练设计。

表6-11 世界水平运动员的年龄特征[1]

类别	成人项目		少年项目	
	男子	女子	男子	女子
达到世界水平的年龄	21±1岁	19±1岁	17±1岁	15±1岁
需要的训练年限	8~10年		6~10年	
开始接受训练的年龄	10~12岁		6~8岁	

1. 训练设计的类型

根据目的和时间跨度,可以把训练设计分为下列几种类型。

(1)宏观过程设计

主要对运动员的体育生涯进行全过程规划,包括基础训练、专项提高、最佳竞技和竞技保持四个阶段如何有效衔接,各阶段应该分别达到何种水平。理想的宏观过程设计应该更全面一些,包括学习教育和职业生涯,因为这牵扯到运动员的个人发展,要以人为本。好的教育和职业规划既可以解决运动员的后顾之忧,也可以提高训练效果,使运动员奋斗目标明确,全身心地投入到训练活动中。

---

[1]田麦久.运动训练学[M].北京:人民体育出版社,2000.

（2）中观过程设计

主要是对1~4年的区间性训练设计，围绕年度和阶段性目标，有序安排一般训练内容和专项训练内容，选择大周期类型，确定负荷的总体趋向，安排比赛系列，阶段性提高竞技能力，完成预计的成绩指标。中观过程中尤其要重视经验的总结，反思得失，不断优化训练计划。

（3）微观过程设计

对大周期、中周期与课时训练进行细节设计。围绕年度和大周期计划，安排不同类型小周期的序列，把握负荷节奏。尤其要对各阶段的训练手段、技术动作、强度与量的搭配、训练方法、放松与营养措施等进行精细的考虑和有序的安排，避免出现状态大起大落和疲劳的积累、伤病等影响训练系统性的问题。

2. 训练设计的目的

（1）使训练成为一个客观、可控的过程

设计训练计划的依据主要是训练目标和运动员的现实状态。要通过生物力学、生理生化手段，对运动员体能、技能、负荷强度、生理反应等进行数字化诊断，建立数字化的训练体系，便于及时地评估和调整，使训练过程成为一个可以控制的过程。

（2）每个训练阶段都达到预期的训练效果

训练是分阶段进行的，各阶段有各自的目的和主要任务。只要设计合理，目标适当，科学安排负荷，就能够实现预期效果。各阶段训练成效和运动成绩并不是越高越好，而应该在设计控制的范围。

（3）让个人和集体的状态在重要比赛中达到顶峰

运动员的状态是有起伏的，要尊重竞技状态形成的规律，通过合理的负荷刺激和有效的监控，促使运动员机能状态、竞技能力在最重要的比赛中达到高峰。这一点对集体项目尤其重要，因为个人的状态低迷会影响集体的完美表现，甚至成为场上比赛的薄弱环节，所以应该重视集体项目的个性化训练。

（二）体能训练设计的训练学和生理学基础

制订体能训练计划不仅要遵循不同人群的生理特点，还要符合运动训练的客观规律。既要考虑到实现训练目标的需要和方法，又必须考虑到运动员主观条件和场地、设备的客观条件。专项竞技需要是教练员在制订训练计划前分析和考虑的重要问题。体能教练在制订训练计划前需要评估运动员的一般体能、专项体能和损伤情况，结合运动项目的生理学和生物力学特征及潜在的损伤风险，根据这些信息来制订训练计划，对训练过程进行监控。因此，在制订体能训练计划时必须考虑下列几个方面：

1. 训练目标

体能训练目标的确立可以为训练计划的设计指明方向。如力量训练的目标是增大肌肉体积还是增加最大力量；注重爆发力还是局部耐力；平衡性、协调性和柔韧性的侧重点问题等。因此，体能训练计划的制订应围绕长期与近期、总体与局部相结合的目标来进行设计和规划，目的在于通过合理的安排实现预先确定的训练目标。

2. 起始状态

运动员训练的起始状态是运动训练过程的出发点，是竞技状态发生变化提高的基础。以实现运动员竞技状态的转移为依据制订的训练计划，必须符合运动员的现实状态，具备可接受性和有效性。可以通过诊断准确地理解起始状态，包括竞技能力、运动成绩和训练负荷。体能状态的诊断与了解是进行体能训练设计最为核心的内容。

3. 自身特点

承担负荷刺激的是运动员个人，个人特点的不同要求训练计划要有针对性。个人的年龄、性别、生长发育状况，生理、解剖特征以及个性心理特点等，在设计训练计划时应该充分地考虑。

4. 运动训练的客观规律

在体能训练计划的具体制订过程中，必须依据客观规律进行科学的设计与安排，才有可能取得成功。在训练过程中应该遵循的运动训练规律包括以下几点：

（1）竞技状态的形成与周期性发展规律

根据竞技状态的形成及其周期性发展规律，确定训练周期的结构，进行训练阶段的划分，并据此安排训练负荷与比赛负荷的节奏。

第六章 体能训练的设计研究

（2）人体对训练的生物适应与变化规律

训练能给运动员以深刻的身体和心理的刺激，并在此基础上产生适应性累积效益，各种竞技能力和能量物质对不同负荷后的异时性恢复有特定的规律，合理地安排负荷节奏。科学地实施大负荷训练，才能有效地提高运动员承受负荷的能力，产生有益的生物适应变化。

（3）重大比赛安排的规律

以比赛为核心安排各个训练过程的结构、分期以及训练内容、方法和手段等。合理地安排比赛，应以重大比赛为核心，形成大、中、小型比赛交叉安排的比赛序列。运动员不可能参加所有的比赛，在制订计划时，必须考虑各种比赛设置的实际节奏，再考虑自身的情况，合理地确定运动员参加比赛的级别、次数的节奏。

5. 运动项目的能量代谢和生物力学特征

能量代谢是影响运动能力极为重要的因素。不同的运动项目、不同的强度及持续时间具有不同的能量代谢特征，如图6-8所示。极限强度的运动依靠ATP-CP系统供能，仅能维持10秒。持续大强度的运动主要是糖酵解系统供能，能力在1分钟内就会显著下降。运动项目的主导能量代谢系统主要取决于参与肌群和能量代谢路径。教练员要根据每个专项运动在技术、战术、身体竞技能力、运动负荷、能量代谢和供能（磷酸原系统、糖酵解系统和有氧系统）等方面的需求，合理地安排训练。

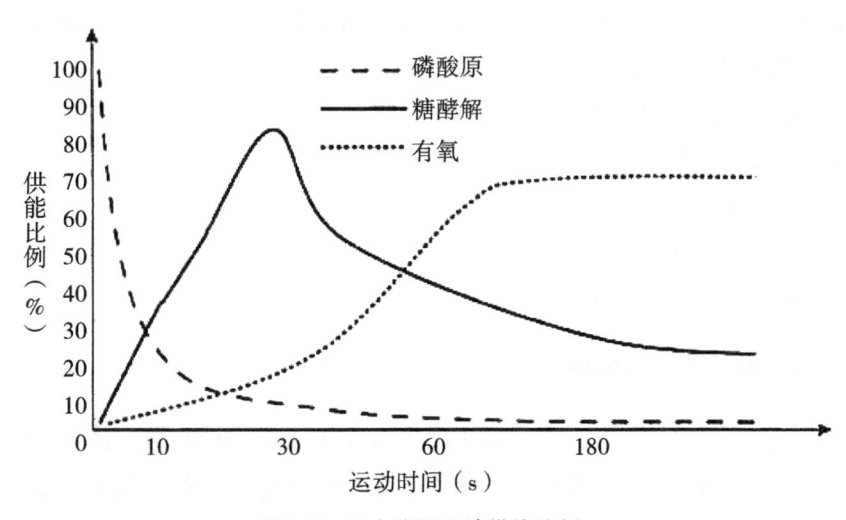

图6-8 三大能源系统供能比例

通过对专项运动中技术动作进行生物力学分析，体能教练能获得技术动作的关键要素，包括技术动作的类型、运动中关节的活动范围、运动中肌肉的收缩方式和完成动作的速度要求等。分析动作模式和肌肉收缩方式有利于教练员选择在生物力学方面与专项运动相似的训练手段，这在力量训练过程中尤为关键。

另外，要考虑组织实施训练活动的客观条件。依据平时训练中所能提供的各种训练条件（比如场地、器材、仪器、设备、训练地点、气温以及经费和人力等）和比赛时主、客观条件变化（如时差、比赛场地和器材、观众、裁判、饮食、规则和竞赛规程等），来制订训练计划。

（三）制订体能训练计划的步骤

训练计划的制订过程实质上就是对训练的各个要素进行排序和整合。训练要素在运动员训练的各个时期，其内容、比例和要求是不同的。不合理安排训练各个因素可能导致训练效果不显著或者过度疲劳，这都不是训练目标预期的发展方向。为了获得最佳竞技状态，要以一种科学有序、合理有效的方式控制训练的各个要素，主要包括项目需求、训练强度、训练密度、训练量、训练手段、训练方法和间歇时间等，充分利用训练干预运动员机体使其产生生理适应。在制订体能训练计划时要有序考虑6个步骤：

1. 需求分析

有效的训练计划必须满足运动员所从事专项训练的需要，满足运动员个人的需要。通过预先了解运动项目特征和运动员特点来决定如何安排可变训练因素。需要考虑的因素有以下几点：

1）项目的能量代谢特征；
2）项目的生物力学特征；
3）比赛特征；
4）运动员的基本目标；
5）运动员的训练经历和损伤情况。

2. 体能与竞技能力诊断

了解运动员体能的缺点和优势才能提高体能训练的针对性。体能包括运动员的力量、速度、耐力及功能性动作水平及贮备情况。要想更完整地了解体能状况，需要同时对技能、战术能力、心理能力及运动智能进行诊断和了解。竞技能力的各个构成因素是一个整体，既相互促进，又相互制约。完整了解运动员的竞技能力，才能对体能训练了然于胸；尤其要了解运动员在体能上的不足及运动项目对体能的特殊需求。

3. 明确指导思想

训练指导思想是在掌握运动训练理论知识的基础上，通过实践经验所形成的对训练过程、周期、负荷包括体能的看法。尊重运动训练规律，利用训练规律，才能保证训练的科学性。教练员的指导思想对运动训练带来的影响极其深刻和长久，需要教练员、体能训练师不断了解运动前沿动态，提高科学素养，形成正确的训练思路。

4. 进行周期规划

好的计划一定是周期安排合理的计划。周期划分紧紧围绕比赛安排进行，要考虑比赛的需求和运动员个人实际，不盲目过多地参加比赛，而是把比赛看成一个完整训练计划的组成部分。现阶段由于比赛的增加，传统的单周期、双周期安排已经不能适应需要。体能训练计划要适应发展的趋势，以多周期安排为主，而且这种短平快式的节奏安排既能使运动员身体机能产生适应和提高，也便于竞技状态的把握和诊断，以及阶段性地调整、优化训练方案。

5. 选择训练内容和手段，确定方法、负荷

影响训练效果最直接的因素是训练内容、手段、方法、负荷，这也是运动训练中最大的可变性因素。要根据运动员阶段性需要选择训练手段，在注意多样化的同时，注意使用有特异性作用的手段。训练中并没有最好的手段，只有更适应、能解决问题的手段。一些手段不能很好解决问题，甚至有负效应。有些手段看上去像专项手段，其实还有很大差距，需要进行综合的生物力学和生理、生化分析。

训练内容和手段确定后，负荷及方法就成为影响训练效果的直接因素。如表6-12所示，提高最大力量的最佳负荷区域是1~6次极限用力，高强度力量耐力选择10~15次负荷区域更有效。其他训练内容也是同样的道理，不在合理的负荷区域就不能达到最佳训练效果。同时，要注意阶段性的改变手段和负荷，一旦运动员对手段及负荷产生了高度适应，其训练效率就会下降。

表6-12 发展四种类型力量训练所需的重复次数[1]

类型	重复次数	类型	重复次数
最大力量	1~6	最大爆发力	<3
高强度力量耐力	10~15	低强度力量耐力	20~60

6. 制订完整的训练计划

在上述5个步骤的基础上，整合各个环节，安排放松手段，设置测评、反馈通路，以便进行阶段性调整、完善体能训练方案，形成完整的体能训练计划。体能训练计划完成后，不能轻易改变，应该相对固定，特别是不应该随意改变体能训练的框架和进程，可以对一些具体的手段、负荷进行必要的调整，除非出现较大的变故而无法执行原计划，否则会对体能训练的系统性造成不利的影响。

---

[1] Ben Reuter. 耐力训练 [M]. 石宏杰，译. 北京：北京体育大学出版社，2015.

第七章 体能测试与评价

第一节 体能测试与评价概述

体能训练是一门科学,科学的训练要根据运动员的个人实际。在运动训练过程中,训练活动的起点是运动员的现实状态诊断,科学的测试、诊断、评价是运动训练科学化的基本内容之一,是确立合理的训练目标,制订针对性的训练计划的前提。在竞技体育近百年的发展过程中,科研人员对运动员生理机能指标、运动能力的测试一直是体育研究的重要内容之一。欧洲国家19世纪末开始应用生理学和生物化学的测试方法对运动员机体状况进行检测和评价。

20世纪50年代以来,人们对运动时供能的有氧代谢和无氧代谢过程中的磷酸原系统、糖酵解系统和糖、脂肪、蛋白质的有氧代谢有了清楚的认识,并相继开展了不同负荷刺激下身体机能、生理生化指标的变化规律的探讨。科研人员用心率、血压、肺活量测试了解运动员的基本健康水平、恢复程度,并发明了库尔克试验、台阶试验、PWC_{170}实验、Wingate运动测试等方法,评价有氧能力、爆发力和机体对不同负荷的反应。为提高运动训练的科学水平,我国在20世纪50～60年代开始对运动进行基本的生理生化监控,通过联合机能实验、哈佛台阶试验,采集血乳酸、血红蛋白、尿蛋白等生理生化指标,分析训练效果,进行机能评定,为运动员的大运动量训练提供科学参考。

随着竞技能力理论的出现,人们开始重视对运动员体能、技能、战术能力、心理、智能的综合评价。力量、速度、耐力、灵敏、柔韧等身体素质成为运动员主要的身体训练内容,因此对力量、速度、耐力的测试与评价成为热点。最大力量测试、爆发力测试、等速测试等与运动能力高度相关的指标体系,受到教练员、运动员、科研人员的高度重视。

近几十年来,竞技体育发展迅速,比赛对抗激烈,对体能要求在提高,一些有世界影响力的赛事协会开始重视本体系职业运动员的体能测试,如美国NBA有自己专门的测试体系指标,如表7-1所示。美国体能教练协会认为,测

体能训练的基本理论与方法

试和能力评价的方法对于全面评价球员至关重要，通过这些方法，可以客观地反映出运动员的速度、力量、爆发力、灵敏和柔韧能力，以使运动员能适应激烈的对抗并减少危险。我国也制定了优秀篮球运动员机能评定指标：身体成分、中央视力、周围视力、心率、比赛后即刻心率、血压、心电图、血红蛋白、血清睾酮、血清肌酸激酶、血尿素、血乳酸、最大摄氧量等。

表7-1　美国NBA球员体能测试内容

能力类别	测试方法
爆发力	纵跳
灵活性	20米计时跑
身体素质	300米折返跑（总距离）
肌肉力量与耐力	俯卧撑/引体向上/仰卧起坐
柔韧度	体前屈
身体组织	皮肤褶皱

人们对健康的关注也促进了各国对国民的基本运动能力、健康水平的测试与评价的重视。各国相继推出国民体质或青少年身体素质测试标准。美国体质测试内容主要包括心肺功能耐力（有氧代谢能力），身体成分，肌肉力量、耐力和柔韧性，腹部肌肉力量耐力，上肢肌肉力量与耐力，躯干力量及柔韧性、灵敏性。中国体质健康测试组件主要体现在心肺功能、速度与灵敏、肌肉力量与耐力、柔韧性[①]。2014年我国制定了新的学生体质测试标准，如表7-2所示，以促进学生对体育运动、身体健康的重视。

表7-2　国家学生体质健康标准测试项目（2014年修订）

年级	测试项目
小学1年级~大学	体重指数（BMI）、肺活量
小学1~2年级	50米跑、坐位体前屈、1分钟跳绳
小学3~4年级	50米跑、坐位体前屈、1分钟跳绳、1分钟仰卧起坐
小学5~6年级	50米跑、坐位体前屈、1分钟跳绳、1分钟仰卧起坐、50米×8往返跑
初中、高中、大学	50米跑、坐位体前屈、立定跳远、引体向上（男）、仰卧起坐（女）、1000米跑（男）/800米跑（女）

---

①赵琦.体能训练理论与方法[M].南京：东南大学出版社，2017.

随着核心力量训练、功能性训练在体能训练领域的出现，科研人员、体能教练开始用功能性动作测试、星型平衡测试、Y型平衡测试对运动员的动作效率、平衡能力、潜在伤病因素及康复水平进行评价。在此基础上强化体能训练的科学性，设计专门的训练计划，提升运动员的运动表现，成为新的发展趋势。但这些新的测试方法的作用也被人们怀疑，因为它并不能直接反映运动员的运动水平。

到目前为止，竞技体育领域已经形成了身体机能测试、体质或基本运动能力测试、身体功能性测试、专项体能测试的完整测试、评估体系（表7-3），以期为制订更合理的训练计划，提升训练效率，促进运动员的运动表现，提供科学的依据。目前，结合专项特点对运动员进行功能性动作效率测试与训练，被认为是判断运动员伤病风险及提高运动表现的重要方法。但任何测试都有局限性，人体的运动表现是复杂的，能够准确反映成绩水平的只能通过比赛本身，因此，要综合地运用多种方法进行测试、评价，减少盲目性[1]。

表7-3 体能的测试、评价体系

类别	亚类	内容
基础体能测试	心血管系统	心率、血压等
	呼吸系统	肺活量及指数等
	代谢机能	无氧、有氧代谢等
基本运动能力测试或体质测试	速度素质	反应、动作、位移速度等
	力量素质	最大力量、爆发力、力量耐力等
	耐力素质	无氧、有氧耐力等
	柔韧素质	体前屈、肩部、俯卧背伸等
	灵敏素质	10秒钟象限跳、立卧撑等
专项体能测试	结合专项需要进行的身体机能、运动素质、专项能力的综合性测试	YOYO体能测试、专项折返跑、专项力量、专项灵敏性等

[1]赵琦.体能训练理论与方法[M].南京：东南大学出版社，2017.

第二节 基础体能的测试与评价

体能可分为基础体能和运动体能。基础体能是指人体各器官系统的机能能力。运动体能是指从事运动所需的速度、力量、灵敏性、协调性、平衡和反应等。运动体能与基础体能成分有重叠之处，例如心肺耐力、肌肉力量、肌肉耐力、柔韧性和身体成分等，体能成分无论是对健康还是对技能性要求较高的运动都是十分重要的。对体能的测试与评价包括对基础体能和运动体能的测试与评价。

基础体能是指人体各器官系统的机能能力，包括机体新陈代谢的功能以及各器官系统的工作效能，类似于身体机能的概念。通过对基础体能的测试，可以了解身体机能的状况和体质水平，并可以反映身体锻炼或运动训练的效果。基础体能的测试包括心血管系统机能、呼吸系统机能、代谢机能等方面，在做体能评价时要根据所测指标予以综合评定[1]。

随着科学技术的进步，新的仪器设备不断投入到测试体系中，如各种跑台测试、监测训练负荷的遥测技术等。但传统的测试方法仍然有效，本书主要进行简单介绍。

一、心血管系统机能测试

心血管系统是由心脏和血管组成的闭合管道，其功能反映一个人的发育水平、体质状况与运动训练的水平。对心血管系统机能进行测试在一定程度上可以反映体能的状况，常用心率和血压来进行评定。

（一）心率

心率是每分钟心脏搏动的次数，以次/分表示。正常人动脉脉搏频率和心跳频率一致，因此可用测量脉搏频率来表示心率。作为循环系统机能状况的一个指标，心率可反映心脏机能的工作状况。常用的心率指标主要有基础心率、安静心率、运动中心率和运动后心率。

1. 心率的测定

心率测定的方法有心音听诊法、指触法和心率遥测法。指触法通常可以测

---

[1]谭成清，李艳翎.体能训练［M］.长沙：湖南师范大学出版社，2012.

定的部位有颈动脉、桡动脉和肱动脉。每次测10秒，乘以6即是1分钟的心率数。类别包括：基础心率、安静心率、运动中心率和运动后心率。

2. 心率的评定

心率的评定方法主要有：立位、卧位姿势脉搏差，30秒钟深蹲定量负荷测试，库尔克试验，台阶试验等方法。举以下两种方法说明：

（1）30秒钟深蹲定量负荷测试

首先让受试者静坐5分钟，测15秒钟脉搏，乘4得1分钟脉搏数（P_1）；然后做30秒钟30次起蹲，最后一次站起后测15秒钟即刻脉搏，乘4得1分钟脉搏数（P_2）；休息1分钟后再测15秒钟脉搏数（P_3）。

评定：指数=（$P_1+P_2+P_3-200$）/10

正常情况下心率可在运动后3分钟内完全恢复，如果身体疲劳，恢复时间将明显延长。根据上述公式，计算出心脏功能指数，指数的大小可以反映心脏功能的好与差，也反映了训练水平的高低。经常从事体育运动，心脏机能逐渐提高，安静时脉搏降低。固定负荷运动时，身体出现机能节省化，运动后的心率不会显著变化，运动停止后恢复较快，因此计算出的指数较小。根据指数，评价标准依次是：最好（小于或等于0）、很好（0~5）、中等（6~10）、不好（11~15）、16以上为很不好。

（2）台阶试验

12岁以上（不含12岁）台阶高度，男40厘米，女35厘米；12岁以下（含12岁）台阶高度30厘米。用2秒钟上下1次台阶的速度，连续不停地做3分钟上下台阶运动。做完后取坐姿，测量恢复期第2、3、4分钟前30秒的心率。

计算公式如下：

台阶指数=上、下台阶的连续时间（秒）×100/2×（3次测量脉搏数的总和）。

青年大学生台阶指数的评价标准如表7-4所示。

表7-4 大学生台阶指数的评价标准

性别	优秀	良好	及格	不及格
男	54以上	46~53	40~45	39以下
女	52以上	44~51	25~43	24以下

台阶实验指数可以在很大程度上代表心脏血管系统的机能水平。指数越大说明心血管机能状态越高，指数越小说明心血管机能水平越低。长期的有氧运动可以改善心血管系统的机能，因此在台阶实验中定量负荷运动时，心率次数降低，停止运动后心率恢复到安静水平的时间减少，表现为台阶实验指数增加。

（二）血压

血压指血液流动时对血管壁所造成的侧压力，一般指体循环中的动脉血压。在一个心动周期中，心室收缩时动脉血压上升达到的最高值称为收缩压，心室舒张时动脉血压下降达到的最低值称为舒张压，收缩压与舒张压的差值称为脉压。

人体动脉血压测量一般采用听诊法，测量部位为上臂肱动脉。用血压计的压脉带充气，通过在动脉外加压，根据血管音的变化来测量血压。正常人安静时动脉血压较为稳定，变化范围较小，收缩压为90~120毫米汞柱，舒张压为60~90毫米汞柱，脉压为30~50毫米汞柱。一般情况下运动员的收缩压在正常值水平，舒张压在正常值的下限范围，血压为95~115/55~75毫米汞柱。通常血压的评定指标有晨起血压和运动时血压的变化[1]。

1. 布兰奇心功指数

布兰奇心功指数是通过测量心率和血压，按照以下公式计算而来：
布兰奇心功指数=心率（次/分）×［收缩压（毫米汞柱）+舒张压（毫米汞柱）］/100

采用布兰奇心功指数评价的特点是评定心率的同时，考虑了血压因素，因而能较全面地反映心脏和血管的功能。布兰奇心功指数在110~160范围内为心血管功能正常，平均值是140；大于200为紧张性增高反应；小于90为紧张性低下反应。

2. 耐力系数

耐力系数=心率×10/脉压
耐力系数的正常值为16，心脏功能越好，指数越小。

3. 体位平均血压指数

卧位血压差=（收缩压-舒张压）/3+舒张压
立位血压差=（收缩压-舒张压）/3+舒张压

---

[1] 谭成清，李艳翎. 体能训练［M］. 长沙：湖南师范大学出版社，2012.

体位平均血压指数=（立位血压差–卧位血压差）×100/立位血压差

体位平均血压指数0.0以上为上等，0.0~–18为中等，–18以下为下等。

二、呼吸系统机能测试

呼吸系统的主要功能是与外界进行气体交换，对呼吸系统机能进行评定主要从肺通气功能的量和对呼吸运动控制能力的质两个方面来进行。肺通气功能的主要指标是肺活量，呼吸运动控制能力可以通过闭气试验得到反映。

（一）肺活量和肺活量指数

肺活量是一次呼吸时的最大通气量，在一定程度上反映肺的通气功能水平。肺活量的大小取决于呼吸肌的力量、肺和胸廓的弹性等。肺活量与体重的比值为肺活量指数，是反映肺通气能力的常用指标，其值越大，说明呼吸系统的机能越好，是基础体能测试中常用的一项指标。

肺活量正常成年人的平均值，男性为3500~4000毫升，女性为2500~3500毫升。中国青少年肺活量指数正常值范围为：男生63.2~68.9；女生55.5~59.5，如表7-5所示。

表7-5　大学生肺活量指数评价标准　　单位：ml/kg

性别	优秀	良好	及格	不及格
男	70以上	57~69	44~56	43以下
女	57以上	46~56	32~45	31以下

肺活量和体重指标都可以通过体育锻炼得到改善，最终表现为肺活量指数的升高。另外，体重增加而肺活量未得到提高，肺活量指数会下降，说明呼吸系统的机能也降低了。

（二）时间肺活量

以最大吸气后在一定时间内尽快能呼出的气量为时间肺活量，是动态反映呼吸机能的一项有效指标，用专门的实验仪器进行测试。健康成年人第一秒平均值约为83%，第二秒约为96%，第三秒约为99%。

（三）5次肺活量试验

5次肺活量试验主要测定呼吸肌的耐力，方法是受试者取站立位，每15秒钟测量1次肺活量，共测5次。15秒钟时间既包括吹气时间，也包括休息时间，因此，在75秒之内测量5次肺活量。5次测量结果基本接近或逐渐增加为机能良好；反之则逐渐下降，尤其是最后2次显著下降为机能不良。

（四）定量负荷后5次肺活量试验

先测量安静时肺活量，然后做定量运动，如可进行30秒20次蹲起或1分钟台阶实验。运动后立即测量1~5分钟的每分钟肺活量，共测5次。负荷后的每分钟肺活量逐次增加，或保持安静时的水平，为机能良好或正常；如果负荷后的肺活量逐次下降，经5分钟仍不能恢复至安静时的水平为机能不佳。

（五）最大通气量

最大通气量是指人体以适宜的呼吸频率和呼吸深度进行呼吸时所能达到的最大限度的每分钟通气量，它反映受试者的通气贮备能力，与机体的健康水平和训练程度密切相关。最大通气量越大，说明呼吸系统潜在功能越强。正常成年人的平均值，男性为100升，女性为80升。

三、代谢机能测试

体能与机体的代谢能力有关，代谢能力的大小归根结底取决于能量的供给与利用能力，其中ATP的合成与利用是关键。根据运动时骨骼肌ATP合成和利用的途径，可将机体的代谢系统分为无氧代谢系统和有氧代谢系统，如表7-6所示。无氧代谢能力主要指磷酸原供能系统和糖酵解供能系统的供能能力；有氧代谢能力和机体转运氧和利用氧的能力有关，因此，对体能的测试离不开对机体代谢能力的测试。

表7-6　代谢机能测试体系

类别	供能系统	内容与手段
无氧代谢能力测试	磷酸原系统	Quebec10秒运动测试
		磷酸原能商法（Alactic Quotient，AQ）
		30米跑测试纵跳法
	糖酵解系统	玛格里亚卡耳曼测试（Kalamen-Margaria）
		30秒 Wingate运动测试
		60秒Wingate无氧测试60秒最大负荷测试
		45秒乳酸能商法（Lactic Quotient，LQ）

(续表)

类别	供能系统	内容与手段
有氧代谢能力测试	有氧氧化系统	乳酸阈、个体乳酸阈测试 6分钟亚极量负荷测试 最大摄氧量测试直接测定法：活动平板法、功率自行车测定法 最大摄氧量测试间接测定法：Astrand-Ryhnuiy最大摄氧量推测法、12分钟跑推算法、PWC_{170}测试

（一）无氧代谢能力的测试和评价

无氧代谢能力指机体在磷酸原和糖酵解供能条件下的做功能力，通常可以在实验室通过各种测功器械，对运动员整体做功能力进行综合评定。根据磷酸原和糖酵解供能系统供能的特点，测试时要求在不同的时间里达到相应的最大运动强度。通常利用最大输出功率、平均输出功率、疲劳指数等指标来评定无氧代谢能力的大小。

1. 磷酸原系统供能能力的测试

磷酸原系统供能能力的测试方法主要有Quebec10秒运动测试、磷酸原能商法（Alactic Quotient，AQ）、30米跑测试、纵跳法、玛格里亚卡耳曼测试（Kalamen-Margaria）。

（1）纵跳法

无氧供能能力功能与纵跳摸高的高度和体重有关，根据纵跳摸高的高度和体重可间接推算无氧供能能力。首先测量受试者的体重，标记站立摸高的高度，然后用力原地向上跳起，达腾空最高点时做一标记，测量站立摸高与纵跳摸高的垂直距离即为纵跳高度。

（2）玛格里亚卡耳曼测试（Kalamen-Margaria）

受试者先称体重，然后站在离台阶6米处。令受试者以3级1步的最快速度跑上台阶，一直跑至12级，记录通过由第三级到第九级的时间（电动计时的开关在第三级和第九级，当受试者脚踏上第三级时，开动计时器，而跑到第九级时计时器停止，通常大约0.5秒）。测试3次，取1次最短时间。

根据公式计算功率：功率（千克米/秒）=体重（千克）×第三级到第九级的垂直距离（米）/第三级到第九级的时间（秒）。

2. 糖酵解系统供能能力的测试

糖酵解系统供能能力的测试包括30秒Wingate运动测试、60秒Wingate无氧测试、60秒最大负荷测试、45秒乳酸能商法（Lactic Quotient，LQ）等。

（1）30秒Wingate运动测试与应用

测试时采用功率自行车，要求受试者尽可能快蹬，在3~4秒内调整到规定阻力负荷，同时开始计时，进行30秒钟全力蹬车运动。阻力系数以Monark型为75克/千克体重作为参考值，同时可根据训练水平进行调整。评定指标有30秒平均功率、输出总功率、最高功率（5秒内最大输出功率）、疲劳指数，其中疲劳指数=（最高功率−最低功率）/最高功率。评定结果中输出功率和输出总功率值大、疲劳指数小，表示供能能力越强。

（2）60秒最大负荷测试与应用

60秒最大负荷测试是用来评定人体最大糖酵解供能能力的一种方法。

操作过程如下：首先测定受试者运动前安静时正常的血乳酸值，然后让受试者在田径场全力跑400米或者在跑台上全力跑1分钟，再测试运动后血乳酸的最高值，分别记录数据。

评价如下：

1）运动后血乳酸浓度在14~18毫摩尔/升，可以初步判定糖酵解供能能力好；

2）运动后血乳酸浓度在9~10毫摩尔/升以下，则说明糖酵解供能能力差；

3）可以用来评价一个训练阶段的效果，如果经过一个训练阶段运动成绩提高，而且血乳酸值也同时升高，则表明糖酵解供能能力提高，训练效果良好；

4）一个训练阶段后成绩提高，但血乳酸值不变，说明运动员有潜力；

5）训练后血乳酸不变或升高而成绩下降，则表明这一阶段训练效果不理想，运动员机能水平下降。

（二）有氧代谢能力的测试

有氧代谢供能是机体长时间运动时主要的供能方式，主要与低强度、中等强度或亚极量强度运动，且超过2~3分钟以上的运动项目有关。有氧代谢供能能力的大小可以通过测试乳酸阈等指标来反映。主要方法有乳酸阈测试、6分钟亚极量负荷测试法、最大摄氧量（VO_2max）测试、PWC_{170}测试等方法。其中最大摄氧量（VO_2max）测试又分为活动平板法、功率自行车测定法、Astrand-Ryhnuiy最大摄氧量推测法、12分钟跑推算法等[1]。

1. 乳酸阈测定

乳酸阈是指在递增负荷运动时由有氧代谢供能到大量动用无氧代谢供能的临界运动强度，反映了长时间运动中血乳酸保持稳态水平时的最大有氧代谢能力，此时血乳酸释放入血的速度等于血乳酸最大消除速率。通常用血乳酸浓度达4毫摩尔/升时所对应的摄氧量、功率或运动速度来表示。

乳酸阈的测定方法很多，一般都是以乳酸—功率曲线为原理，采用逐级递增负荷方法测定。起始负荷和递增负荷的大小取决于运动员的性别、年龄和训练程度。例如，跑台的起始负荷，一般无训练者为2.5米/秒，中等训练水平的男子或具有高度耐力训练的女子为3.0米/秒，高水平耐力训练的男子3.5米/秒。在安静状态以及每次负荷后即刻准确取血测定血乳酸浓度。以功率为横坐标，血乳酸浓度为纵坐标，把各负荷后的血乳酸值在相应点上标记，并连成一条曲线。取对应于4毫摩尔/升血乳酸浓度的功率值为乳酸阈功率，如图7-1所示。乳酸阈处对应的跑速越快（或功率越大），则有氧能力越强。当运动员有氧运动能力提高后曲线会右移。

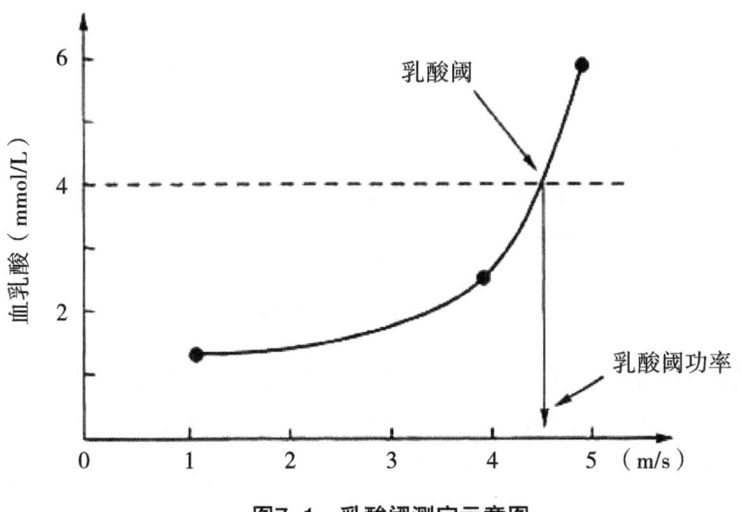

图7-1 乳酸阈测定示意图

---

[1] 谭成清，李艳翎. 体能训练［M］. 长沙：湖南师范大学出版社，2012.

除了在坐标纸上画出乳酸—功率曲线的方法外，还可以采用内插法求出乳酸阈值。取血乳酸接近4毫摩尔/升前后的两级功率或跑速V_1、V_2，所对应的血乳酸值分别为LA_1和LA_2，代入公式：乳酸阈=$(V_2-V_1)(4-LA_1)V1/(LA_2-LA_1)$，所得值为乳酸阈值。乳酸阈处对应的跑速越快（或功率越大），则有氧能力越强。

由于在完成运动负荷时，每个人都具有不同的血乳酸动力学变化特点，因此个体乳酸阈的测定可以更客观地评定不同运动员个体有氧代谢能力的差异与优劣，如图7-2所示。个体乳酸阈的测定采用蹬功率自行车逐级递增负荷的形式，起始负荷为50W，每3分钟递增50W，一般递增不超过6级。分别采取安静时、各级负荷后即刻及恢复期第2、5、8、10、15分钟的血样测定血乳酸，在坐标纸上画出乳酸动力学变化曲线，最后一级负荷后即刻的血乳酸值定为A点，由A点作水平线与恢复期曲线相交于B点，再由B点向负荷曲线作一条切线，切于C点。C点所对应的纵坐标为个体乳酸阈乳酸浓度，对应的横坐标为个体乳酸阈强度。采用个体乳酸阈值的测定方法，可以根据运动员个体选择最佳训练强度和训练计划，也有助于专项选材。

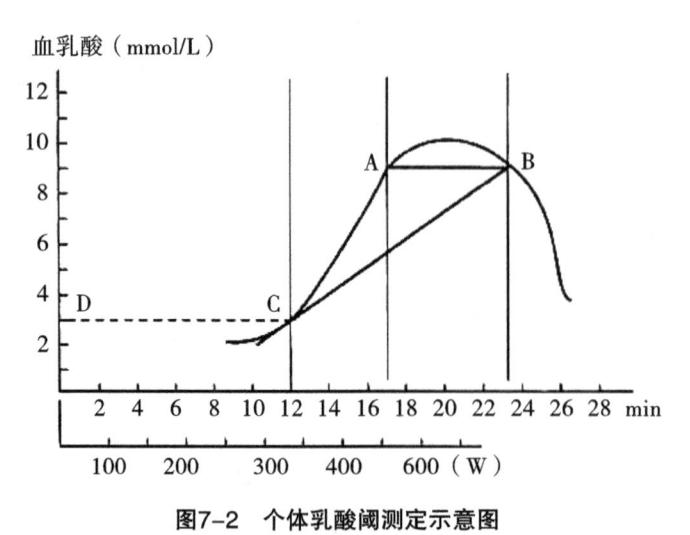

图7-2 个体乳酸阈测定示意图

乳酸阈较VO_2max能更客观、更好地反映运动员的有氧代谢能力。一般VO_2max高的运动员乳酸阈值也高，在较长时间的耐力运动中，乳酸阈强度比VO_2max更能预测运动成绩，因为比赛时跑速非常接近乳酸阈强度。而较短时间的有氧运动强度，实际上超过VO_2max强度，此时用VO_2max表示已没有意义。大量研究证明，经系统训练后，运动后乳酸升高的幅度下降，而VO_2max变化则不大。所以使用乳酸阈比VO_2max更具实用性和科学性。

2. 12分钟跑推算法

12分钟跑测试是让受试者全力跑12分钟，测量跑的距离，根据12分钟跑的成绩推算VO₂max。肯尼斯·库珀1968年报道，VO₂max与12分钟跑的距离之间呈高度相关，相关系数为0.897。日本的研究结果也证实了肯尼斯·库珀的结果，且无年龄和性别差异，因此，可以通过12分钟跑的成绩间接推算出每千克体重的VO₂max。一般从事耐力项目运动员的VO₂max比其他项目运动员要高。测试前受试者要充分做好准备活动，在跑的过程中尽量快跑，但在开始和结束时，应避免全速跑和冲刺跑。

可通过下面的公式来评价受试者的VO₂max。VO₂max（ml/kg·min）= 35.97S−11.92，S为所跑的距离，单位为英里。

在测定VO₂max时要求全身各器官系统尤其是心肺功能充分动员，尽可能多的肌群参与运动，功率输出达到最大。当有氧代谢系统达到最大供能状态时，已经有相当多的糖酵解参与供能，血乳酸可达9毫摩尔/升以上，平均血乳酸浓度范围是9~12毫摩尔/升，未见明显的专项特点。因此，血乳酸可以作为VO₂max测定的辅助指标。先测安静时血乳酸值，然后让受试者在做准备活动后进行12分钟跑，记录12分钟的最大跑距和跑后3、5、10、15分钟血乳酸值，用跑距和血乳酸值来综合评定。评价时以跑的距离长、跑后血乳酸消除速度快，是有氧代谢能力强、机能状态好的表现；跑的距离短、跑后血乳酸消除速度慢，是有氧代谢能力差、训练水平低的表现。

由于VO₂max值代表机体整体利用氧的最大能力，测定时要注意以下几点：

1）必须使全身各器官系统尤其是心肺功能充分动员；

2）让尽可能多的肌肉群参与运动；

3）功率输出达到最大。耐力运动员随着运动成绩和有氧代谢能力的不断改善，VO₂max值增大，其对应的血乳酸值出现下降。

人体进行有氧耐力运动时，VO₂max反映机体呼吸、循环系统氧的运输工作的能力。VO₂max是有氧耐力的基础，其值越大，有氧耐力水平越高。VO₂max可以用于有氧工作能力的评价和耐力运动员的选材。

第三节 运动体能的测试

运动体能与身体素质有关，身体素质是运动体能的外在表现。身体素质也称身体适应性,是指人体在运动过程中所表现出来的速度、力量、耐力、灵敏、柔韧、平衡、协调等机能能力的总称,是人体各器官系统的机能在肌肉工作中的综合反映。这种机能能力不仅与人体解剖、生理特点有关,而且与锻炼程度、营养状况也密切相关。它是掌握运动技术、提高锻炼效果的基础。身体素质是决定运动体能的重要基础,目前的体质测试基本与运动体能测试类似。

这里主要介绍速度、力量、耐力、柔韧和灵敏素质的测量和评价。

一、速度素质测试

速度是指人体进行快速运动的能力,包括人体对外界信号刺激做出快速反应、快速完成动作以及快速位移的能力。因此,速度素质包括反应速度、动作速度、位移速度。反应速度是指人体对各种信号刺激(声、光、触等)快速应答的能力;动作速度是指人体或人体某一部分快速完成某个动作的能力;位移速度是指人体在特定方向上快速移动的能力。影响速度的因素是多方面的,如肌肉的力量、肌纤维类型、中枢神经系统的机能状态、条件反射的巩固程度、年龄、性别、体形、柔韧性及协调性,等等。因此对速度素质的测试通常包括反应速度、动作速度、位移速度能力的测试。

(一)反应速度测试

反应速度的测试通过测定反应时来进行,用突然发出的信号来统计运动员对简单信号的反应能力。反应时是指从机体接受刺激到作出应答所需要的时间,也叫反应的潜伏期,是指从刺激开始呈现到做出反应之间所经历的时间。反应时的测定方法主要有对光、声反应时,即视觉和听觉反应时的测试。在实验内容上有复杂反应时和简单反应时两大类,其中复杂反应时又包括选择反应时、辨别反应时等的测试。简单反应时主要有光反应时测试、手反应时测试、全身跳跃反应时测试等。本节介绍光反应时和全身跳跃反应时测试步骤。

1. 光反应时测试

利用仪器检测受试者机体视觉反应时的快慢,具体测试步骤为:

1)打开电源,待仪器所有灯熄灭,屏幕数字显示0.000后,可按键开始测试。

2)受试者按"启动"键在0.5~3秒后(该时间任意变化)反应时键1~5号中任一键,发光有音响,这时食指离开"启动"键(即受试者按"启动"键后信号发出到食指离开"启动"键的时间)。这段时间表示简单反应时(第一个反应时间）。

3）LED显示简单反应时，同时受试者食指以最快速度按向给出信号的键，一旦食指按下键，灯光信号随时停止，LED显示综合反应时（第二个反应时间）。

4）上述"第二"与"第三"步骤连续操作5次后，按"功能"键，出现的第一组数据显示的是简单反应时的平均值，再按一次"功能"键，显示综合反应时的平均值，再按一次"功能"键，结束本次测试。

2. 全身跳跃反应时测试

测试全身跳跃动作时的反应时。具体测试步骤有以下几点：

1）受试者站在跳台上，膝关节微屈。
2）以光或音响为信号，当接受指令后尽可能快地垂直跳离跳台。
3）用表面电极法记录受试者的小腿肌电图，通过示波器记录从信号到肌电图发现的时间（反应开始时间），从信号到脚离开跳台的时间（全身反应时）。
4）连续测量3次，取其平均值，以毫秒为单位记录。

一个完整的反应过程由五部分组成：一是感受器将物理或化学刺激转化为神经冲动；二是神经冲动由感受器到大脑皮质；三是大脑皮质对信息进行加工；四是神经冲动由大脑皮质传至效应器；五是效应器做出反应。因此，通过反应时的测试可以来评定反应速度的快慢。

（二）动作速度测试

动作速度是指人体或人体的某一部分完成单个动作或成套动作的快慢以及单位时间内重复动作次数多少的能力。这往往寓于某一个技术动作之中，如抓举的动作速度、跳跃起跳的动作速度、游泳转身的动作速度等，所以动作速度的测量是与技术参数测定联系在一起的，如测出手速度、起跳速度、转身速度、加速度等[1]。

1. 坐姿快速踏足

测量受试者两脚快速交替重复特定动作的能力。受试者坐在快速动作频率测试车车鞍上，两手扶车把，大腿成水平状，膝关节成90°，两脚快速上下交替做踏足动作，记录计时器的数值（10秒钟内重复动作的次数）。测3次，每

---

[1]赵琦.体能训练理论与方法[M].南京：东南大学出版社，2017.

次测10秒钟，取最好成绩。踏足次数越多，则受试者的动作速度越快。

2. 两手快速敲击

测量受试者两手快速交替重复特定动作的能力。首先，调节金属触板与骼嵴同高。受试者站在测试台前，两手各持一根金属棒，食指按住棒的前端。听到信号后，两手快速交替敲击金属触板，记录计时器的数值（10秒钟内重复动作的次数）。测3次，每次测10秒钟，取最好成绩。敲击次数越多，则受试者的动作速度越快。

（三）位移速度测试

通常采用短距离的极限强度跑来进行测试。常采用定距计时或定时计距的方法来测量，定距计时要求跑的距离不要过长，可用30~60米的距离。可测定2~3次，取最好成绩。定时计距可用4秒或6秒冲刺跑等方法来进行。测试时要在受试者不疲劳、神经兴奋性高的状态下进行。也可以测试绝对速度即不从起跑计时，而测定以最高速度跑过某段距离的能力，预跑距离在10~15米之间。

1. 30米跑

30米跑主要测试受试者快速跑动的能力。受试者采用站立式起跑，听到发令声后快速跑向终点，记录成绩。测2次，取最好成绩。50米、60米跑测试同30米跑测试的要求一样。

2. 4秒或6秒冲刺跑

受试者站立于起跑线，可采用任意方式起跑。听到发令声后快速跑动，当听到停跑声后立即停止跑动，记录受试者所跑动的距离。测2次，取最好成绩。

二、力量素质测试

力量素质是指人体神经肌肉系统在工作时克服或对抗阻力的能力。力量素质可分为最大力量、快速力量、爆发力、相对力量、力量耐力等。根据肌肉收缩的形式可分为等张性力量和等长性力量。力量是反映人体运动能力的重要指标。

（一）最大力量的测试

最大力量既可在静态条件下测定，亦可在动态条件下测定。这种方法的优点在于，当器械以各种不同速度运动时都可以表现出最大力量。

1. 握力测试

测量受试者臂部、手部肌肉的力量。具体测试步骤为以下几点：

1）握力计指针调至0。受试者手持握力计，转动握距调整螺丝，使中指第二关节屈成90°时为最佳握距。

2）测试时，受试者两脚自然分开（约一脚距离），身体直立，两臂自然下垂，持握力计的手掌心向内，握力计的指针向外。用全力握握力计的内、外柄。每只手握2次，分别记录最好成绩。取最好成绩与自身体重相比为握力指数（握力/体重）。注意在用力抓握的过程中，上肢和躯干保持垂直于地面。

2. 背肌力测试

测量受试者背部肌肉的力量。具体方法如下：

受试者双足站在背力计的底盘上，调节拉杆高度（拉杆高度与受试者膝盖上缘平齐）。受试者上体前倾，双手正握拉杆，身体用力上抬。注意拉时膝关节保持伸直，不要猛然用力。测2次，记录最佳成绩（千克），然后使指针回0。

3. 卧推

卧推主要用于最大等张肌肉力量的评价，通常以能够一次成功举推的最大重量，即1次重复重量（One-Repetition Maximum，1RM）的大小表示。测试过程中，卧推的起始重量通常低于1RM重量，在成功完成该负荷的测定后，休息2~3分钟，继续推举新的重量直至1RM重量。一般情况下，每次增加重量的幅度不要超过2.5千克，具体步骤如表7-7所示。身体其他部位、下肢最大力量（半蹲）的测试遵循同样方式。

表7-7　最大负重（1RM）测试方法及步骤

步骤	强度	重复次数	备注
1	60%左右	8~10	热身
2	75%左右	3~5	热身
3	90%左右	1	
4	100%左右	1	
5	100%+2.5kg	1	注意帮助

注：举不起时可适当减重，组间休息2~3分钟。

4. 等速测试

等速测试可以测量人体各个关节的最大力量、力量耐力、爆发力,可以通过数据对比对人的肌肉状况进行诊断,要利用专门的仪器进行。等速测试由于速度是可调的,而且测试过程中随时可以停止,因此极为安全,也被广泛用于肌肉康复练习。利用等速测试实施肌肉力量检测与评价通常是在30～180度/秒关节运动角速度,在慢等速运动条件下进行时,由于此时加载于肢体的负荷阻力最大,因此,慢等速测试常被用于进行最大动态肌力检测与评价。

等速肌肉力量测试的主要评价指标为峰力矩(Peak Torque,PT),它是力矩曲线最高点所代表的力矩值,单位为牛·米(N·m)。每千克体重的峰力矩称峰力矩体重比(Peak%BW)。此值可供横向比较,有高度特异性及敏感性,是最有价值的动态肌肉力量评价指数之一。以膝关节伸肌为例,受试者取坐位于等速肌肉力量测试系统的测试椅上,腿部、躯干固定。调节等速肌力测试系统的膝关节运动角速度为60度/秒,设定最大运动重复次数为5次。运动试验开始时,要求受试者尽最大努力完成膝关节屈伸运动,记录受试者每次最大收缩的结果,取最大值代表膝关节伸肌的最大等速肌力[1]。

利用等速测试评定力量时,要注意根据专项特点制定不同的评定标准,还要重视对对抗肌群力量的评定。在评定伸肌力量时,要重视对屈肌力量的评定,既要重视对局部主要运动环节力量的评定,又要重视对整体用力效果的评定。

(二)快速力量的测试

快速力量的大小,通常可采用动力曲线描记图分析评定,例如:下肢蹬地力量或上肢击打力量的动力曲线描记图。通过计算快速力量指数也可评定快速力量。三维测力台和上述等速测力仪都可以用于快速力量和下肢爆发力的测试。

(三)爆发力的测试与评定

爆发力指肌肉快速收缩发出的力,是完成许多动作和位移运动必不可少的重要素质,常以立定跳远或原地纵跳来评定下肢的爆发力。

1. 立定跳远

立定跳远用来测试下肢肌肉力量及身体协调能力的发展水平。测试方法为:

---

[1] 赵琦. 体能训练理论与方法 [M]. 南京:东南大学出版社,2017.

1）被测者两脚自然分开站立，站在起跳线后，脚尖不得踩线。

2）两脚原地同时起跳，不得有垫步或连跳动作。

3）丈量起跳线后缘至最近落地点后缘的垂直距离。

4）跳3次，记录其中最好一次成绩。以厘米为单位，不计小数。

2. 原地纵跳法

原地纵跳主要反映受试者垂直向上跳跃时下肢肌肉的爆发力。首先测量受试者原地摸高（指尖）的高度，然后原地用力向上跳起，达腾空最高点时做一标记，测量站立摸高与起跳摸高的垂直距离即为纵跳高度。测3次，取最好成绩。

（四）相对力量的测试

相对力量是指每千克体重所具有的最大力量，所以其评定可在对最大力量测定的基础上进行，用最大力量与体重之比值为相对力量（每千克体重）。

（五）力量耐力的测试

对力量耐力的评定多采用多次重复完成动作的方法，根据重复的次数进行评定。通常采用1分钟仰卧起坐、俯卧背伸计时、1分钟俯卧撑等方法进行测试。

1. 仰卧起坐

仰卧起坐测量受试者腰腹部肌肉的力量耐力。

受试者全身仰卧于垫上，两腿屈膝成90°角，两手指交叉贴于脑后，一同伴压住两腿关节处。起坐时，以双肘触及同侧膝关节为成功一次。仰卧时，两肩胛骨必须触垫。测试时，测试人员发出"开始"口令开始坐起，同时开表计时，记录1分钟所完成的次数，注意控制脊柱不宜过度弯曲。表7-8为普通人1分钟仰卧起坐评定标准。运动员仰卧起坐能力要明显好于普通人。

表7-8 普通人1分钟仰卧起坐评定标准

年龄组（岁）	性别	1分（差）	2分（一般）	3分（较好）	4分（好）	5分（优秀）
20~24	男	23~27	28~35	36~47	48~55	≥56
	女	1~5	6~15	16~25	26~36	≥37
25~29	男	20~25	26~33	34~45	46~50	≥51
	女	1~3	4~11	12~20	21~30	≥31

(续表)

年龄组（岁）	性别	1分（差）	2分（一般）	3分（较好）	4分（好）	5分（优秀）
30~34	男	16~20	21~28	29~39	40~46	≥47
	女	1~3	4~10	11~19	20~28	≥29
35~39	男	12~18	19~25	26~35	36~42	≥43
	女	1~2	3~6	7~14	15~23	≥24

2. 1分钟俯卧撑

测试受试者肩部、臂部和胸部的肌肉耐力。

受试者身体成俯卧姿势，并用两手撑地，手指向前，两手间距与肩同宽，两腿向后伸直，用脚尖撑地。然后屈臂使身体下降，使肩与肘接近同一个平面，躯干、臀部和下肢要挺直，当胸离地2.5~5厘米时，撑起恢复到预备姿势为完成一次。在1分钟之内连续完成以上动作，计算总的完成次数。

严格按要求完成动作，不能塌腰和抬臀，否则不计次数。普通男子1分钟俯卧撑标准见表7-9。

表7-9 普通男子1分钟俯卧撑评价标准（单位：个）

年龄组（岁）	1分（差）	2分（一般）	3分（较好）	4分（好）	5分（优秀）
18~20	4~11	12~19	20~29	30~39	≥40
21~22	3~9	10~16	17~25	26~33	≥34

三、耐力素质测试

耐力是体能的组成部分，也是人体运动能力的构成要素。训练学理论把耐力素质看作是人体在尽可能长的时间内进行一定强度运动的能力。许多项目在进行运动竞赛时都要持续一定长的时间，因此耐力也被看作是对抗疲劳的能力。

耐力是一种综合能力，是人体各器官系统机能和意志品质的整体表现，同时耐力素质指标可以用来评价人体机能水平和体质强弱。

耐力素质可以进行如下分类：

1）按人体生理系统，把耐力素质分为肌肉耐力和心血管耐力。其中肌肉耐力与力量有关，故又称为力量耐力；心血管耐力与氧的供应与利用有关，可分为有氧耐力和无氧耐力。

2）按耐力素质与专项的关系，可以把耐力素质分为一般耐力和专项耐力。一般耐力是基础性耐力，对专项运动成绩的提高只能起间接作用；专项耐力是指与提高专项运动成绩有直接关系的耐力，具体地讲是指以一定的强度维持专项比赛动作的能力。

评定有氧耐力的方法有很多，经常采用的方法是定距离的计时位移运动，如1500~10000米跑、400~3000米游泳、100~200千米自行车骑行及5000~10000米划船等，还有定时计距的12分钟跑等。上述基础体能的耐力测试仍然有效，方法相同，不再赘述。

通常最大摄氧量（VO_2max）在耐力测试中较为常用，既可以判定耐力水平，也可以用来指导耐力的训练。我国正常成年男子VO_2max为3.0~3.5升/分，相对值为50~55毫升/（千克·分）；女子绝对值为2.0~2.5升/分，相对值为40~45毫升/（千克·分）。可以对照表7-10的相关数据进行实践操作。

表7-10　普通人（12分钟跑）最大有氧能力评定表（单位：米）

体能水平		年龄（岁）			
		30以下	30~39	40~49	50以上
很差	男	<1600	<1500	<1400	<1300
	女	<1500	<1400	<1200	<1000
差	男	1600~1999	1500~1799	1400~1699	1300~1599
	女	1500~1799	1400~1699	1200~1499	1000~1399
一般	男	2000~2399	1800~2199	1700~2099	1600~1999
	女	1800~2199	1700~1999	1500~1799	1400~1699
好	男	2400~2799	2200~2599	2100~2499	2000~2399
	女	2200~2599	2000~2399	1800~2299	1700~2199
很好	男	>2800	>2600	>2500	>2400
	女	>2600	>2400	>2300	>2200

VO_2max在耐力素质评定中是常用指标，也可以用来指导训练实践。因为VO_2max与心率、呼吸商有线性关系，所以可以用来间接判定耐力训练的强度，如表7-11所示。

表7-11 由12分钟跑成绩推算VO_2max相对值

成绩（米）	VO_2max（相对值）	成绩（米）	VO_2max（相对值）
1000	14.0	2500	45.9
1100	16.1	2600	48.0
1200	18.3	2700	50.1
1300	20.4	2800	52.3
1400	22.5	2900	54.4
1500	24.6	3000	56.5
1600	26.8	3100	58.5
1700	28.9	3200	60.8
1800	31.0	3300	62.9
1900	33.1	3400	65.0
2000	35.3	3500	67.1
2100	37.4	3600	69.3
2200	39.5	3700	71.4
2300	41.6	3800	73.5
2400	43.8	3900	75.6

四、柔韧素质测试

柔韧素质是指人体关节在不同方向上的运动能力以及肌肉、韧带等软组织的伸展能力。柔韧素质通过关节运动的幅度，按一定的运动轴产生转动的活动范围表现出来。柔韧素质分为一般柔韧素质和专门柔韧素质。一般柔韧素质是指机体中最主要的那些关节活动的幅度，如肩、膝、髋等关节，这对任何运动项目都是必要的。专门柔韧素质是指专项运动所需要的特殊柔韧性，如武术运动中的下腰、体操运动中的横叉等。专门柔韧素质是掌握专项运动技术必不可少的条件[1]。

测量与评定柔韧素质带有局部性的特点，其测量方法和手段均涉及身体有关部位完成动作时的活动幅度。一般来说，年龄越小，柔韧性越好，随着年龄的增大，柔韧性会越来越差。良好的柔韧素质不仅是运动所需，也可以防止受

---

[1]赵琦.体能训练理论与方法［M］.南京：东南大学出版社，2017.

伤。另外，柔韧性并不是越高越好，要根据专项需要，过度的柔韧性练习会对关节稳定性带来不利的影响。柔韧素质对不同年龄的人都是非常重要的，要保持良好的柔韧性需经常进行牵拉练习，自身用力的大小应依自我感觉来安排。

常用测试方法主要包括：坐位体前屈、肩部柔韧性、立位体前屈、新坐位体前屈、俯卧背伸、转肩、转体、肩臂上抬（俯卧抬臂）等。下面主要列举几种常用方法。

（一）肩部柔韧性测试

肩部柔韧性测试评价的是肩关节的活动范围。测试方法是：站直后，举起右手，前臂向体后下方弯曲，并尽量向下伸展，同时，用左手在体后去触及右手，尽可能地使两手手指重叠。完成右手在上的测试后，以相反的方向进行测试（即左手在上）。一般总是一侧的柔韧性要好于另一侧，但相差过大说明肩关节存在隐患。

（二）立位体前屈

立位体前屈测量髋关节和腰椎的灵活性及有关肌肉、韧带的伸展性。受试者两脚尖分开5~10厘米，并与平台前沿齐平，脚跟并拢，两腿伸直，上体尽量前屈，两臂平指伸直，两手并拢，用两手中指尖轻轻推动标尺上的游标下滑，直到不能继续下伸时为止，记录刻度读数。以厘米为单位。测2~3次，取最佳成绩。

（三）俯卧背伸

俯卧背伸测量脊柱的伸展性。受试者取直腿端坐姿势。置挠度尺于两腿间，测量其坐高（鼻尖至地面之距）。然后，受试者俯卧于地，双手背叠于臀上，腿伸直。由一同伴按压其两大腿，受试者尽力向后仰体抬头。测试者在其前方，直尺的0端置于地面，当受试者后仰至最高点时，迅速上移引尺直至引尺上端触及其鼻尖（要求后仰至最高点并保持1~2秒的稳定，以便测量）。测量2~3次，记录量尺的读数（厘米），取最佳成绩。用坐高减去最佳观测值，取其差为成绩（坐高–后仰高度）。

（四）转体

转体主要测量腰部的柔韧性。在平坦地面铺一幅画有0°~180°的图，系有锥形重物的约1米长木棍一根。受试者两脚开立约30厘米，立于0°~180°直线上，双肘屈曲于体后夹住木棍，使锥尖正对0°，向左、右各缓慢转体两次。

以转体角度为测量值，取两次测试的平均成绩为测验成绩。

五、灵敏素质测试

灵敏素质是指在各种突然变换的条件下，机体迅速、准确、协调地改变身体运动的空间位置和运动方向的能力，如急起急停、左右滑步。灵敏性在很大程度上依赖于神经肌肉的协调性、反应时间和爆发力。灵敏素质可分为一般灵敏素质和专门灵敏素质两类。评定灵敏素质的方法很多，如反复横跨测试、象限跳测验、滑步倒跑测验、十字变向跑及综合性障碍等[1]。

（一）10秒反复横跨

10秒反复横跨测量受试者迅速、协调地变换身体方向的能力。

在平坦地面上，间距为120厘米画三条平行线。预备时，受试者两脚分开落于中线两侧。听到"开始"口令，先向右跨，即右脚落于右边线外，左脚落于右边线内；然后回到预备时位置；再继续向左跨，同上面右腿动作；再回到预备时位置。凡完成上述1组练习者，为完成1次，每完成1次计4分。每次测试为20秒钟，记录其完成次数和相应得分。可测2次，取最佳成绩。

（二）10秒钟象限跳

10秒钟象限跳测量受试者在快速跳跃中，支配肌肉运动和克服身体惯性的能力。

受试者站在起点线后，听到信号即以双脚跳入第一象限，然后依次跳入第二、三、四象限，如图7-3所示。按此法反复跳10秒，每跳入一个象限计一次。要求跳跃时必须双脚同时起跳，同时着地。路线或跳错象限不计次数，测2~3次，每次10秒，记录完成次数，取最佳成绩。

2	3
4	1

图7-3 象限跳测试

---

[1]刘阳，王鑫刚，薛铭.体能训练理论分析与专项体能训练实践［M］.北京：九州出版社，2021.

（三）10秒钟立卧撑

10秒钟立卧撑测量受试者迅速、准确、协调地变换身体姿势的能力。受试者并腿直立为开始姿势，屈膝至蹲撑，两脚后撤伸直成俯撑，再收腿成蹲撑姿势，然后站起还原成开始的姿势，计其正确完成动作的次数。每名受试者由一名测试者测试。要求：下蹲时手撑地之处距足过远，俯卧时身体不直、屈肘，收腿距手过远，站立不直等，均不计数。具体计算方法同10秒钟象限跳的计算方法。

第八章 体能训练的控制研究

第一节 体能训练的运动处方

一、运动处方的概述

运动处方是指针对个人的身体状况而制定的一种科学的、定量化的周期性的训练计划。即根据对训练者所测试的试验数据，按照其健康状况、体力情况及运动目的，用处方的形式制定适当类型、强度、时间及频度，使训练者进行有计划的周期性运动的指导性方案。这如同临床医生根据病人的病情开出不同的药物和不同的用量的处方一样，故称为运动处方。运动处方的概念最早是美国生理学家卡波维奇（Karpovich）在20世纪50年代提出的。1960年，日本猪饲道夫教授首先使用了运动处方（Prescribed exercise）这一术语。1969年，世界卫生组织（WHO）使用了"运动处方"术语，从而在国际上得到了认可。

（一）运动处方的分类

运动处方按应用的对象和目的的不同可分为三类：

1. 健身运动处方

健康人进行运动处方训练，提高体适能，促进健康，预防运动缺乏病（高血压、冠心病、肥胖等）为目的。主要包括有氧适能运动处方、肌适能运动处方和控制体重运动处方。

2. 竞技运动处方

专业运动员进行运动处方训练，以提高专业运动成绩为目的。

3. 康复运动处方

对患者应用运动处方以治疗和康复为目的。

（二）运动处方的作用

运动处方与普通体育训练和一般的治疗方法不同，运动处方有很强的针对性，有明确的目的，是有选择、有控制的运动疗法。合理设计的运动处方对身体各个系统均能产生积极影响，促进心肺功能的提高，降低冠状动脉疾病危险因子、降低致病率和死亡率以及其他相关效益（降低焦虑和忧郁，增加幸福感，提高工作、娱乐和运动能力），从而达到强身健体、促进心理健康的目的[1]。

（三）运动处方的要素

运动处方的要素包括运动形式、运动强度、运动频率、持续时间和注意事项。

1. 运动形式

运动处方的运动形式包括三类，如表8-1所示。

表8-1　有氧、无氧及混合运动项目示例

有氧运动	无氧运动	混合运动
步行	短距离全速跑	足球
慢跑	举重	橄榄球
自行车	拔河	手球
网球	跳跃项目	篮球
排球	投掷	冰球
远足	肌肉训练	间歇训练

第一类，有氧耐力运动项目，如步行、慢跑、速度游戏、骑自行车、滑冰、越野滑雪、划船、跳绳、上楼梯及功率车、跑台运动等。

第二类，伸展体操及健身操，如广播体操、气功、武术、舞蹈及各类医疗体操和矫正体操等。

---

[1] 谭成清，李艳翎. 体能训练 [M]. 长沙：湖南师范大学出版社，2012.

第三类，力量性训练，如自由负重练习、部分健美操等。

2. 运动强度

运动强度是指单位时间内的运动量（运动强度＝运动量/运动时间）。运动强度是设计运动处方中最关键的部分，它是运动处方四要素中最主要的一个因素，也是运动处方定量化与科学性的核心问题。因此，需要有适当的监控来确定运动强度是否适宜，可根据训练时的心率、酶脱、主观感觉程度、最大摄氧量储备百分比进行定量化。

3. 运动频率

运动频率是指每周训练的次数。有研究表明，当每周训练多于3次时，最大摄氧量的增加逐渐趋于平坦；当训练次数增加到5次以上时，最大摄氧量的提高就很小；而每周训练少于2次时，通常不引起改变。由此可见，每周训练3～4次是最适宜的频率。但由于运动效应的积蓄作用，间隔不宜超过3天。作为一般健身保健或处于退休和疗养的条件者，坚持每天训练一次当然更好，但前提条件是次日不残留疲劳，每日运动才是可取的。关键是运动习惯性或运动生活化，即各人可选择适合自己情况的训练次数，但每周最低不能少于2次。

4. 持续时间

运动持续时间和运动的强度关系密切。因为当运动强度达到阈强度后，一次运动的效果是由总运动量来决定的，而总运动负荷＝运动强度×运动时间，即由两者的配合来共同决定。在总运动量确定时，运动强度与运动时间成反比。运动强度较大，则运动时间较短，运动强度较小，则运动时间较长。

在运动处方中，运动的形式、强度和时间可以有多种变化，在某些场合采用低强度较长时间的运动较为有效，如肥胖者的减肥；反之，在另外一些场合采用短时间高强度的运动较为有效，如训练肌肉力量。

（四）运动处方的制定程序与原则

1. 运动处方的制定程序

1）进行一般调查和填写PRA-Q筛选问卷。

一般调查包括询问病史及健康状况，询问内容包括既往病史、家族病史、身高、体重等。目前的健康状况包括最近是否测过血压或血脂，结果如何，最近有否患病，如果有，详细询问诊断及治疗情况。如实填写PRA-Q问卷。通过调查和问卷初步筛选出怀疑有心血管疾病患者，可嘱咐其到医院进行运动试验复查。

2）用12分钟跑等方法推测有氧适能水平。

3）根据个人具体情况制订运动处方。

4）对运动处方进行修改或微调，按处方活动一段时间后，根据参加者的生理反应和适应状况，再对处方做进一步的修改或调整。

5）实施运动处方。

2. 运动处方的原则

（1）因人而异的原则　要根据每一个参加训练者或病人的具体情况，制订符合个人身体客观条件及要求的运动处方。

（2）有效的原则　运动处方的制订和实施应使参加训练者或病人的功能状态有所改善。

（3）安全的原则　按运动处方，应保证安全的范围内进行，若超出安全的界限，则可能发生危险。在制订和实施处方时，应严格遵循各项规定和要求，以确保安全。

（4）全面的原则　运动处方应遵循全面发展身心健康的原则，在运动处方的制订和实施中，应注意维持人体生理和心理的平衡，以达到"全面发展身心健康"的目的。

二、运动处方的实施

按照运动处方规定的运动内容，如强度、时间和频率等进行体育训练是运动处方的实施。这种体育训练不同于学生的体育课，它更强调以个人的身体机能状况为依据，实行有针对的和周期性的身体训练。这种健身运动处方也不同于运动员竞技运动处方，它是以促进身体健康为目标，更注重身心健康，而不是强调运动竞技水平的提高[1]。

（一）实施的阶段性

任何一次有目的的训练，都应该由三个阶段组成，即准备阶段、训练阶段和整理阶段。

---

[1] 谭成清，李艳翎. 体能训练 [M]. 长沙：湖南师范大学出版社，2012.

1. 准备阶段

通过做准备活动使身体机能由相对安静的状态过渡到适宜强度的状态。该阶段的任务是：通过准备活动提高神经中枢和肌肉的兴奋性；动员和加强心脏活动和呼吸机能，增强肌肉的血液量和供氧量；使体温适当升高，提高酶系统的活性，加快生化反应过程；使肌肉黏滞性下降，弹性增强，防止受伤，加强体内物质代谢过程，为机体进行正式训练做好准备。

准备阶段的时间一般在10分钟以上，根据年龄、季节和运动水平等情况可适当增减。儿童少年神经系统灵活性高，准备活动时间可少些；寒冷季节准备活动时间可少些；运动水平低的体弱者，准备活动的运动强度和运动量不宜过大，时间也可短一些；高水平的耐力性项目运动员准备活动时间可长些，有的要达到30~50分钟。

准备活动的量与强度应低于正式活动，活动的形式通常为先做一些伸展性的柔软体操，依次活动身体各部位关节，再做一些轻松的节律性运动，逐渐增大运动幅度和速度，使心血管及呼吸系统的机能逐渐动员，直至接近正式活动的强度。适宜的时间不宜长，约3分钟为好。

2. 训练阶段

训练阶段是指通过实施运动处方的运动项目，使身体维持在相对较高机能状态下持续运动训练的过程。健身运动处方中的主要任务是：达到和保持适宜的负荷强度，使机体在稳定状态下持续运动所需要的时间，促使心血管、呼吸系统和有氧代谢系统等高效率工作，从而训练其机能适应能力，提高机能潜力。

适宜的负荷强度，即运动处方中设定的负荷取得要在实际运用中通过一定时间的自我反复调试和校正，才能达到较准确的程度。持续运动所需要的时间，即运动处方中设定的时间，一般至少应在10分钟以上。若是采用有间歇训练的运动类型，如球类运动等，整个持续运动的时间可长些。

3. 整理阶段

整理阶段是指通过做整理活动，使身体机能由激烈的运动状态到相对安静状态的过程。整理活动是在正式运动后，逐渐降低负荷要求度，做一些较轻松的身体运动。其目的是使人体激烈的肌肉活动逐渐得到松弛，心血管和呼吸系统紧张的机能活动逐渐缓解，减轻疲劳程度，促进体力恢复。

整理活动的内容和准备活动的内容相似，但安排的顺序要颠倒，动作应较缓和，尽量使肌肉放松。最后还可以做一些拉长肌肉的运动，以利于疲劳的消除。整理活动的时间应在5分钟以上。

（二）实施过程中的自我监控

在运动处方的实施过程中，除了按照运动处方中设定的运动类型、符合强度、时间、间歇和重复次数等进行训练外，还应根据运动过程中和运动后身体的反应情况掌握运动量的自我检测和调节。

1. 心率自我监测

首先要学会计算自己的目标心率，并能熟练地测定自己的脉搏。常在手腕桡动脉处或耳前方颞浅动脉处用手指触扪动脉搏动次数，亦可把手放在左胸部，直接测数心跳次数。但不可在颈总动脉处测定，因为触摸颈总动脉的压力有时会引起心率明显减慢，并有可能出现心脏活动异常。通常用运动停止后即刻测得的10秒钟脉搏数乘以6近似地作为运动时的每分钟心率。

2. 主观强度感觉

主观强度感觉判定法是已被广泛应用的一种简易而有效的评价运动量的方法通常以RPE表示。RPE也是介于心理和生理之间的一种指标。可以说RPE的表现形式是心理的，但反映的却是生理机能的变化。

心率结合RPE值测试是最常用而简易的方法。将客观生理机能的变化与主观心理对运动的体验结合起来，可以避免单纯追求某一靶心率的盲目性。例如，某人的靶心率为150次/分时，RPE值为13，而当患有轻度感染或工作劳累后，再以150次/分心率强度运动时会感到非常困难和费力，RPE值会增加，与以前的主观感觉相比较，这可能是一种前期病理症状，在这样的情况下勉强保持靶心率运动将是十分危险的。而通过RPE值的运动就正好避免了这种潜在的危险的发生。由于身体承受运动负荷的能力具有可变性，所以在运动中通过主观感觉和客观生理指标相结合进行监控较适宜。

3. 自我感觉与基础指标检查

观察每次运动后疲劳的消除情况，运动量适宜的标志是：睡眠良好、次日晨起疲劳感完全消除，感觉轻松愉快，体力充沛，有运动兴趣和欲望。

运动后次日基础状态测定基础心率，每分钟波动不超过3~4次；呼吸频率每分钟不超过2~3次；血压变化范围上下在10毫米汞柱；体重减少在0.5公斤以内。如数日内有脉搏、血压明显地持续上升，或肺活量、体重等明显地持续下降，则说明运动量偏大，有疲劳积累的征兆，应及时减少运动量。

（三）健身运动处方

1. 运动目的

1）改善心肺功能，提高有氧耐力，增强体质。
2）调节神经系统功能，尤其是调节植物神经系统功能。
3）改善消化系统功能。
4）促进脂肪代谢，控制体重，减肥健美。
5）防治高血脂、高血压和动脉硬化等心血管疾病。

2. 运动形式与方法

健身跑的方法很多，比如走跑交替、匀速跑、间歇跑、变速跑和重复跑等。训练者根据身体情况和健康水平等进行选择。对开始从事健身跑的人，最重要的是循序渐进，持之以恒，最好采用走跑交替和匀速跑为好。

（1）走跑交替

走跑交替适合于体弱和缺乏训练的人。方法是先走100~200米，然后慢跑300~500米，重复数次。初参加训练的人，一般是走1分钟，跑1分钟，交替进行。经过一段时间训练之后，就可以缩短走的时间，直到能慢跑5~8分钟。以后每隔1~2周逐渐增加跑步时间和距离，每周跑3~5次，如表8-2所示。

表8-2　20分钟走跑交替运动方案

周次	每周跑2~4次	总时间（分）
1	跑1分钟+走1分钟，重复3次，再跑1分钟	7
2	跑2分钟+走1分钟，重复3次	10
3	跑2分钟+走1分钟，重复4次，再跑2分钟	14
4	跑3分钟+走1分钟，重复4次	16
5	跑4分钟+走1分钟，重复4次	20
6	跑5分钟+走1分钟，重复3次，再跑2分钟	20
7	跑6分钟+走1分钟，重复3次	21

(续表)

周次	每周跑2~4次	总时间（分）
8	跑8分钟+走1分钟，重复2次，再跑2分钟	20
9	跑10分钟+走1分钟，重复2次	22
10	跑20分钟（要求不休息地连续跑）	20

（2）匀速跑

匀速跑是在跑的过程中跑速基本保持不变、匀速地分配体力的一种跑步方式。匀速跑对中年人来说是合适的，可根据自己的体力合理地选择跑步速度，也能够比较容易地控制运动中的心率。训练者还可采用定时间或定距离的匀速跑，灵活多样，由自己来掌握。

（3）间歇跑

是慢跑和行走交替的一种过渡性运动。一般从跑30秒、行走30~60秒开始，逐渐增加跑步时间，以提高心脏负荷。这样反复进行10~20次，总时间12~30分钟，以后每两周根据体力提高情况再逐渐增加运动量，每日或隔日进行1次，如表8-3所示。

表8-3　常用间歇跑方案

周次	慢跑（秒）	行走（秒）	重复次数	总时间（分）	总距离（米）
1	30	30	开始8次，以后每天加1次，至12次	8~12	500~800
2	60	30	开始6次，以后每天加1次，至10次	9~15	1200~2400
3	120	30	开始6次，以后每天加1次，至10次	15~25	2400~4000
4	240	60	开始4次，以后加至6次	20~30	3200~4800

（4）变速跑

变速跑是采用快跑和慢跑交替进行的健身跑。变速跑的形式很多，如等距的、不等距的、直道快跑、弯道慢跑、不均匀的快跑和慢跑等。

跑步时呼吸自然，有适宜的深度。呼吸的节奏与跑的节奏相协调，采用长呼短吸方式，尽量使呼气更充分，才能使吸气加深。一般可采用单脚两步一吸、三步一呼（计左或右腿迈步落地的次数）的呼吸节奏，体力较好的人也可采用三步一吸、四步一呼。可用鼻子吸气、嘴呼气，也可采用口鼻兼用的呼吸方式。

（四）负荷强度

健身跑的负荷强度主要通过跑步的速度来反映。在训练的初期，要严格控制跑速，跑步的持续时间可逐步加长。健身跑负荷强度一般采用中等强度。负荷强度是否适宜，可用测定心率和自我感觉来掌握。通常采用的标准是：180减去年龄为适宜心率，如40岁的人运动时适宜心率为140次/分（180-40=140）左右。30~45岁身体健康而未经训练的人，心率应在每分钟140~150次。50~60岁的健康中年人在参加训练的初期，其脉搏频率一般不应超过每分钟140次。

1. 运动时间

对于身体健康且经常训练者，每次持续运动时间在20~40分钟，至少15分钟。对于从未参加过运动训练或身体虚弱者，训练初期阶段每次运动时间可适当减少，待身体适应后再逐渐增加每次运动的时间，直至达到要求的限度。对于以减肥为目的的健身跑，可适当延长运动时间，一般不少于40分钟。

2. 运动的频度

可根据个人对运动的反应和适应程度确定运动的频度，一般采用每周三次或隔日一次较好，每周运动总时间不得低于80分钟。

3. 运动的时间带

一天中何时训练较好，应因人而异。有人认为清晨空气新鲜，习惯于早起的人多喜欢清晨跑步。现在选择晚上跑步的人也日渐增多。对于中青年人可以根据自己的生活习惯选择方便的时间，不过每次训练的时间带尽量相对固定更好。

对于中老年人运动的时间带应有所选择。人体血液流变学的日节律研究证明，血液的黏度在晚上22点以后至清晨8点呈不同程度的增高趋势，尤其是凌晨4~6点升高更明显。据统计，此时间带心脑血管意外发生率亦最高。所以避免意外，中老年人应尽量不选择清晨做较大强度的训练，要注意加强清晨训练的准备活动，不要一起床就跑步，尤其是前一天工作较紧张、睡眠不充分，或身体感觉不适的时候不要勉强训练。

（五）注意事项

1. 做好充分的准备活动

跑步前要做好充分的准备活动，促进血液循环，加强肌肉的收缩功能，防止肌肉拉伤和剧烈运动开始时出现心肌缺血。长期在水泥地跑步的人要避免小腿胫骨劳损，尽量选择在草地或泥土地跑。

2. 冬天跑步要注意防寒

穿衣多少要根据天气寒冷、个人抗寒能力和跑步运动量来确定，以跑时不感到太冷又不大量出汗为原则。

3. 患病时要注意休息

患感冒、发热和腹泻时暂不宜跑步。妇女月经期间也应暂停健身跑训练。慢性病患者进行运动健身跑须经医生检查许可，并做好自我检查和按时去医院复查。

第二节　运动损伤及其预防

体能训练可以增进健康，防治疾病，延年益寿。随着社会的发展和物质水平的提高，人们日益认识到健康的重要性，越来越多的人加入到体能训练的队伍中来。但体能训练也常有运动性损伤、运动性疾病甚至运动猝死的发生。因此，从某种意义上讲，体能训练本身是一把双刃剑，运用得好，人们受益匪浅；运用不当，适得其反。这就需要我们有科学训练的知识和实践，以指导科学有效地进行体能训练，使体能训练更好地起到促进身心健康的效果。

一、运动损伤的概论

（一）概念

运动损伤是指在体育运动过程中所发生的各种损伤。运动损伤造成的影响是十分严重的，不仅可使体能训练者不能参加正常的训练，而且严重者还可使人残疾、死亡，给人们带来极坏的生理、心理影响，妨碍体能训练的正常开展。因此，我们必须了解运动损伤发生的原因、特点、规律，采取针对性的防治措施，把运动损伤发生率及其危害降到最低限度[①]。

（二）运动损伤的分类

运动损伤分类方法很多，下面介绍几种：

1. 按伤后皮肤或黏膜完整与否分类

（1）开放性损伤

即伤处皮肤或黏膜的完整性遭到破坏，有伤口与外界相通。如擦伤、刺伤、切伤及撕裂伤等。

（2）闭合性损伤

即伤处皮肤或黏膜无破损，没有伤口与外界相通，如挫伤、肌肉拉伤及关节韧带损伤等。

2. 按伤后病程的阶段性分类

（1）急性损伤

指一瞬间遭到直接暴力或间接暴力造成的损伤，如肌肉拉伤、关节韧带扭伤等。

（2）慢性损伤

指局部过度负荷，多次微细损伤积累而成的损伤，或由于急性损伤处理不当转化来的陈旧性损伤，如肩袖损伤、髌骨软骨软化症等。

3. 按受伤的组织结构分类

损伤何种组织及为何损伤，比如肌肉韧带的捩伤、挫伤、四肢骨折、颅骨骨折、脊椎骨折、关节脱位、脑震荡、内脏破裂、烧伤、冻伤等。其中以肌肉、筋膜伤、肌腱腱鞘、韧带和关节囊伤最多，其次是肩袖损伤、半月板撕裂和髌骨软骨病。

---

①刘阳，王鑫刚，薛铭.体能训练理论分析与专项体能训练实践［M］.北京：九州出版社，2021.

4. 按运动能力丧失的程度分类

（1）轻度伤

受伤后能按训练计划进行练习者。

（2）中度伤

受伤后不能按训练计划进行练习，需停止患部练习或减少患部活动者。

（3）重度伤

完全不能训练者。

5. 按损伤与运动技术和训练的关系分类

（1）运动技术伤

其发生与运动技术及运动项目密切相关，其中有的是急性伤，如肱骨投掷骨折、跟腱断裂等，但多数属于过劳伤，是慢性微细损伤逐渐积累而成的，如足球踝、网球肘等。

（2）非运动技术伤

即与运动技术无关的意外伤。

此外，根据病因，又可分为原发性损伤和继发性损伤；根据伤情轻重，又可分为轻伤、中等伤、重伤等。

（三）运动损伤的发生规律

体育训练者如掌握了运动损伤的发病规律，就可采取适当的预防措施，从而降低运动损伤的发生率，对预防与治疗运动损伤有重大的意义。

运动损伤的发生可因运动项目的不同而不同，有一定规律：运动损伤的发生与专项技术要求密切相关，而不同的运动项目又各有其不同的损伤好发部位及专项多发病。比如篮球运动最易伤膝（髌骨软骨病、半月板及侧副韧带损伤）、踝（韧带扭伤）；体操运动易伤腰（腰部肌肉筋膜炎、棘突骨膜炎及椎板骨折等）、肩（肩袖损伤及肱二头肌长头肌腱腱鞘炎）、膝（髌骨软骨病及半月板损伤）、腕（伸屈肌腱腱鞘炎）；跨栏运动易伤大腿后群肌肉；投掷运动易伤肩（肩袖损伤）、肘（肘内侧副韧带损伤及骨关节病）、腰（腰肌肉筋膜炎）及膝（髌骨软骨病）等。

之所以不同运动项目会发生身体不同部位的损伤，主要是由运动项目的特殊技术要求和运动员身体某部位存在的解剖生理弱点这两个潜在因素所决定的。当这两个因素由于某种原因同时起作用时，即易发生运动损伤。如：体操运动员易出现肩袖损伤，这主要是由于吊环、高低杠的各种悬吊及大幅度转肩动作的特殊要求所造成的。而肩关节本身肩盂小，肱骨头大，要完成大范围的回转动作而不发生脱臼，主要是依靠肩袖肌腱的固定作用，因而肩袖在完成这些动作时负荷最重，成了易伤的弱点。又由于它在肱骨大结节的附着点，在抬肩时与肩峰经常摩擦，因此一旦活动过多、范围过大就易引起肩袖损伤[1]。

（四）运动损伤的原因

1. 思想上不够重视

运动损伤的发生往往与体能训练者、教练员对预防运动损伤意义认识不足有关，由于缺乏运动损伤的基本知识，以及平时不注意对体能训练者进行安全教育。在训练中，未积极采取各种行之有效的预防及保护措施，而发生运动损伤后又不认真分析原因，总结经验，从而导致运动损伤时常发生。

2. 训练安排不合理

（1）准备活动不当

准备活动的目的是使神经系统、运动系统和内脏器官充分动员，以适应正式运动的需要，而如果未做准备活动或准备活动不充分，都将使肌肉的力量、弹性和伸展性不够而致伤。其次如准备活动量过大、准备活动与专项运动结合得不好或未做专项准备活动，及准备活动未遵守循序渐进的原则等都容易受伤。

（2）未遵守科学的训练原则

科学的训练原则，就是严格遵循训练的客观规律，按照机体负荷大小与应激程度的适应性规律，合理安排训练计划。主要包括系统性和循序渐进原则，个别对待和巩固性原则，自觉性和积极性原则，等等。目前最常见的错误是不顾年龄大小、性别差异、训练程度好坏及伤病情况等，盲目采用大运动量或单打一的训练方法，严重违反机体对负荷的适应性规律，致使许多体能训练者因

---

[1] 盖文亮. 实用体能训练理论与方法解析［M］. 长春：吉林人民出版社，2020.

此受伤而中止训练，这不能不引起重视。

3. 技术动作错误

技术动作的错误，违反了人体结构功能的特点及运动时的力学原理而造成损伤，这是初参加体能训练的人或学习新动作时发生损伤的主要原因。例如，做前滚翻时，因头部不正而引起颈部扭伤；排球传接球时，因手形不正确而引起手指扭挫伤；投掷手榴弹时，在上臂外展90°、屈肘90°（甚至肘关节低于肩关节）的错误姿势下出手，引起肩臂肌肉拉伤，甚至发生肱骨骨折等。

4. 体能训练者自身状态不良

包括生理机能和心理状态，前者如睡眠不好，疲劳患病或伤病初愈等均可使体能训练者力量及动作协调性下降，注意力不集中，从而导致技术上的错误而致伤；后者如心情不愉快，恐惧、胆怯或急躁情绪等都容易发生运动损伤。

5. 场地、器材、服装不符合卫生要求

运动场地不平，有小碎石或杂物；跑道太硬或太滑；沙坑没掘松或有小石，坑沿高出地面，踏跳板与地面不平齐；器械维护不良或年久失修，表面不光滑或有裂缝；器械安装不牢固或安放位置不妥当，器械的高低、大小或重量不符合训练者的年龄、性别特点，缺乏必要的防护用具（如护腕、护踝、护腰等）；运动时的服装和鞋袜不符合训练卫生要求等。

此外，环境因素，如海拔过高、缺氧、阴暗天气光线不足、高温或寒冷潮湿等，都会影响体能训练者的健康而造成损伤。同时，运动员动作粗野，不遵守运动规则，也是造成损伤的重要原因之一。

（五）运动损伤的应急措施

如果在体育训练中不幸受伤，请记住有一个可以帮助你的英文单词RICE。R代表制动，I代表冷敷，C代表加压包扎，E代表抬高患肢。当运动损伤发生的时候，发生损伤的部位就会出现疼痛、肿胀、炎症反应等状况。为防止这些症状的加重所采取的应急措施手段称为"应急处理"。应急处理也被称为"RICE原则"，包括以下四个方面：

1. 制动（REST）

制动对于骨骼肌的损伤来说是不可缺少的。制动主要是立即停止运动，

让患部处于不动的状态。运动终止后的制动可以控制肿胀和炎症，可以把出血控制在最小的限度内。然后用石膏、拐杖或者支架把处置过的患部固定住。受伤后固定两三天，不仅可防止并发症的发生，而且，对治疗也有一定的帮助。如果过早地活动患部，不仅会出现出血等症状，还可能使其机能损伤进一步加重，恢复时间延长。

2. 冷敷（ICE）

冷敷在应急处置过程中是效果最为明显的。因为冷敷既可以减轻疼痛和痉挛，减少酶的活性因子，同时又可以减少机体组织坏疽的产生，在受伤后4~6小时内所产生的肿胀也会得到一定程度的控制。冷敷还可以使血液的黏度增加，毛细血管的浸透性变少，减少或限制流向患部的血流量。

3. 加压（COMPRESSION）

在几乎所有的急性损伤中都采用加压包扎的方法，加压包扎可使患部内出血及瘀血现象减轻，还可以防止浸出的体液渗入到组织内部，并能促进其吸收。加压包扎有很多方法，可以把浸水的弹力绷带放进冷冻室，这样可同时起到冷敷和加压的作用。还可以使用毛巾及海绵橡胶做的垫子来进行加压包扎。例如，踝关节扭伤时，可以用U字形的海绵橡胶垫子套在踝关节上，然后用胶布或弹力绷带固定。采用以上的加压包扎可以防止和减轻踝关节周围的浮肿。冷敷是间断性的，而加压则在一天中都可以连续使用。

4. 抬高（ELEVATION）

抬高是把患部提高到比心脏高的位置。同冷敷、加压一样，抬高对减轻内出血也是非常有作用的。它不仅可以减轻通向损伤部位的血液及来自体液的压力，以促进静脉的回流，患部的肿胀及瘀血也会因此而得到相应的减轻。

RICE的顺序如下：

1）停止运动、保持不动。特别是不要让受伤的部位活动。
2）掌握了解受伤的程度。
3）在患部敷上冰袋。
4）用弹力绷带将冰袋固定住。
5）把患部举到比心脏高的位置。
6）感觉消失或者是经过20分钟把冰袋拿掉。
7）使用海绵橡胶垫子和弹力绷带做加压包扎。

8）根据损伤的程度，每1~1.5小时用冰袋进行冷敷，直到患部的疼痛得到缓解为止。

9）睡觉时把弹力绷带拆去。

10）睡觉时也要把患部举到比心脏高的位置。

11）次日清晨开始重新进行一次RICE处置。

二、运动损伤的预防

参加体育训练的目的是为了增强体能、促进身心健康，而运动损伤的发生往往会使训练者的身心都受到一定的损害，因此，防患于未然就显得特别重要。训练者应采取一些运动损伤的预防措施，从而使体能训练健康、安全而富有成效。

（一）运动损伤的预防重点

运动损伤的种类很多，各个运动项目对人体各部位的运动伤害各不相同。根据国内有关资料显示，运动员总的来说是小损伤多、慢性多、严重及急性者少。多是由于运动量安排不当造成局部过劳，最终导致过劳伤。因此，应注意对急性损伤做及时而正确的处理，并科学地安排运动量，以防各种组织劳损的发生。在一般的学校体育运动中，训练者运动损伤的发生情况与运动员有相似之处，但也有较大差异。在体育课和课外活动中，学生急性损伤者相对较多，而劳损者较少。因此，要特别注意急性损伤的预防。此外，学生训练时关节扭伤的发生率也较高，尤其以掌指关节及踝关节扭伤最为多见。因此，应注意手指及足踝关节的扭伤。[①]

（二）运动损伤的预防原则及基本方法

一般来说，在体育训练中运动损伤的预防应做好以下几个方面的工作：

1. 思想上要给予重视

在体能训练中，要认真贯彻以"预防为主、安全第一"的方针，加强对预防运动损伤意义的认识，并遵守体育训练的一般原则，同时，要加强身体的全面训练，提高机体对运动的适应能力。

---
①赵琦.体能训练理论与方法［M］.南京：东南大学出版社，2017.

2. 调节身体处于良好的运动状态

（1）训练前应做好充分的准备活动

准备活动不但能使基础体温升高、肌肉深部的血液循环增加、肌肉的应激性提高和关节柔软性增强等，也能减少训练前的紧张感和压力感，这在很大程度上可以预防损伤的发生。

（2）训练后应注意放松活动

放松活动是指在训练后通过放松方法使体温、心率、呼吸、肌肉的应激反应恢复到训练前的正常水平。从预防损伤的角度来看，这同训练前的准备活动一样重要。根据不同的运动项目进行针对性的放松，可以防止训练后出现的肌肉酸痛，这有助于解除精神压力。

（3）加强医务监督工作

体能训练者应定期进行体格检查，尤其伤病检查，如训练者患有先天畸形，畸形部位又是该项目负担较重的部位，则不宜从事该项目的训练，如腰椎先天畸形不宜从事体操、举重等腰部负荷较大的项目，髌骨软骨病等不宜从事跑跳项目等。同时在体能训练中应进行定期普查，重点检查易伤部位，早期发现各种劳损性损伤，以便给予及时处理及合理安排训练。

体能训练者还必须加强自我监督，了解和懂得初步处理训练后肌肉酸痛、关节不适的方法。肌肉酸痛的早期可做温水浴、物理疗法或自然按摩。如果疼痛继续或者加重，应去医疗机构进行诊断治疗。同时训练中应密切注意自己的身体反应，及早发现运动损伤的早期症状，以便于早发现、早治疗、早康复。

3. 创造训练的安全环境

体育器具、设备、场地等在训练前都应进行严格的安全检查，例如，参加网球训练时，球拍的重量、捏柄的粗细、网拍绳子的弹力应该适合训练者个人的情况；女性的项链、耳环等锐利物品在训练时应暂时不佩戴；训练者应根据运动的项目、脚的大小、足弓的高低选择一双弹性好的鞋子。

4. 注意科学训练

科学训练包括五大要素，即全面性、渐进性、个别性、反复性、意识性，前三个要素对预防损伤较为重要。全面性是指训练者应对体能进行全面训练，而不是单纯针对某一特定动作的反复练习。渐进性是指训练者应逐步提高运动负荷和增加训练时间,以防机体一时不能适应而导致运动损伤。个别性是指训练必须因人而异。性别、年龄、体力、技术熟练程度不同,活动量和方法也应不同。

5. 加强易伤部位训练

加强易伤部位和相对较弱部位的训练,提高它们的功能,是预防运动损伤的一种积极手段。例如,为了预防腰部损伤,应加强腰腹肌的训练,提高腰腹肌的力量,并增强其协调性和拮抗的平衡性。

三、运动损伤的急救

运动损伤的急救,是在运动现场对伤员采取迅速合理的急救方法,其目的是保护伤病员的生命安全、避免再度伤害、减轻伤病员痛苦、预防并发症,并为伤病员的转运和进一步治疗创造条件。因此,无论何种急性损伤,做好现场急救都是十分重要的。

(一)休克

1. 原因

休克是机体受到各种有害因素的强烈侵袭而导致有效循环血量锐减,主要器官组织血液灌流不足所引起的严重全身性综合征。运动损伤中并发的休克主要是创伤性休克,多为严重创伤引起的剧烈疼痛,如多发性骨折、睾丸挫损、脊髓损伤等;其次为出血性休克,由于损伤引起急剧体内外出血,造成大量失血、失血浆、失液均可导致循环血量减少而发生休克。比如腹部挫伤致肝脾破裂的内出血,股骨骨折合并大动脉的外出血等。

2. 急救

对于休克病人要尽早进行急救。应迅速使病人平卧、安静休息。患者的体位一般采取头和躯干部抬高约10°,下肢抬高约20°的体位,这样可增加回心血量并改善脑部血流状况。松解衣物,保持呼吸道畅通,清除口中分泌物或异物,对病人要保暖,但不能过热。在炎热的环境下则要注意防暑降温,同时尽量不要搬动病人;若伤员昏迷,头应侧偏,并将舌头牵出口外,必要时要吸氧和实施口对口的人工呼吸，并针刺或掐点人中、百会、合谷、内关、涌泉、足三里等穴。与此同时，应积极去除病因，如由于大量出血引起的休克，应立即采取有效的方法止血；由于外伤，骨折等剧烈疼痛所引起的休克，应给予镇痛剂和镇静剂，以减少伤员痛苦，防止加重休克；骨折者应就地上夹板固定伤肢。要注意的是，在急救的同时，应迅速请医生或及时送医院处理。

（二）人工呼吸和胸外心脏按压

当人体受到意外的严重损伤，如外伤性休克、溺水等，均可能导致呼吸和心跳骤然停止，此时如不及时抢救，伤员就会有生命危险，现场急救的最重要手段就是人工呼吸和胸外心脏按压。

1. 人工呼吸

任何能使空气（氧）输入肺叶的措施，都能基本上起到人工呼吸的作用。而适应于受伤现场采用的人工呼吸方法中，口对口吹气法最好。

（1）方法

伤员仰卧位，松开其领口、裤带和胸腹部衣服，头部尽量后仰，将口打开，尽快清除其口腔内的异物或分泌物，如有义齿应取出，有舌后坠，则将其拉出。急救者一手虎口托起病人下颌，另一手将病人鼻孔捏闭，以免漏气，然后深吸一口气，紧贴病人口部用力吹入，使其胸部上抬。吹毕立即松开鼻孔，让胸廓及肺部自行回缩而将气排出，如此反复进行，每分钟吹气16~18次（儿童20~24次）。

（2）有效指标

第一，吹气时胸廓扩张上抬；

第二，在吹气过程中听到肺泡呼吸音。

2. 胸外心脏按压

一般只要伤员意识丧失，颈动脉或股动脉搏动消失，或心前区心音消失，即可诊断为心脏骤停。此时，首选方法应是胸外心脏按压。此法可通过按压胸骨下端而间接压迫心脏，使血液流入大动脉，建立有效的大小循环，为心脏自主节律的恢复创造条件。

（1）方法

置病人于仰卧位，背部必须有坚实物体（木板、地板、水泥地等）的支持。操作者立（或跪）于病人一侧，又或骑跪于病人的髋部，两手掌伸开并彼此交叉重叠，以掌根部按在伤员胸骨中下1/3处，肘关节伸直借体重将胸骨下段压向脊柱，使胸骨下段及其相连的肋软骨下陷3~4厘米，间接压迫心脏，压后迅即将手放松，使胸骨自行弹回原位，如此反复操作。以每分钟挤压60~80次为宜，儿童可稍快，可增至每分钟100次左右。

（2）有效指标

1）按压时在颈、股动脉处应摸到搏动。
2）面色、口唇、指甲床及皮肤等色泽转红。
3）扩大的瞳孔再度缩小。
4）呼吸改善或出现自主呼吸。只要有前1~2项有效指标出现，心脏按压就应坚持下去。

无论是呼吸骤停或心跳骤停，或呼吸与心跳均骤停，在进行现场急救的同时，都应迅速派人请医生来处理。

（三）止血

正常情况下，血液只存在于心脏、血管内，如果血液从血管或心腔流出到组织间隙、体腔或体表，称为出血。

正常健康成人血液总量为自身体重的7%~8%，骤然失血达总血量的20%~30%，就可能出现休克，危及生命。因此，及时有效地止血非常重要。常用的临时止血法有以下几种：

1. 加压包扎止血法

用生理盐水冲洗伤部后用厚敷料覆盖伤口，外加绷带增加血管外压，促进自然止血过程，达到止血目的。用于毛细血管和小静脉出血。

2. 抬高伤肢法

将患肢抬高，使出血部位高于心脏，降低出血部位血压，达到止血效果。用于四肢小静脉和毛细血管出血。此法在动脉或较大静脉出血时，仅作为一种辅助方法。

3. 屈肢加压止血法

前臂、手或小腿、足出血不能制止时，如未合并骨折和脱位，可在肘窝和腘窝处加垫，强力屈肘关节和膝关节，并以绷带"8"字形固定，可有效控制出血。

4. 指压止血法

这是现场动脉出血常用的最简捷的止血措施。用手指压迫身体表浅部位的动脉于相应的骨面上，可暂时止住该动脉供血部位的出血。

5. 止血带止血法

在四肢较大的动脉出血时，通常用止血带止血。如果无橡皮止血带，现场可用宽布带或撕下一条衣服以应急需。止血带结扎的标准位置点，在上肢为上臂的上1/3部，下肢为大腿中、下1/3交界处。上臂中、上1/3处扎止血带易损伤桡神经，为禁区。

止血带的压力要适中，既要达到阻断动脉血流又不会损伤局部组织。上止血带的时间要注明，如果长时间转运，途中上肢每半小时，下肢每1小时应放松2~5分钟，以使伤肢间断地恢复血循环。放松时应以手指在出血处近端压迫主要出血的血管，以免每放松一次丢失大量血液。止血带使用不当可引起局部损伤、周围神经损伤甚至导致肢体坏疽。因此，一般只在其他止血方法不能奏效时再用止血带。

（四）关节脱位的急救

脱位或脱臼是指关节面失去正常的联系。关节脱位在运动中大多是由于间接外力所致。如摔倒后用手撑地，可引起肘关节或肩关节脱位，这在田径、球类、体操等项目中时有发生。也有少数为直接暴力引起。

急救方法：关节脱位后，关节内发生血肿，如果复位不及时，血肿会机化而发生关节粘连，使关节复位增加困难。因此，脱位后应尽早进行整复，不但容易成功且有利于关节功能的恢复。若不能及时复位则应立即用夹板和绷带在关节脱位所形成的姿势下进行临时固定，保持伤员安静，尽快送医院处理。在运动损伤中以肩、肘关节脱位为常见，其临时固定方法为：肩关节脱位后，可用大悬臂带悬挂伤肢前臂于屈肘位。肘关节脱位后，最好用铁丝夹板弯成合适的角度，置于肘后，用绷带固定后再用大悬臂带挂起前臂。如无铁丝夹板，可直接用大悬臂带固定伤肢。若现场无三角巾、绷带、夹板等，可就地取材，用头巾、衣物、薄板、竹板、大本杂志等作为替代物。

（五）骨折的临时固定

在外力的作用下，骨与骨小梁连续性或完整性遭到破坏叫骨折。

1. 急救原则

对骨折病人的急救原则是防治休克，保护伤口，固定骨折。即在发生骨折时，应密切观察，如有休克存在，则首先是抗休克，如有出血，应先止血，然后包扎好伤口，再固定骨折。

2. 骨折的临时固定

骨折时，用夹板、绷带将折断的部位固定包扎起来，使伤部不再活动，称为临时固定。其目的是减轻疼痛，避免再伤和便于转送。临时固定的注意事项有以下几点：

1）骨折固定时不要无故移动伤肢，为暴露伤口，可剪开衣裤、鞋袜，对大小腿和脊柱骨折，应就地固定，以免因不必要的搬运而增加伤员的痛苦和伤情。

2）固定时不要试图整复，如果畸形很厉害，可顺伤肢长轴方向稍加牵引。开放性骨折断端外露时，一般不宜还原，以免引起深部污染。

3）固定用夹板或托板的长度、宽度，应与骨折的肢体相称，其长度必须超过骨折部的上、下两个关节，如没有夹板和托板，可就地取材（如树枝、木棍、球棒等），或把伤肢固定在伤员的躯干或健肢上。夹板与皮肤之间应垫上棉垫、纱布等软物。

4）固定的松紧要合适、牢靠，过松则失去固定的作用，过紧会压迫神经和血管。故四肢固定时，应露出指（趾），以便观察肢体血流情况。如发现异常（如肢端苍白、麻木、疼痛、变紫等）应立即松开重新固定。

（六）溺水的急救

溺水者可因呼吸道阻塞、窒息等危及生命，因此应及时有效地进行急救。溺水者救出水面后，应立即清除口鼻中的泥沙、分泌物等异物，如有活动假牙也应取出。如果溺水者牙关紧闭，救护者可从其后面，用两手大拇指由后向前顶住溺水者的下颌关节，并用力向前推。

同时用两手食指与中指向下扳颌骨，即可扳开溺水者牙关，随后立即进行控水。控水方法很多，一般采取单腿跪立法，急救者一腿跪地，另一腿屈膝将溺水者腹卧位置于膝上，头及下肢悬垂，一手扶着溺水者的头，使其头部下垂、嘴向下，另一手节律地挤压背部，使饮入或吸入胃或肺中的水排出。也可采用其他的方法控水。但控水时间不宜过长，以免延误抢救时间。控水后如果溺水者心跳、呼吸停止，应立即进行人工呼吸和胸外心脏按压术。并想办法将病人送到就近的医院救治。

（七）中暑的急救

中暑是因高温环境或受到烈日的暴晒而引起的急性疾病。在炎热的夏天进行长时间室外活动和耐力训练或比赛，伤病初愈、身体虚弱和连续训练或比赛后身体疲劳、失眠、失水、缺盐，对热适应能力差及训练水平较低者都较容易发生中暑。中暑多发生在炎热夏季时从事长跑、负重行军、越野跑、马拉松、自行车及足球等运动项目。根据发病机理，中暑可分为热痉挛型、热衰竭型、日射病型、热射病型。

1. 急救

应迅速使患者脱离热环境，到阴凉通风处休息，并采取降温、消暑措施，如解开衣扣，喝清凉饮料，服用人丹、十滴水或藿香正气水等防暑药物。对热痉挛及热衰竭的病患者，重点应是补充生理盐水或葡萄糖生理盐水，纠正血液浓缩，可大量口服含盐的饮料（含盐0.2%~0.3%）。对日射病患者，重点应是进行头部有效的降温。如让患者仰卧，垫高头部，额部做冷敷（如冰袋）或以50%酒精（白酒也可以）擦身。对高热中暑的病患者，重点应是迅速有效地降温（物理降温或合并药物降温）。如采用冷敷、冷水淋浴、冰袋冷敷、50%酒精擦浴等紧急降温措施、必要时可采用药物降温。若症状较重伴有昏迷时，可针刺人中、涌泉等穴位，同时必须迅速转送医院做进一步处理。

2. 预防

高温炎热的季节，应适当调整作息制度，适当延长午休时间。耐力性项目的练习或训练应放在上午或傍晚，练习时间不宜过长。烈日下训练应戴白色凉帽，穿浅色、宽敞、通气性能良好的薄衣，室内运动场地应有良好的通风、降温设备。要适当地在高温、高热环境下进行适应性的训练。夏天训练，应准备充足的清凉消暑及低糖含盐的饮料。中暑早期有先兆症状，如发现训练者大量出汗、疲乏、恶心、头昏等，应立即停止训练和比赛，迅速到阴凉和通风的地方休息，喝些解热消暑的冷饮等。

第三节　体能训练的心理调节

一般运动员心理能力训练的方法很多，常用方法可归纳为意念训练法、诱导训练法及模拟训练法。我们在体能训练的过程中也可以适当地采用。

一、意念训练法

意念训练法是指运动员有意识地、积极地利用头脑中已经形成的运动表象或充分利用想象进行训练的方法。

意念训练对技战术训练作用显著，如在训练之前通过对技术要领方法的想象在大脑皮质中留下技术"痕迹"，然后在训练中把这些痕迹激活，可使动作完成得更加正确、顺利。又如：在训练之后，对刚刚完成的训练进行技术"回忆"，使正确动作在脑海里更加巩固。假如动作中出现错误，在回忆中伴随着对错误动作的"纠正"，与正确技术进行对比，可以使其得到"克服"，避免下次训练中再次出现[1]。

意念训练时应注意以下几点：

1）在进行训练时，一定要产生一种思维运动效果，要有意识地发展思维，使思维与各种运动感觉结合起来，把头脑中的想象变成运动中机体的"活力"，使训练者注意力高度集中，闭目训练常可收到良好效果。

2）从某种意义上讲，自我暗示也属于意念的范畴，在训练前，一方面可以想象动作的完美过程，另一方面用暗语也可以进行自我动员与激励，取得技术想象与心理调控的双重效果。

3）平时意念训练可在暗室间里进行，最好在一个舒适地方坐着或躺着进行。

二、诱导训练法

诱导训练法是指在训练中采用有效刺激物把运动员的心理状态引导到某一个事物或方向上去的训练方法，可为顺利完成训练与比赛任务建立良好的心理

---

[1]谭成清，李艳翎.体能训练[M].长沙：湖南师范大学出版社，2012.

状态。

从广义上讲，意念训练法也可以视为一种自我诱导方法。与意念训练法相比，诱导训练法的不同之处在于，训练者是通过教练员、心理学专家等他人的诱导，或用录像带等外界刺激来完成的。意念训练的诱导者是训练者自己，诱导训练的诱导者则是他人。

诱导的途径是多样的。诱导者常常发出语言信号，由运动员的听觉器官接受信息并按预定要求去实施。鼓励与批评、说服与疏导、启发与幽默都是语言诱导的常用手段。1981年中国女排在第一次夺得世界冠军比赛中，与美国队比赛开始前30秒之内，教练员袁伟民没有对队员讲打法，也没有提思想作风的要求，在剑拔弩张的紧张气氛之中，他只是要求队员们"打一场轻松的球、愉快的球"。结果比赛进行得很顺利、很成功。诱导者也可以通过做示范、展示图片、放录像和电视，把诱导信息传递给运动员，经由运动员的视觉器官接受信息，并按预定要求去实施。

使用诱导训练法应注意：所采用的诱导手段应是运动员感兴趣的，能引起运动员注意力转移的。诱导者是教练员、心理学家，也可是同伴，但均应是运动员愿意接受的。应从诱导的目的、手段、信息传递方式及结果等多方面计划安排一次诱导训练，切不可随意滥用，以防产生副作用。

三、几种失常的心理现象的克服方法

（一）心理紧张的克服方法

在体能训练之前心理过度紧张，使大脑皮质对植物神经系统和皮质下中枢的调节活动减弱、呼吸短促、心跳加快，更有甚者四肢颤抖、尿频，这必然使训练者心理活动失常，很难把注意力集中到训练上去；失去控制自己行动的能力等，这都必然会影响到训练的效果。造成心理过分紧张的原因很多，如训练过度恢复不好，睡眠不足，压力过大，对自己期望过高，过去失败表象的重现等。

常用的心理紧张的克服方法有以下几种：

1. 表象放松法

这种方法是使训练者想象他通常感到放松与舒适的环境，让训练者在头脑里置身于这个环境之中，使身体得到放松。使用这种方法的关键在于使表象中的环境清晰，在人脑中能生动地再现想象的环境，增加情境对训练者的刺激强度。

2. 自我暗示放松法

开始由教练员指导训练者依次放松身体的各个肌肉群，同时增强呼吸，经过几次指导之后，让训练者自己独立完成。在开始时要花费较长的时间才能使全身肌肉放松，以后会使时间逐渐缩短，最后可用较少时间使全身肌肉得到放松。在进行放松时，还可使用暗语或录音带。

3. 阻断思维法

具体做法是，当训练者由于信念的丧失出现消极思维，引起心理紧张时，训练者利用大吼一声，或者向自己大喊一声"停止"，去阻断消极驱动力的意识流，以积极思维取而代之。教练员还可以确定一个响亮的信号供运动员作为阻断消极思维之用。此外，教练员还可帮助运动员确定一个用以代替消极思维的积极而切实可行的活动，用以阻断消极思维。

4. 音乐调节法

选听不同的音乐能使人兴奋、也可使人镇定。音乐给予人的"声波信息"可以消除大脑所产生的紧张，也可以帮助人内在地集中注意力，促使大脑的思想井然有序，从而调节情绪。

5. 排尿调节法

人在情绪过分紧张时，会出现尿频现象，这是因为情绪过分紧张，大脑皮质抑制过程减弱，兴奋过度，使得大脑皮质下中枢和植物神经系统调节作用减弱，如果能及时排尿，会使训练者产生愉快感，使心理和肌肉得到放松。

（二）心理胆怯的克服方法

心理胆怯是一些训练者经常出现的一种心理状态，心理胆怯使大脑皮质的控制系统陷入混乱状态，打乱了神经系统的控制，引起机能失调。克服胆怯的方法是要找出使训练者胆怯的原因，解除思想负担[1]。一般地讲，造成训练者胆怯的原因有以下几点：

第一，训练者不相信自己的力量，对训练缺乏胜利的信心。

第二，训练者对练习结果计较得过多，压力过大。

---

[1] 耿建华. 体能训练理论与方法 [M]. 西安：陕西师范大学出版社，2013.

第三，对环境不适应，会感到有一种特殊的刺激气氛，心理产生胆怯。对训练者心理胆怯的克服方法，必须对症下药，有的放矢。

（三）情绪消极的克服方法

情绪消极是指训练者在激烈竞争的刺激下，对超限心理负荷所产生的一种失常的心理体验。表现为心情不安、有恐惧感、紧张过度和情绪失控。由于这些心理状态的出现，使训练者的生理状态发生一系列的变化，如心跳加快、呼吸困难、四肢无力等，并会导致智能下降、知觉迟钝、行为刻板，对比赛失去信心。

克服情绪消极的方法主要有以下几种：

第一，激励法。根据训练者个性与客观影响，激发训练者的士气，把消极情绪转化为积极情绪。

第二，转移法。训练者的恐惧、不安和紧张的心理状态往往是由于特定的思维定势和注意定向所引起的。对此可采用注意力转移方法，使用一些刺激物去消除引起情绪消极的诱因，从而减缓和排除消极情绪。

第三，升华法。在训练时常出现训练者的某些"能量"在一定场合下释放得恰到好处，可是在另一种场合下产生适得其反的现象。如勇气是训练者必有的品质，可是有时在某些场合下有的训练者也可能干出一些凭蛮劲而盲动的事情。这时，可以通过升华法，使训练者提高认识，增加克制力，规范自己的行为。

第四，暗示法。利用客观刺激物对训练者的心理进行调节，如在比赛中训练者看到教练员的从容表情、轻松的语言及和蔼的态度等都会得到鼓舞，消除消极情绪。训练者也可通过自我暗示，运用指导语来调节中枢神经系统的兴奋与抑制，从而形成一系列反射活动，使消极情绪得到控制。

第五，体验法。有消极情绪的训练者通过参加训练去体验，提高训练者对恐惧、紧张的免疫力，控制消极情绪的产生。

（四）心理淡漠的克服方法

心理淡漠与训练者大脑皮质兴奋过程下降、抑制过程加强有关。训练者心理淡漠，表现为情绪低落、意志消沉、精神萎靡、体力下降，对训练缺乏信心，知觉、注意力强度减弱，反应迟钝，严重影响训练效果。

克服心理淡漠的方法有以下几种：

第一，帮助训练者分析心理淡漠的情况，并且应制订具体可行的措施，使之增强信心。

第二，帮助训练者端正对比赛的正确态度。

第三，防止过度训练，使训练者情绪高涨，以饱满的热情参加训练。

（五）注意分散的克服方法

注意是心理活动对一定事物的指向的集中。把注意集中在某一对象或活动上为注意的稳定性；和注意稳定性相反，是注意的分散，即通常所讲的"分心"。造成注意分散有客观与主观两方面的原因。外部刺激常易造成注意分散，如果出现一种能够引起不随意注意的客观事物时，常会吸引我们的注意力，从而出现注意分散现象。

克服注意分散的方法有以下几种：

第一，在平时应加强培养训练者不为其他念头或事物干扰所分心的能力。

第二，使训练者对他所从事的事业、所实践的活动有强烈的愿望和浓厚的兴趣，这种来自内部的动机会使人的注意力高度集中。

第三，在日常生活中养成做事有头有尾、坚持到底的良好习惯。

第四，在训练时，要引导训练者不要多想训练的结果，而应把注意力集中在训练的过程上。

第五，视物法。注意力集中看一个目标，然后闭眼努力回忆这个目标形象，多做几次，直至目标在头脑里清晰地再现为止。

第六，看表法。注意力集中看手表秒针的转动，记录每次持续的时间，每次练习不少于3~4次，持续时间以能超过5分钟为好。

第七，辨音法。在嘈杂的环境中，让运动员辨别钟表走时发出的"嘀嗒"的声音并记录听见的次数，以10分钟为限。这种方法可迫使运动员注意力集中。